Gustav Seibt
Goethe und Napoleon

Gustav Seibt

Goethe und Napoleon

Eine historische Begegnung

Verlag C. H. Beck

Mit 35 Abbildungen

© Verlag C. H. Beck oHG, München 2008
Gesetzt aus der Janson Text bei ottomedien, Darmstadt
Druck und Bindung: CPI – Ebner & Spiegel, Ulm
Gedruckt auf säurefreiem, alterungsbeständigem Papier
(hergestellt aus chlorfrei gebleichtem Zellstoff)
Printed in Germany
ISBN 978 3 406 57748 2

www.beck.de

Inhalt

Soldaten am Frauenplan

Weimar 1806: Die folgenreiche Nichtbegegnung mit Napoleon

Zweimal schwebte Goethe in der Gefahr, sein Leben im Krieg zu verlieren. Der erste dieser Momente tödlicher Bedrohung war der Nachmittag der Kanonade von Valmy am 20. September 1792, der zweite die Nacht vom 14. auf den 15. Oktober 1806: Preußen hatte die Schlacht von Jena und Auerstedt gegen die napoleonische Armee verloren, und es drohte das Herzogtum Sachsen-Weimar-Eisenach samt seiner Residenz mit in den Zusammenbruch zu reißen.

Bei Valmy hat Goethe die Gefahr selbst aufgesucht. Als Zivilist begleitete er Carl August, seinen Herzog, der Chef eines preußischen Kürassierregiments war und in dieser Funktion am Feldzug der preußisch-österreichischen Koalitionstruppen gegen das revolutionäre Frankreich teilnahm. Goethe, der sich in diesen Wochen durchweg im Kreis hoher Offiziere bewegte, war der Meinung, «daß, wer sich in einen Kriegszug einlasse, durchaus bei den regulierten Truppen, welche Abteilung es auch sei, an die er sich angeschlossen, fest bleiben und keine Gefahr scheuen solle: denn was uns auch da betreffe, sei immer ehrenvoll.»[1] Also blieb er an der Spitze der verbündeten Armee, als sie auf ihre französischen Gegner traf und es so aussah, als beginne nun eine Schlacht. Kugeln schlugen in einem Moment der Unachtsamkeit von der Seite dutzendweise vor seiner Eskadron nieder, wühlten sich in den weichen Boden und bespritzten Pferde und Reiter mit Schlamm.

Doch Goethe riskierte noch mehr. «Ich hatte so viel vom Kanonenfieber gehört und wünschte zu wissen wie es eigentlich damit beschaffen sei.» Er ritt auf ein Vorwerk, das gerade erobert worden war und überblickte zerschossene Dächer, herumliegende Weizenbündel, die darauf ausgestreckten tödlich Verwundeten, und er beobachtete die Kanonenkugeln, die auf den Überresten der Dächer klapperten. Ganz allein ritt er auf den Höhen weiter: «Ich war nun vollkommen in die Region gelangt, wo die Kugeln herüber spielten; der Ton ist wundersam genug, als wär' er zusammengesetzt aus dem Brummen des Kreisels, dem Butteln des Wassers und dem Pfeifen eines Vogels.» Immerhin schützt der vom Regen aufgeweichte Boden vor dem Rückstoß, der Gefahr des Ricochetierens. Was Goethe nun erlebte, hat ihn sein Lebtag nicht mehr losgelassen; wiederholt hat er davon erzählt. So notierte die Weimarische Erbprinzessin Maria Paulowna, eine Schwester des Zaren Alexanders I., im April 1806, Goethe habe eine Beschreibung dessen gegeben, was man gewöhnlich «das Kanonenfieber» nenne – und dieses Wort schreibt die Prinzessin in ihrem französischen Text auf Deutsch: *«une description de ce qu'on appelle communément das Kanonenfieber.»*[2] Anderthalb Jahrzehnte später gab er davon eine ausführliche Schilderung in seinem Feldzugsbericht «Auch ich in der Champagne!», dem Buch, das wir als «Campagne in Frankreich» kennen. Sie zeigt die geschulte Beschreibungskunst des Naturwissenschaftlers, der sich einen Moment existenzieller Bedrohung durch Sachlichkeit vom Leibe hält. «Es schien als wäre man an einem sehr heißen Orte, und zugleich von derselben Hitze völlig durchdrungen, so daß man sich mit demselben Element, in welchem man sich befindet, vollkommen gleich fühlt. Die Augen verlieren nichts von ihrer Stärke, noch Deutlichkeit; aber es ist doch, als wenn die Welt einen gewissen braunrötlichen Ton hätte, der den Zustand sowie die Gegenstände noch apprehensiver macht. Von Bewegung des Blutes habe ich nichts bemerken können, sondern mir schien vielmehr alles in jener Glut verschlungen zu sein. Hieraus erhellet nun, in welchem Sinne man diesen Zustand ein Fieber nennen könne.»

Die Schlacht fand dann doch nicht statt, am Abend erwies sich, dass die Franzosen standgehalten hatten, und von diesem Moment datierte Goethe bekanntlich rückblickend eine neue Epoche der Weltgeschichte: «Und ihr könnt sagen, ihr seid dabeigewesen.» Von seiner hasardeurshaften Erfahrung des Kanonenfiebers aber erzählte er gern jungen Damen: nicht nur der Weimarer Erbprinzessin, sondern auch seiner letzten Liebe, der jungen Ulrike von Levetzow, der er 1822 das Buch «Auch ich in der Champagne!» druckfrisch schenkte.

Umso bezeichnender ist, dass Goethe von seiner zweiten leibhaftigen Erfahrung mit dem Krieg, der Nacht von Jena und Auerstedt, selbst so gut wie nichts berichtet hat, obwohl er die beiden Momente – Valmy 1792 und Weimar 1806 – durchaus aufeinander bezogen hat. Dabei haben die Ereignisse von 1806 sein Leben viel stärker erschüttert als das

Die Schlacht bei Jena

«Kanonenfieber» von 1792, ja sie haben diesem Leben in mancher Hinsicht eine neue Richtung gegeben. Fast alles, was wir darüber wissen, müssen wir aus Mitteilungen aus Goethes Umgebung rekonstruieren.

Das letzte Gefecht der Schlacht bei Jena fand in den Nachmittagsstunden gegen 16 Uhr am östlichen Ortsausgang von Weimar statt, beim «Webicht», einem kleinen Wäldchen am Ufer der Ilm. Danach zogen sich erst die Preußen durch die Stadt in Richtung Erfurt zurück, ihnen folgten ab circa 17.30 die ersten französischen Truppen. Die skelettartig knappen Angaben in Goethes Tagebuch notieren den äußeren Ablauf: «Deroute der Preußen Abends um 5 Uhr flogen die Cannonenkugeln durch die Dächer um ½ 6 Einzug der Chasseurs. 7 Uhr Brand Plünderung schrekliche Nacht. Erhaltung unseres Hauses durch Standhaftigkeit u. Glück.»[3]

Das schreibfreudige, unentwegt Ströme von Briefen in alle Himmelsrichtungen aussendende Weimar hat der Nachwelt viele weit ausführlichere Schilderungen der «schrecklichen Nacht» mit ihren Plünderungen und Gewalttaten hinterlassen. Da lesen wir vom Hämmern an Türen, aufgebrochenen Schlössern, zerschlagenem Mobiliar, geraubten

9

Wertgegenständen, ausgeräumten Vorratskammern, von Brand und Lebensgefahr, begleitet von wilden Gesängen und Misshandlungen, wir erfahren von Vergewaltigungen. Aber die gebildete Gesellschaft der Residenz war kosmopolitisch und unbefangen genug, um auch die Beispiele korrekten Verhaltens und ritterlicher Courtoisie bei den französischen Eroberern, vor allem des meist untadeligen Offizierscorps', zu würdigen. Die Spannweite der Erfahrungen war groß. Christoph Martin Wieland konnte nicht nur melden, dass er, der im Alter von 73 Jahren zum ersten Mal in seinem Leben dem Krieg unmittelbar ins Gesicht sah, «völlig unbeschädigt geblieben» sei, und dass die zu ihm kommenden «Husaren und Chasseurs, so bald sie mich nur erblickten, so zahm wie Lämmer wurden» und mit anderthalb Dutzend Flaschen Wein vorliebnahmen; sondern noch mehr: «Schon am Mittwoch Morgen,» – also am 15. Oktober – «zwischen 7 und 8 Uhr, stellte sich, auf Befehl des Prinzen Murat, ein sehr braver Gensd'arme als Sauve Garde bey mir ein, und wenige Augenblicke darauf kam der Reichs-Marschall Ney in eigner Person, mir im Namen des besagten Prinzen anzukündigen, daß ich unter unmittelbarem Kaiserlichen Schutz stehe, und mir die verbindlichsten und schmeichelhaftesten Dinge zu sagen, die mir in meinem Leben gesagt worden sind.»[4] Hier wurde ein den Franzosen bekanntermaßen freundlich gesinnter berühmter Autor vor allen Übeln bewahrt.

Am anderen Ende des Spektrums stehen Fälle wie der von Goethes Schwager, des Schriftstellers und Bibliothekars Christian August Vulpius, dessen junge Frau vergewaltigt wurde, oder das tragische Schicksal von Goethes Frankfurter Landsmann und Freund, des Malers Georg Melchior Kraus. Der Siebzigjährige leitete das Fürstliche freie Zeicheninstitut, in dem sich vor allem adelige und bürgerliche Damen in den graphischen Künsten übten. Kraus wurde in der Nacht vom 14. auf den 15. Oktober Opfer der Plünderung. Er musste alles, was er besaß, ausliefern, und als er keinen Wein mehr herzugeben hatte, misshandelten ihn die Soldaten nicht nur körperlich, sie vernichteten auch viele seiner filigranen Zeichnungen. Sein Haus wurde ein Raub der Flammen. Obdachlos flüchtete der alte Mann erst ins Schloss, dann zu seinem Freunde, dem Verleger Bertuch. Kraus erkrankte in Folge der erlittenen Misshandlungen auf das Schwerste und starb am 5. Oktober, drei Wochen nach der Nacht der Schrecken. Seine Beerdigung war die einzige, an der Goethe überhaupt in seinem späteren Leben teilnahm.

So etwas konnte also auch passieren, aber wenn man den Blick von den Einzelfällen aufs Ganze erhebt, muss man feststellen, dass Weimar, nicht zuletzt im Kontrast zum schwer geschlagenen Jena, noch Glück hatte. In die Residenz mit ihren etwas mehr als 7000 Einwohnern brach eine Armee von vierzig- bis fünfzigtausend Soldaten samt deren Tross ein. Die Männer waren erschöpft und aufgeputscht von der soeben bestandenen Schlacht, vor allem waren sie hungrig und durstig. Die napoleonischen Truppen pflegten nicht mit langen Nachschublinien zu operieren, sondern sich durch Requisitionen aus den durchzogenen Gebieten zu versorgen. Das Herzogtum Weimar war nun nicht nur der Schauplatz der Kriegshandlung, sondern auch einer von den zwei deutschen Verbündeten des Feindes Preußen – der andere war Braunschweig, das Land des Oberbefehlshabers. Weimar konnte sich also keine Hoffnung auf Schonung machen. In der Nähe des Schlosses wurden fünf Gebäude angezündet, von denen eine gerade Rauchsäule in den Himmel stieg, die den verstreuten Truppen ihren Sammlungspunkt anzeigte. Man glaubte schon, die Stadt brenne an vier Ecken, Panik kam auf. Doch, wie Johanna Schopenhauer schrieb: «Menschen wollten das arme Weimar verderben, Gott war barmherzig.»[5] Der Himmel meinte es gut: Der Tag war windstill, die Sonne ging schön und klar hinter Erfurt unter, das Feuer verbreitete sich nicht, und wunderbarerweise fiel kein Funke auf den in vielen Straßen herumliegenden, teilweise offen verstreuten Sprengstoff aus den Munitionsfässern der abgezogenen Preußen.

Die kleine Stadt entging einer Katastrophe. Der Plünderung wurde zwar erst am 16. Oktober offiziell Einhalt geboten, doch blieben die Verluste überschaubar. Neben den fünf verbrannten Anwesen in der Vorwerksgasse scheinen nicht mehr als zwei Dutzend Häuser regelrecht ausgeplündert und vandalisiert oder angezündet worden zu sein – darunter allerdings auch das der Frau von Stein. Die größten Einbußen betrafen Geld und Gut, die ein Stadthistoriker so beziffert: «Neben 139 851 Reichstaler Bargeld wurde die Bevölkerung der Stadt an einem Tage und in zwei Nächten ärmer um 3242 Stück Zug- und Schlachtvieh, darunter allein 109 Pferde, 6846 weimarische Scheffel Getreide, 9286 Zentner Heu, 339 Stroh-Schütten Stroh, 40 836 Maß Wein, 25 779 Maß Bier, 8605 Maß Branntwein, Wäsche im Werte von 56 840 Talern, Silberwerk von 21 432 Taler, Möbel für 11 250 Taler, Materialwaren und Schnittware im Werte von 69 403 Talern.»[6]

Erbprinzessin Großfürstin Maria Paulowna, 1805

Prekär war für das Herzogtum Weimar vor allem der politische Moment. «Herzog von Weimar und Eisenach wären wir einstweilen gewesen.» Das soll Carl August, der Landesherr und Goethes Freund, nach der preußischen Niederlage, während des Rückzugs auf einer Trommel sitzend, gesagt haben.[7] Der Herzog hatte sich unmittelbar vor dem Beginn des Krieges, trotz vielfach skeptischer Beurteilung der Berliner Politik und des Königs Friedrich Wilhelm III., mit Weimars traditioneller Vormacht Preußen verbündet, und so stellte das Herzogtum ein Bataillon von mehr als 700 Mann. Vor allem aber spielte Carl August als Heerführer eine wichtige Rolle in der preußischen Armee; er leitete die Vorhut, die über den Thüringer Wald den Franzosen entgegen nach Franken hatte vorstoßen sollen. Als dieser Plan an der Geschwindigkeit Napoleons gescheitert war, gelang es Carl August, ein Detachement ohne Verluste über die Elbe nach Norden zurückzuziehen und so aus dem unkoordinierten Chaos und der wilden Flucht der übrigen preußischen Kriegsführung herauszuhalten. Dieser Erfolg wird dem strategischen Scharfblick Napoleons kaum entgangen sein. Hier hatte er einen Feind vor Augen, der etwas fähiger schien als die übrigen preußischen Generäle, von deren Untüchtigkeit er soeben bei Jena und Auerstedt so lebhafte Beweise erhalten hatte, und der mehr wagte als die anderen thüringischen Souveräne, die sich vorsichtig lavierend aus dem Krieg herausgehalten hatten.

Allerdings hatte das Weimarer Fürstenhaus einen Trumpf in der Hand, den der Kaiser nicht ignorieren konnte: Erbprinz Carl Friedrich war seit 1804 mit einer Schwester des Zaren verheiratet, der Großfürstin Maria Paulowna, die wir als Zuhörerin von Goethes Erzählungen bereits kennen. Und auf den Zaren Alexander I., 1805 mit Österreich verbündet und so auch ein Gegner bei der Schlacht von Austerlitz, nun mit Preußen alliiert, und noch keineswegs besiegt, musste Napoleon Rücksicht nehmen; er dachte wohl damals schon daran, ihn auf seine Seite zu ziehen. Und da verbot es sich, allzu hart gegen einen Fürsten zu verfahren, der dem russischen Kaiser so nah verwandt war. Auch zeigte die französische Politik insgesamt die Tendenz, Preußen von seinen sächsischen Nachbarn zu trennen und dabei auf eingefleischte antiborussische Ressentiments zu setzen, mit Erfolg, wie sich erwies.

Sonst wäre das Schicksal des Herzogtums Weimar wohl tatsächlich so besiegelt worden, wie Carl August es eine Zeitlang erwartete und wie es dem Herzogtum Braunschweig tatsächlich erging. Es wäre beileibe nicht der einzige deutsche Zwergstaat gewesen, der in jener Zeit von der Landkarte verschwand. Der Moment nach der verlorenen Schlacht war jedenfalls außerordentlich bedrohlich. Der Landesherr befand sich weit entfernt und unerreichbar auf Märschen nach Norden. Die Herzoginmutter Anna Amalia hatte noch am 14. Oktober die Residenz fluchtartig verlassen. Die herzoglichen Prinzen dienten bei den preußischen Truppen. So vertrat allein die Herzogin Luise, Carl Augusts Gemahlin, die legitime Obrigkeit, unterstützt von der obersten beratenden Behörde des Herzogtums, dem Geheimen Consilium, bestehend aus den Exzellenzen Christian Gottlob Voigt und Wilhelm Ernst von Wolzogen sowie dem Wirklichen Geheimen Rat Exzellenz Johann Wolfgang von Goethe. Dieser war zuständig vor allem für die kulturellen Belange wie die Leitung des Hoftheaters, der Bibliothek sowie nicht zuletzt auch die Steuerung der Universität Jena und die Verwaltung von deren wissenschaftlichen Sammlungen – doch war er selbstredend, wie vor allem der Briefwechsel mit dem Kollegen und engen Freund Voigt zeigt, auch über alle anderen politischen Fragen des Herzogtums genauestens informiert; und selbstverständlich musste in einem derart kritischen Moment auch Goethes Rat dringend erwünscht sein.

Zunächst spielte Herzogin Luise die entscheidende Rolle. Das erst kürzlich unter der Leitung Goethes wiederhergestellte Weimarer Schloss wurde zur Fluchtburg Hilfesuchender, darunter Charlotte von Schiller und Frau von Stein. Und hier wartete man auf den Sieger, für den Unterkunft und Bewirtung bereitgehalten wurden. Unterdes wurden die bereits eingetroffenen französischen Generäle – Rapp und Murat – von der Herzogin beschworen, den Plünderungen Einhalt zu gebieten, vergebens, denn Gnade walten zu lassen, war das Privileg des Kaisers.

Napoleon, der siegreiche Kaiser der Franzosen, traf am Nachmittag des 15. Oktobers im Schloss zu Weimar ein. An den Szenen, die sich nun und am folgenden Tag zwischen ihm und der Herzogin abspielten, hat sich die nationale Geschichtsschreibung lange Zeit erbaut. Hier fand man ein Beispiel von unerschrockener Frauenwürde, das an Luises Namensvetterin, die preußische Luise, erinnerte. Würdig und standhaft wie kaum ein Mann sei sie dem Sieger begegnet. Sie selbst hat es vorgezogen, in einem Brief an ihren Bruder in französischer Sprache festzuhalten, der Kaiser habe sie zunächst «sehr unhöflich», *très-impoliment*, behandelt. Ein anderer Augenzeuge berichtet, Napoleon habe der an der Schlosstreppe oben auf ihn wartenden Fürstin lediglich zugeworfen: *Je vous plains, Madame* und hinzugefügt: *j'écraserai votre mari*. «Ich bedaure Sie. Ich werde Ihren Gemahl vernichten.» Und dann habe er sie stehen lassen und sich in seine Gemächer zurückgezogen.[8]

Am nächsten Morgen und bei einem zweiten Zusammentreffen am Abend des 16. Oktober zeigte der Kaiser sich immer noch ungehalten, aber doch gesprächsbereit. Und tatsächlich hat sich Luise nicht allzu sehr einschüchtern lassen und den wortreichen Vorwürfen Napoleons gegen ihren Mann sein traditionelles Bundesverhältnis zu Preußen sowie die Soldatenehre, die auch der Kaiser achten müsse, entgegengehalten. Dass Napoleon so ausführlich drohte, lässt aber vermuten, dass er wohl von Anfang an anderes vorhatte, als Weimar auszulöschen. Er begann

Herzogin Luise, 1795

sogar, der standhaften Herzogin persönlich ritterliche Komplimente
zu machen, die er in Zukunft bei jeder Gelegenheit wiederholte. Seine
wichtigste Forderung war sofortiges Erscheinen Carl Augusts vor ihm
sowie umgehendes Ausscheiden aus dem Bündnis mit Preußen. Beides
ließ sich so umstandslos nicht verwirklichen, denn eine Kommunikation
mit dem Herzog bestand nicht, nicht einmal sein Aufenthaltsort war bekannt. Und so begann für die provisorische Weimarer Staatsleitung – nun
«Conseil administratif» genannt – eine Nervenpartie über die Existenz
des Herzogtums, die genau zwei Monate dauerte, bis am 15./16. Dezember 1806 in Posen ein Friede geschlossen und Weimar als «souveräner
Staat» in den von Napoleon geleiteten Rheinbund aufgenommen wurde.
Der Kaiser drohte, ja er tobte zuweilen, seine Umgebung, nicht zuletzt
der Außenminister Talleyrand, dagegen begütigten und beruhigten. Carl
August ließ sich zwar unverzüglich von Friedrich Wilhelm III. aus dem

preußischen Bündnis entlassen, was durch Briefe des Königs aus Magdeburg am 21. und Küstrin am 24. Oktober formell vollzogen wurde, doch der Herzog verstand es auch, sich allen Forderungen, nun endlich persönlich Napoleon aufzuwarten, immer wieder durch Langsamkeit zu entziehen. Dies trieb nicht nur die Weimarer Staatsmänner Voigt und Goethe schier zur Verzweiflung, sondern vor allem den jungen Geschäftsträger Friedrich von Müller – später als «Kanzler Müller» ein enger Freund Goethes –, der dem rasch von Sieg zu Sieg weiterstürmenden Kaiser bis tief nach Polen nachreisen musste, um die Friedensverhandlungen fortsetzen zu können und der mit lebhaften Schilderungen von seinen Audienzen beim Kaiser die Weimarer Führung immer wieder zwischen Angst und Hoffnung schweben ließ.

Dass Carl August und dann auch der Erbprinz entgegen dem Drängen vor allem Voigts und Goethes nicht gleich sprangen, um sich bei dem siegreichen Kaiser als Bittsteller zu präsentieren, zeigt mindestens ein empfindliches Standesbewusstsein. Erst am 30. November sprach der Herzog in Berlin bei Außenminister Talleyrand vor, und erst nach dem Jahreswechsel, Wochen, nachdem Frankreich ihn als souveränen Fürsten wieder anerkannt hatte, kehrte er in sein Land zurück. Aber verrät nicht Carl Augusts Zögern, in der dazumal hysterischen Stimmung in Weimar durchaus ungern gesehen, auch politischen Weitblick? «Unsere Lage zwischen Frankreich und Rußland ist sehr zweideutig», schrieb er am 5. Dezember aus Berlin an das Geheime Consilium. «Wir dürfen es nicht wagen, es mit Letzerm *ganz* zu *verderben!*»[9] Für den Fall eines später nötigen neuen Seitenwechsels konnte es nur gut sein, wenn man es sich erkennbar schwer gemacht hatte, ins Bündnissystem Napoleons einzutreten.

«Die Bestätigung unserer kleinen politischen Existenz ist für uns etwas Großes», schrieb Voigt am 9. November an den Gesandten von Müller. Diese Existenz war vorerst gerettet worden, aber der Preis war so gewaltig, dass sich Entsetzen einstellte. Weimar musste als Mitglied des Rheinbunds und faktischer Vasall Napoleons nicht nur ein Truppenkontingent von 800 Mann stellen, es musste sich nicht bloß zur Einquartierung von fast 80 000 Soldaten und 22 000 Pferden bis ins Frühjahr 1808 bereitfinden, sondern vor allem wurde ihm eine Kontribution von 2,2 Millionen Franken auferlegt, was den gemutmaßten Einkünften des Herzogtums von einem ganzen Jahr entsprach. Mit Kontributionen wie

Christian Gottlob Voigt, 1804

diesen – Preußen wurde im Tilsiter Frieden mit im Verhältnis sogar noch drückenderen Lasten belegt – finanzierte das siegreiche Frankreich seine gewaltigen Kriegskosten, und zugleich behielt es ein dauerhaftes Druckmittel gegen die Besiegten in der Hand, die immer wieder um Stundung und Milderung bitten mussten, am Ende übrigens durchaus vergebens. «Dieser wie ein Licht gleichsam ausgeblasene Wohlstand macht den Vaterlandsfreund, der so lange daran arbeiten half, sehr sehr traurig», lautete das bittere Resümee des Geheimrats Voigt am 14. Dezember.[10]

An all dem musste Goethe lebhaften Anteil nehmen. Er gehörte, obwohl er sich vom engeren politischen Tagesgeschäft längst zurückgezogen hatte, nach wie vor zum engsten Führungszirkel um den Herzog. Außerdem berührte ihn die Existenzbedrohung des kleinen Staates, mit dem er sich seit drei Jahrzehnten verbunden hatte, auch persönlich unmittelbar. Am Herzogtum Weimar hing zum allergrößten Teil Goethes Lebensunterhalt und zugleich seine Lebensform als Schriftsteller und Gelehrter: Längst war die geistige Infrastruktur des Landes auch auf seine Bedürfnisse zugeschnitten, in Bibliotheken und Sammlungen, der Universität, dem Theater. Man hat oft von einem aristokratisch-bürgerlichen Kompromiss in Goethes Dasein als Autor gesprochen; vielleicht wäre es präziser, die Symbiose, in der er lebte, höfisch-akademisch zu nennen. Weimar und sein Hof standen dabei für die ästhetische Seite, hier fanden sich Anlässe, Bühnen und Publikum für seine Dichtungen (und auch für populärwissenschaftliche Vorträge), darüber hinaus Gelegenheiten für eine ausgreifende Kunstpolitik. In Jena mit seiner Universität dagegen fand Goethe als Naturwissenschaftler und Philologe seinen Ort, hier konnte er sich von gesellschaftlichen Verpflichtungen freihalten, mit Freunden und Kollegen debattieren, aufwendige Experimente durchführen, als Wissenschaftspolitiker am Ort und als Kritiker in der «Jenaischen Allgemeinen Literatur-Zeitung» das geistige Leben in ganz Deutschland beeinflussen.

Dieses in langen Jahren um Goethe herumgewachsene System war nie vorher und nie nachher so bedroht wie in den Wochen um die Schlacht von Jena und Auerstedt. Die Tagebücher, die Briefe und die im Alter verfassten Rückblicke der «Tag- und Jahreshefte» dokumentieren eine Anteilnahme, die sich von Tag zu Tag, bisweilen von Stunde zu Stunde verfolgen lässt. «Abends bei Sereniss. wegen einiger Besorgungen in dessen Abwesenheit.» «Bey Serenissimo zum Abschiede.» «Bey Geh.R. Voigt wegen der Zeitumstände». «Mittag in Niederroßla bei Serenissimo im Haupt Quartier». Das sind Tagebuchnotizen vom 16. bis zum 24. September. In den «Tag- und Jahresheften» schrieb Goethe noch zwei Jahrzehnte später von «sorgenvollen Verhandlungen» mit Voigt und einer «prägnanten Verhandlung mit meinem Fürsten im Hauptquartier Niederroßla».[11] Goethe scheint nicht zuversichtlich gewesen zu sein. Vier Tage vor der Schlacht dichtete er ein «Kriegslied» mit dem Vers «Ich hab mein Sach' auf nichts gestellt», was ihm sogar Wieland übel genommen haben soll.[12] Und am Vorabend machte er einen Spaziergang zum Lager der Preußen, wo ihn das allgemeine Chaos bedrückte. Auch Voigt war defätistisch. Schon am 4. Oktober schrieb er an Goethe: «Die besten Generals sagen, es sei ein bloßes Glück, worauf alles stehe und berechnet werden müsse. War aber das Glück bisher nicht immer auf der Seite des Gegenteils?» Und er gab zu bedenken: «Aber es ist nicht bloßes Glück; man spielt den Krieg so kundig wie ein guter Schachspieler auf dem Brett, und wir – sind neu und mehrköpfig.»[13] Es ist vor dem Hintergrund

Goethe, 1806

solcher Zweifel nicht verwunderlich, dass Goethe die Teilnahme seines Fürsten am Krieg durchaus skeptisch sah. Was sollte die Formulierung von der «prägnanten» Verhandlung sonst bedeuten? «Prägnant»: Das klingt nach «deutlich» und «unheilsschwanger».

In Jena hatte Goethe in der Woche vor der Schlacht nahen Umgang mit der preußischen Heeresführung, die er fast täglich zu Tisch sah. Am 2. Oktober musste er seine gewohnten Zimmer im Schloss für den Fürsten Hohenlohe, den zweiten preußischen Oberbefehlshaber, räumen; nach der Schlacht bezog Napoleon dann Goethes Zimmer. Der preußische Offizier Friedrich Ludwig August von der Marwitz hat in seinen Memoiren das Bild der Exzellenz gezeichnet, die beflissen war, «vom Gelehrten und Dichter nichts, sondern allein den Minister sehen zu lassen. Er erschien nicht anders als im Hofkleide und größten Staat. Gepudert und mit einem Haarbeutel, gesticktes Hofkleid und Weste, schwarze, seidene Beinkleider, weiße seidene Strümpfe, Galanteriedegen und ein kleines seidenes Dreieck statt eines Hutes unter dem Arm.» Und dann folgt der Satz voller Standesdünkel, der Fontane so erbitterte: «Er war ein großer schöner Mann und verstand die Würde seines Ranges, wenngleich nicht den natürlichen freien Anstand eines vornehmen Mannes, sich anzueignen.»[14] Unterdessen musste Goethe den Obristen Massenbach, damals im preußischen Stab tätig, vor der Eselei bewahren, ein antinapoleonisches Pamphlet zu publizieren. Solche Vorsicht hatte gute Gründe: Wenige Wochen zuvor hatte Napoleon in Bayern den Verlagsbuchhändler Palm erschießen lassen, der den bitter franzosenfeindlichen Traktat «Deutschland in seiner tiefen Erniedrigung» eines anonymen Verfasser verbreitet hatte. Massenbach hat dem Weimarer Geheimrat später sein Einschreiten gedankt. Ermüdet von den unentwegten politischen Debatten, beruhigte sich Goethe nach seiner Art abends bei dem befreundeten Verleger Frommann durch wissenschaftliche Gespräche und Zeichnen. Den hartnäckigen Willen, sich von der Politik nicht überwältigen zu lassen, bekundet auch der Umstand, dass Goethe als Theaterdirektor in Weimar noch am Abend des 13. Oktobers zum Unwillen der lustlosen Schauspieler und vor halbleerem, nur von einigen preußischen Offizieren besetzen Haus eine Komödie spielen ließ: «Fanchon, das Leiermädchen». Längst lagen, wie schon oft seit dem Winter 1805/06, wieder preußische Militärs einquartiert in Goethes Haus.

Die politischen Sorgen steigerten sich in der Nacht nach der Schlacht zur physischen Bedrohung. Goethe selbst hat sie nie in Worte gefasst – das «schrecklich» aus dem Tagebuch blieb der stärkste Ausdruck –, doch Goethes Mitarbeiter Friedrich Wilhelm Riemer, damals als Lehrer von Goethes Sohn August Hausgenosse am Frauenplan, hat die Vorgänge in seinen 1841 erschienenen «Mitteilungen über Goethe» detailliert und glaubwürdig dargestellt. Glaubwürdig ist dieser Bericht schon deshalb, weil er genaue topographische Vertrautheit mit Goethes Haus verrät, und weil er, nach Art guter Augenzeugen, präzise das selbst Gesehene vom Gehörten unterscheidet. Eine schöne Einzelheit mag das veranschaulichen. Beim Rückzug der Preußen hinter der Mauer von Goethes Garten, der sogenannten «Ackerwand», die übermannshoch war, erklärt Riemer: «Ich sah sie nicht, sondern hörte nur das Geschrei und bemerkte die Spitzen der Gewehre und sonstigen Waffen über der Gartenmauer hinschwankend.»[15] Wer so genau sieht, dem darf man wohl auch sonst vertrauen.

Es ist nicht nötig, Riemers lange, oft nachgedruckte Erzählung in allen Einzelheiten zu wiederholen oder sie gar mit den sonstigen Weimarer Gerüchten, Klatschereien und Ausschmückungèn abzugleichen. Die entscheidenden Tatsachen sind: Goethe und Riemer empfingen die ersten französischen Husaren mit Wein und Bier am Frauentor nahe bei Goethes Haus und versicherten ihnen, dass die Preußen weg seien – eine wichtige Mitteilung, um Kampfhandlungen zu vermeiden. Goethe traf bei dieser Gelegenheit, wie sich später herausstellte, einen unbekannten Bekannten, nämlich den Sohn seiner Frankfurter Jugendliebe Lili Schönemann, verheirateter Frau von Türkheim, der nun französischer Offizier war. Mit ihm ging Goethe zum Schloss. Von dort ließ er nach Hause melden, dass man den Marschall Ney samt einigen Kavalleristen zur Einquartierung bekommen würde – eine kluge, gewiss von Goethe selbst eingefädelte Maßregel, die seinen Haushalt vor Gewalttaten zu schützen versprach. Im Hinterhaus des Anwesens am Frauenplan hatten sich unterdes um die Hausfrau Christiane Vulpius nicht nur Goethes Familie und Bedienten versammelt, hierher flüchteten sich, als Plünderungen und Brände in der Stadt begannen, auch allerlei Schutzsuchende aus der Nachbarschaft. Die vorderen, auf den Frauenplan schauenden Räume aber waren den erwarteten Gästen vorbehalten; für den Marschall und seine Entourage wurde die Tafel gedeckt.

Es ist für das Verständnis der Riemerschen Darstellung wichtig, sich den Grundriss von Goethes Haus vor Augen zu halten. Es ist durch einen Innenhof in einen vorderen repräsentativen und einen hinteren, privaten und der Arbeit vorbehaltenen Bereich aufgeteilt. Vorne sind unten das Dienerzimmer und das Treppenhaus gelegen, im ersten Stock befinden sich Gelber Saal, Juno- und Urbino-Zimmer. Hinten waren Christianes Räume, die Küche, Goethes Schlafraum, sein Arbeitszimmer, seine Bibliothek und das Schreibzimmer.

Goethe kam bald vom Schloss zurück, doch Marschall Ney ließ auf sich warten und traf auch in den folgenden Nachtstunden nicht ein; einstweilen lagerten im Bedientenzimmer vorne sechzehn elsässische Soldaten. Hier im Vorderhaus hielt Riemer Wache und wartete auf Ney, während Goethe sich zur Ruhe nach hinten zurückzog. Was Riemer selbst erlebte, spielte sich im vorderen Teil des Hauses ab. Tief in der Nacht, die nur «von den hochaufleuchtenden Flammen der in der Ferne brennenden Häuser die nöthige Hellung» empfing, donnerten zwei französische Tirailleurs, also bewaffnete Infanteristen, an die Tür und begehrten Einlass. Ein erstes Mal ließen sie sich mit dem Hinweis auf den erwarteten Marschall und die bereits eingezogene Belegung abweisen. Doch als sie wiederkehrten und die Türe einzuschlagen drohten, ließ Riemer sie hinein, gab ihnen Wein und Speise, was sie so aufmunterte, dass sie nun den Hausherrn zu sehen verlangten. Riemer eilte nach hinten, um Goethe zu holen, der die Soldaten mit dem Gewicht seiner Person zur Ruhe bringen soll.

Riemer wörtlich: «Er that es auch, ohne betroffen zu seyn oder zu scheinen. (...) Obgleich schon ausgekleidet und nur im weiten Nachtrock – der sonst scherzhaft Prophetenmantel von ihm genannt wurde – schritt er die Treppe herab, fragte was sie von ihm wollten, und ob sie nicht alles erhalten was sie billiger Weise verlangen könnten, da das Haus bereits Einquartierung habe und noch einen Marschall mit Begleitung erwarte. Seine würdige, Ehrfurcht gebietende Gestalt, seine geistvolle Miene schien auch ihnen Respect einzuflößen, sie waren auf einmal wieder die höflichen Franzosen, schenkten ein Glas ein und ersuchten ihn mit ihnen anzustoßen.» Goethe kann sich dann wieder zurückziehen, die beiden Soldaten trinken weiter, werden schläfrig, und da ihnen die bloßen Dielen nicht genügen, gehen sie die Treppe hinauf und nehmen die für Marschall Ney vorbereiteten Betten in Beschlag. Als dieser nach Tagesanbruch, also am Morgen des 15. Oktobers, endlich erschien und von den nächtlichen Vorfällen erfuhr, stürzte er wütend die Treppe hinauf und trieb «mit flacher Klinge die Kerls aus den Betten heraus, die nicht eilig genug Zimmer und Haus verlassen konnten. Ich sehe sie noch vorübereilen», schreibt Riemer, «und war damals nicht ohne Besorgniß, sie möchten noch etwas von Silbergeschirr und dergleichen haben mitgehen heißen.»

So weit, so außerordentlich unangenehm. Doch das Schlimmste erfuhr Riemer erst am Morgen, nachdem Ney eingezogen, eine Schutzwache vors Haus gestellt und somit für Ruhe und Ordnung gesorgt hatte. In der ersten Unterredung mit den übrigen Hausgenossen musste Riemer hören, «daß, während ich die beiden Maraudeurs in den Betten glaubte, sie dem Hausherren auf das Zimmer gerückt wären und sein Leben bedroht hätten. Da habe seine Frau einen der mit ins Haus geflüchteten zu Hülfe gerufen, dieser habe G. von den Wüthenden befreit, sie hinausgejagt, die Thüren seines Zimmers und Vorgemachs verschlossen und verriegelt.» Hier macht Riemer einen Absatz und setzt hinzu: «G. selbst ließ sich nie etwas davon merken; ich aber war nicht wenig bestürzt über die Gefahr, in welcher er ohne mein Wissen und Gedenken geschwebt hatte.»

Dass sich Dramatisches bei Goethe ereignet hatte, verbreitete sich im klatschfreudigen Weimar natürlich unverzüglich, so notierte beispielsweise der Däne J.H.C. Koes, ein Freund Adam Oehlenschlägers, damals in Weimar zu Besuch, schon am 16. Oktober im Tagebuch: «Marodeurs bei Goethe, setzten ihm Bajonette vor die Brust.»[16] Und auch sonst kursierten allerlei Ausschmückungen: So hieß es, Christiane habe sich vor Goethe geworfen und ihn damit gerettet, dass sie den Angreifern sogleich ein paar silberne Leuchter gab. Dass der Moment angespannt blieb, verraten Goethes Tagebuchnotizen, die auch die Namen der in seinem Haus kommenden und gehenden französischen Generäle – Lannes, Victor, Augereau – festhalten: «Beschäftigt mit der Sicherung des Hauses», am 15. Oktober. Und am 16. Oktober: «In dem Intervall [zwischen Lannes und Augerau] die größte Sorge. Bemühung um Sauvegarden.» Dass die großen Kriegsherren nicht allein kamen – in einer Nacht musste Goethes Haus Betten für vierzig Personen bereitstellen –, versteht sich von selbst. Doch dann beruhigte sich die Lage, und Goethe knüpfte mit französischen Funktionären, wie dem interimistischen Stadtkommandanten Dentzel und dem durchreisenden Kunstkommissar Dominique Vivant Denon, den er schon 1790 in Venedig kennengelernt hatte, höfliche, auch politisch wirksame Kontakte. Denon, der die Kunstsammlungen der besiegten Deutschen für das geplante Pariser Napoleons-Museum plünderte, fand in Weimar nichts mitzunehmen; Goethe legte gute Worte für die Jenaer naturwissenschaftlichen Sammlungen ein. Spätestens am Donnerstagabend, dem 16. Oktober, konnte Goethe sich für gerettet und gesichert halten. «Thätige Theilnehmung mancher Militärpersonen», heißt es dazu im Tagebuch. Am Tag danach traf ein beruhigender Schutzbrief des Stadtkommandanten – Dentzel kannte die Verhältnisse, denn er hatte in Jena studiert – für Goethe ein, und die französische Besatzungsmacht behandelte den berühmten Dichter fortan mit ausgesuchter Höflichkeit. Von ihm und Wieland ließ Denon Profile zeichnen, um Medaillen danach schneiden zu lassen – eine Woche nach der Schlacht! «Es ist nur gut», schrieb Goethe am 20. Oktober an seinen Kunstsachverständigen Meyer, «daß unsre Überwinder wenigstens von einigen Individuen Notiz nehmen, da sie das Ganze nivellieren.» Goethe ließ seinerseits die deutsch-patriotische Zeitschrift des Literaten Johannes Daniel Falk, «Elysium und Tartarus», ebenso verbieten, wie er vor der Schlacht Massenbach seine Brandschrift ausgeredet hatte: «Die Übel sind groß, so ein Narr kann sie noch vermehren!»[17] Den peinigenden Moment in der Nacht des 14. Oktober spielte Goethe fortan zeit seines Lebens herunter, ja man darf sagen, recht eigentlich verschwieg er ihn. Hier war nicht von einer Mutprobe zu berichten wie beim Kanonenfieber von Valmy, sondern von einer Situation der Demütigung. «Wir leben! unser Haus blieb von Plünderung und Brand, wie durch ein Wunder verschont. Die regierende Herzogin hat mit uns die schrecklichsten Stunden verlebt, ihr verdanken wir einige Hoffnung des Heils für künftig, so wie für jetzt die Erhaltung des Schlosses. Der Kaiser ist angekommen am 15. October 1806.» Das war sein stets gleichlautendes Bulletin an auswärtige Empfänger wie Nicolaus Meyer oder den Verleger Cotta, das regelmäßig auch den Satz enthielt: «Merkwürdig ist es, daß diese Tage des Unheils von dem schönsten Sonnenscheine begleitet und beleuchtet waren.»[18] Der Brief an Cotta umreißt in wenigen Zeilen die neue Lage, in die sich der Schriftsteller Goethe versetzt sah: «In jener unglücklichen Nacht waren meine Papiere meine größte Sorge, und mit Recht. Denn die Plünderer sind in anderen Häusern sehr übel damit umgegangen und haben alles wo nicht zerrissen, doch umhergestreut. Ich werde nach dieser überstandenen Epoche um desto mehr eilen meine Manuscripte in Druck zu bringen. Die Tage des Zauderns sind vorbey, die bequemen Stunden in denen wir uns mit Hoffnung schmeichelten, unsere Versuche zu vollenden und was wir nur entworfen hatten, auszuführen.»[19] Deutlicher hat sich Goethe an keiner anderen Stelle über jene Nacht und ihre Folgen für ihn ausgesprochen. Am 9. Dezember dankte er seinem Verleger für das Angebot eines Vorschusses und gesteht, «daß ich in den schlimmsten Augenblicken mich Ihrer freundschaftlichen Gesinnungen erinnert und im Fall der Not auf Ihre Bereitwilligkeit gehofft habe». Das lässt erkennen, mit welcher Möglichkeit Goethe in diesen Augenblicken kalkulierte: von Verlagshonoraren leben müssen. Dem vertrauten Freund Zelter in Berlin schrieb Goethe zum Jahreswechsel 1806/7 dann schon beruhigend: «Durch die bösen Tage bin ich wenigstens ohne großen Schaden durchgekommen.» Und wenn die in den 1820er Jahren niedergeschriebenen Aufzeichnungen in den

«Tag- und Jahresheften» vom «grimmigsten Unheil» sprechen, das am «vierzehnten Oktober über uns hereinbrach», dann geht die Rede auch wieder nur von der Gefahr für die «übereilt geflüchteten Papiere» der entstehenden Farbenlehre.[20] In den Tagen nach der Katastrophe war Goethe fast täglich «bei Hofe» und abends nicht selten bei der soeben neu nach Weimar zugezogenen Johanna Schopenhauer. Er kümmerte sich um Freunde und Kollegen, vor allem in Jena, das viel schlimmer gelitten hatte als Weimar. In Jena war ein halbes Stadtviertel mit zwanzig Häusern abgebrannt, das botanische Institut der Universität sowie die mineralogischen Sammlungen hatten beträchtliche Einbußen erlitten, und danach verwandelte sich die Stadt zu guten Teilen in ein grausiges Lazarett für die Verwundeten und Sterbenden der Schlacht, samt drückenden Versorgungslasten. Solange das Schicksal der Weimarer Landesherrschaft nicht entschieden war, konnte auch das Überleben der Universität nicht für sicher gelten. Von Napoleon hörte man die Meinung, es gebe zu viele Universitäten in Deutschland. Die Hochschule im preußischen Halle wurde alsbald zugemacht.

Goethe sammelte die Zeugnisse seiner Erlebnisse und Aktivitäten in einem Ordner «Acta die traurigen Folgen des 14ten Octobers 1806 betreffend»[21]. Einmal mehr erweist sich, wie «Goethes Aktenführung» – so hat es Ernst Robert Curtius in einem scharfsichtigen Aufsatz genannt – eine existenzielle, ja therapeutische Funktion annehmen konnte; wie das archivalische Verzeichnen und Einordnen des Ungeheuren ihm half, sein Gleichgewicht wiederzufinden. Dasselbe gilt für den harmlosen Zeitvertreib bei den Abendgesellschaften von Madame Schopenhauer: Da schnitt man Blumen aus Papier und klebte sie auf Lampen- und Ofenschirme.

Am 24. Oktober konnte endlich Goethes eigene Arbeit wieder beginnen; zusammen mit Riemer nahm er die Redaktion der seit dem Frühjahr entstehenden neuen Werkausgabe wieder auf. Die höhere Taktzahl und die größere Zielstrebigkeit von Goethes Publizieren in den folgenden Jahren wurde, wie Goethe es sich vorgenommen hatte, eine der Folgen der Krise im Oktober 1806.

Am 31. Oktober kehrte auch die Herzogmutter Anna Amalia nach Weimar zurück, und fortan verbrachte Goethe viel Zeit auch bei ihr. Nimmt man seine fast täglichen Kontakte zum Hof mit dem ebenfalls auffällig dichten Briefwechsel mit Voigt und dem Geheimen Consilium zusammen und bedenkt, dass der Herzog weiter auf sich warten ließ, dann wird man Goethes Rolle bei der politischen Entschlussfindung in der prekären Zeitspanne sehr hoch einschätzen. Jedenfalls war er über den Fortgang der Verhandlungen mit Napoleon immer genau im Bilde, auch gab er entschiedene Meinungen dazu ab – so war er unbedingt für eine unverzügliche Reise des Erbprinzen zum Kaiser. Mit einem Wort des zwanzigsten Jahrhunderts muss man ihn und Voigt als «Erfüllungspolitiker» bezeichnen, die auf ein gutes Verhältnis zur siegreichen Besatzungsmacht setzten – übrigens, ähnlich wie im nahegelegenen Anhalt-Dessau des Fürsten Leopold Friedrich Franz, durchaus aus der jahrzehntelangen Erfahrung mit preußischer Willkür. Dazu kam bei Goethe ein allgemeineres Motiv, das seine Haltung in der gesamten napoleonischen Zeit bestimmte: die Ablehnung einer sich antikisch gebenden, bis zum Feindeshass getriebenen Vaterlandsliebe.

Das, was von heute aus wie ein Vorschein der nationalistischen Zukunft wirkt, erschien Goethe als künstliche Wiederbelebung uralter und überholter Geisteshaltungen durch weltfremde Professoren. Zu Riemer sagte er am 18. November 1806: «Der ganze Gang unserer Kultur, der christlichen Religion selbst führt uns zur Mitteilung, Gemeinmachung, Unterwürfigkeit und zu allen gesellschaftlichen Tugenden, wo man nachgibt, gefällig ist, selbst mit Aufopferung der Gefühle und Empfindungen, ja Rechte, die man im rohen Naturzustande haben kann. Sich den Obern zu widersetzen, einem Sieger störrig und widerspenstig zu begegnen, darum, weil uns Griechisch und Latein im Leibe steckt, er aber von diesen Dingen wenig oder nichts versteht, ist kindisch und abgeschmackt. Das ist Professorenstolz, wie es Handwerksstolz, Bauernstolz und dergleichen mehr gibt, der seinen Inhaber ebenso lächerlich macht, als er ihm schadet.» Jetzt gelte es, nicht trotzig, auch nicht verzagt, sondern pfiffig zu sein. Schon im ersten Augenblick nach der Niederlage hatte Goethe also jene Haltung gefunden, der er das kommende Jahrzehnt über treu bleiben sollte. Daraus folgte die Ablehnung allen Trotzes als selbstzerstörerisch. Mitarbeit, nicht Widerstand, wurde zur Richtschnur.

Als Weimars Fortbestand noch nicht gesichert war und französische Zwangsverwaltung als «pays conquis» drohte, erarbeitete der Geheimrat Goethe für die Besatzer in deutscher und französischer Sprache eine ausführliche Übersicht zu den wissenschaftlichen und künstlerischen

Einrichtungen des Herzogtums Weimar, also ein Dossier über seinen Zuständigkeitsbereich – im Moment der Krise nicht zuletzt eine Darstellung seiner eigenen Lebensleistung, aber auch Gelegenheit, gute Worte für das Mäzenatentum seines Herzogs einzulegen.

Am Ende des Jahres jedoch schrieb Goethe nach Berlin an Zelter: «Es war nicht Noth, mich der öffentlichen Angelegenheiten anzunehmen, indem sie durch treffliche Männer genugsam besorgt wurden; und so konnt' ich in meiner Klause verharren und mein Innerstes bedenken.» Das war eine Reaktion auf die Mitteilung des Freundes, dass er im besetzten Berlin «Munizipal» geworden sei, also eine Funktion der bürgerlichen Selbstverwaltung in der eroberten preußischen Kapitale übernommen hatte.[22] Trotzdem bleibt Goethes Satz vor dem Hintergrund seiner durchaus nicht beiläufigen Sorge für die Weimarer Belange merkwürdig, ja fast verdächtig.

Möglicherweise bezieht er sich auf einen der auffälligsten Umstände während der Krisentage nach der Schlacht. Goethe hat die Gelegenheit zu einer Begegnung mit dem Sieger Napoleon ausgeschlagen, jedenfalls verstreichen lassen. An fast allen Tagen vom 14. Oktober bis zum Monatsende ging er an den Hof – Zeichen seiner intensiven Teilnahme am Geschick des Landes. Nur an einem einzigen Tag fehlte er: am 16. Oktober. An diesem Donnerstag sollte Goethe zusammen mit seinen beiden Kollegen vom Geheimen Consilium, den Geheimräten Voigt und Wolzogen, sich in einer Audienz auf dem Schloss beim Kaiser präsentieren, um den Eroberer für die Erhaltung des Herzogtums günstig zu stimmen und vor allem die zu diesem Zeitpunkt noch fortdauernden Plünderungen beenden zu lassen. Auch ging es dem Consilium darum, als geschäftsführende Behörde akzeptiert zu werden. Wie dringend dabei Goethes Mitwirkung gewesen wäre, lässt ein gleichzeitiger Brief Wolzogens an einen ihm persönlich bekannten Marschall des Kaisers erkennen: «Seine Kaiserliche Majestät möge geruhen», heißt es da, «Weimar als einen der Sammelpunkte der deutschen Literatur anzusehen, und gestatten, daß die Vertreter der Regierung des Glückes teilhaftig würden, Seiner Kaiserlichen Majestät ihre respektvolle Ehrfurcht zu bezeigen und den Ausdruck ihrer vollkommenen Unterwerfung vor seinen Thron zu bringen.»[23] Nur mit dem Geheimrat Goethe ließ sich in diesem Moment die deutsche Literatur so ungesucht wie eindrucksvoll dem Auge des Kaisers präsentieren, sein Name dürfte neben dem von Wieland der

Einzige gewesen sein, mit dem Napoleon überhaupt etwas zu verbinden gewusst hätte; Wieland aber hatte, anders als Goethe, kein öffentliches Amt inne. Doch Goethe ließ sich entschuldigen. Der mit Bleistift geschriebene Zettel an Voigt, in dem dies geschah, lautet: «In dem schrecklichen Augenblicke ergreift mich mein altes Übel. Entschuldigen Sie mein Außenbleiben. Ich weiß kaum, ob ich das Billet fortbringe.»[24] Voigt legte das Blättchen in seinen Akten ab, nicht ohne darauf zu notieren: «praes. 16. October 1806, als ich eben zum Kaiser und König Napoleon als Mitglied des Conseil administratif mit Herrn Geheimen Rat Wolzogen gehen wollte. V.» Goethe sagte in denkbar formloser Weise in allerletzter Minute ab. Ob Napoleon die Absage wahrnahm, ob ihm also Goethes Erscheinen zuvor angekündigt worden war, ist nicht bekannt. Der eigentlich ungeheuerliche Vorgang ist immer eher ratlos kommentiert worden. Man verwies auf die angespannte Lage in Goethes Haus – «In dem Intervall die größte Sorge» – und auch auf eine sachliche Verlegenheit: Goethe hätte wider eigene Überzeugung seinen Herzog gegen zu erwartende schwere Vorwürfe des Kaisers verteidigen müssen. In Voigts anschließender Aufzeichnung erscheint das, was in Wirklichkeit gewiss nicht ohne Heftigkeit ausfiel, kanzleimäßig gedämpft: «Seine Majestät waren so gnädig, mancherlei Gründe zu detaillieren, aus welchen Ihro die hiesige Teilnehmung an Preußens Krieg mißfalle.»[25] Nun wird man gerade die in einem solchen Moment geforderte Diplomatie Goethe ohne weiteres zutrauen; dass er viel anderes als die Herzogin erwidert hätte, war nicht zu erwarten. Und die gefährliche Lage seines eigenen Hauses wäre doch am sichersten durch einen gnädig gestimmten Kaiser zu entschärfen gewesen.

Bleibt das «Übel». Dieser Ausdruck war nicht nur ihm, sondern auch seiner Umgebung als Bezeichnung für schmerzhafte Nierenkoliken geläufig. Im Frühjahr 1806 hatten sie ihn, wie das Tagebuch vermerkt, viele Male heimgesucht und manche «üble – oder böse – Nacht», manchen «verlohrenen Tag» verursacht.[26] Goethes Schwager Vulpius vermerkte brieflich am 25. Februar: «Göthe ist jetzt schon wieder krank gewesen. Monatlich kömmt jedesmal sein Übel zurück.»[27] Und Charlotte von Stein, regelmäßige Teilnehmerin von Goethes Mittwochvorträgen, schrieb am 12. März: «Schade, daß aber sein periodisches Übel offt die Vorlesung unterbricht.» «Sein Leiden ist sehr schmerzhaft.»[28] In Weimar war nicht unbekannt, worum es sich handelte. Falk schrieb im März 1806 an Johannes von Müller: «Goethe hat monatliche Anfälle von der güldenen Ader, die bei ihm den Weg durch den Urin nimmt.»[29] Im Januar soll Goethe gesagt haben: «Wenn mir doch der liebe Gott eine von den gesunden Russennieren schenken wollte, die zu Austerlitz gefallen sind.»[30] Nicht zuletzt um diesem Leiden abzuhelfen, suchte Goethe 1806 nach vielen Jahren zum ersten Mal wieder Karlsbad auf, wo er fleißig seinen Stoffwechsel mit dem heißen mineralischen Sprudelwasser kurierte und eine deutliche Linderung zu spüren glaubte. Und in der Tat tauchen in der zweiten Jahreshälfte in Tagebüchern, Briefen und Berichten keine Vermerke über das «Übel» mehr auf – mit Ausnahme des Billets vom 16. Oktober. Zum Jahresende schrieb Goethe an den Herzog Carl August sogar ausdrücklich: «Gern sag ich deßwegen daß Carls-Bad mir sehr wohl gethan, daß ich keinen Haupt-Anfall diesen Winter erlitten.» Desto ominöser ist dann allerdings der folgende Satz: «Aber erlitten habe ich etwas vom 14. Octbr. an, auch etwas physisches das mir noch zu nahe steht um es ausdrücken zu können.»[31]

Das klingt wie eine Ausflucht. Man wird nie wissen können, ob das, was Goethe Voigt gegenüber als «Übel» deklarierte und was dieser als Anfall des bekannten Nierenleidens verstehen musste, nur vorgeschoben war oder ob Goethe in der Anspannung der «schrecklichen Tage» tatsächlich von einer so schmerzhaften Attacke außer Gefecht gesetzt wurde. Ausgeschlossen ist es nicht, nicht einmal unwahrscheinlich. Doch die undeutlichen Bemerkungen in den Jahresendbriefen an Zelter und Carl August sind nicht geeignet, das Misstrauen zu beschwichtigen, Goethe habe gekniffen – so, wie er sich in seinem Leben immer wieder unangenehmen Situationen entzog, nicht zuletzt allen Beerdigungen der ihm nächststehenden Menschen. Und vollends misstrauisch wird man, wenn man in einem Brief an den weit entfernten Schelling vom 31. Oktober 1806, der auf die «schrecklich dringenden Ereignisse» zurückblickt, liest: «Meine Gesundheit hat kaum gewankt, und ich befinde mich seit meiner Rückkehr von Carlsbad unausgesetzt so wohl, als ich nur wünschen darf.» Das passt schlecht zu der dramatischen Bleistift-Entschuldigung vom 16. Oktober. War Goethe an diesem Tag wirklich krank oder ist er einer seelischen Überforderung ausgewichen?

Begreiflich wäre es. Goethe, Deutschlands berühmtester Schriftsteller, der mutmaßen durfte, auch der Kaiser kenne seinen Namen, hätte

29

vor diesem doch als Besiegter, als Bittsteller auftreten müssen; er musste damit rechnen, dass Napoleon ihn nicht weniger hochfahrend anreden würde wie am Vorabend auf der Schlosstreppe die Herzogin. Das wäre kein freies Gespräch geworden wie genau zwei Jahre später in Erfurt, wo zwei der Großen ihrer Epoche für ein paar Viertelstunden Maß aneinander nahmen. Goethe mag Angst um sein Haus gehabt haben, ja er mag sich auch physisch schlecht gefühlt haben, aber vor allem wird er keine Lust gehabt haben, sich dieser Situation auszusetzen. Insofern trifft Hans Tümmlers Bemerkung vom «Versagen» die Sache, auch wenn man zugeben muss, dass Goethes Ausfallen nicht entscheidend war, denn am Ende hing Weimars Schicksal nicht an seiner Intervention. Die Plünderungen der Stadt wurden so oder so ganz publikumswirksam nach dem öffentlichen Fußfall eines Schusters vor dem ausreitenden Kaiser in aller Form beendet – die Szene wurde sogleich in einer farbigen Zeichnung verewigt.

So aber brachte sich Goethe mindestens um einen interessanten Eindruck. Anders als der Kollege Voigt, anders als der Freund Zelter konnte er den Mann, der seit einem halben Jahrzehnt den Kontinent umwälzte, noch nicht in Augenschein nehmen. Die besiegten Weimarer waren, sieht man von der gekränkten Herzogin ab, durchaus nicht unempfänglich für den Eindruck von Napoleons Person, nicht nur der immer etwas erregbare Geschäftsträger Müller, sondern auch der trockene Voigt, der an das Schandmaul Böttiger schrieb: «Seit ich (den 16. Oktober) nebst Hr. v. Wolzogen eine Audienz bei Ihm hatte, war mein Zutrauen durch sein schönes Auge gehoben und ich kann es nie fallen lassen.»[32] Wobei man sich fragt, ob so ein Satz nicht auch für die notorische napoleonische Postüberwachung bestimmt war.

Oder hat Goethe den Kaiser in diesen Tagen vielleicht doch gesehen, wenn auch aus größerem Abstand? Die Frage ist zu reizvoll, um ihr nicht nachzugehen. Das Tagebuch vermerkt am 15. Oktober: «Bey Hofe wegen Ankunft des Kaisers.» Der Kommentar der kritischen Ausgabe von Goethes Tagebüchern zitiert dazu aus dem Fourierbuch des Weimarer Hofes, also seinem täglich geführten Haushaltsbuch, dass der Kaiser mit seiner Entourage «um 4. Uhr herum» im Schloss eingetroffen sei, und allerlei sonstige Umstände. Dann heißt es: «Wegen des Empfangs ist noch zu bemerken, daß Ser[erenissi]ma S[ein]e Maj. den Kaiser mit dem [sic] eben anwesenden Herren und Damen [...] besonders den Herren

Cavaliers von Dienst oben an der Treppe empfingen u. von besagter K. Maj. bis an den Saal geführt worden, wo Höchsten voneinander schieden, u. in Ihre Apartements sich verfügten.»³³ Das ist die offizielle Version jener berüchtigten Treppenszene, in der Napoleon die Herzogin Luise so drohend anredete und dann stehen ließ. Schwer vorstellbar, dass Goethe davon nicht unterrichtet gewesen sein soll. Immerhin erwähnt er noch in einem Gespräch mit Eckermann am 10. Februar 1830, als der Tod der Herzogin bevorstand, eigens die «Willenskraft, mit der sie Napoleon widerstand». War er, der «wegen Ankunft des Kaisers» bei Hofe war, vielleicht im Hintergrund sogar Zeuge dieser hässlichen Szene? Dass er nie einen Ton dazu sagte, spricht nicht dagegen – Goethe hat, wie wir wissen, über viel mehr geschwiegen; und schweigen musste er unbedingt schon mit Blick auf sein peinliches Nichterscheinen am darauffolgenden Tag. Natürlich kann sein Tagebucheintrag auch bloß die Anwesenheit für eine Beratung bezeichnen, an der er noch vor der Ankunft des Kaiser teilnahm. Aber warum sollte Goethe zu jener Nachmittagsstunde sich nicht im Hintergrund unter den «eben anwesenden Herren und Damen» befunden haben? Dann hätte Goethes erste physische Begegnung mit Napoleon nicht in Erfurt 1808, sondern schon in Weimar 1806 stattgefunden. Auch in den folgenden Jahren hat, wie wir noch nachweisen werden, Goethe in seinem Tagebuch mehrfach darauf verzichtet, bloße Sichtbegegnungen mit Napoleon zu verzeichnen. Jedenfalls würde Napoleons absichtsvoll hochfahrendes Auftreten am 15. Oktober ein vorzügliches Motiv für Goethes Ausbleiben am 16. liefern. Die Frage selbst – stand Goethe in der Kulisse, gepudert, im Hofkleide, so, wie Marwitz ihn uns vor Augen gerückt hat, als Napoleon in seiner bekannten schmucklosen Kleidung, dem grauen Überrock, mit Erobererschritt nach oben kam? – wird sich nicht entscheiden lassen. Eine bedenkenswerte Möglichkeit bleibt es.

Jedenfalls hat kein zweites politisches Ereignis Goethes persönliches Leben so direkt beeinflusst wie die Nichtbegegnung mit Napoleon durch die Schlacht von Jena und ihre Folgen. Die Krisentage und -wochen nach dem 14. Oktober veranlassten ihn zu einer grundlegenden Neuordnung seiner persönlichen Lebensumstände. Er heiratete, und er regulierte seine Vermögensverhältnisse. Zusammen mit der zielstrebigen Sicherung seiner Schriften in der entstehenden Werkausgabe, nicht zuletzt dem nun zügig vorangetriebenen Abschluss der Farbenlehre, ergibt sich das Bild eines bemerkenswerten Energieschubs. Schon am 17. Oktober schrieb Goethe an den Hofprediger Wilhelm Christian Günther: «Dieser Tage und Nächte ist ein alter Vorsatz bey mir zur Reife gekommen; ich will meine kleine Freundinn, die so viel an mir gethan und auch diese Stunden der Prüfung mit mir durchlebte völlig und bürgerlich anerkennen, als die Meine.» Sonntag solle der Termin sein, und Goethe wollte wissen, welche Schritte dafür zu tun seien. «Geben Sie dem Boten, wenn er Sie trifft gleich Antwort. Bitte!»[34] Voigt und Wolzogen mussten die Formalien des dreifachen Aufgebots und einer Abgabe an die Waisenkasse aus dem Weg räumen, damit die Trauung in der von Goethe gewünschten Eile vonstatten gehen konnte. Sie fand bereits am Sonntagvormittag, dem 19. Oktober, in der Hofkirche im kleinsten Kreis statt; als Trauzeugen fungierten Riemer und der Sohn August. Dieses überstürzte, den aufgewühlten Moment blitzartig benutzende Verfahren hat hässliche und unwahre Kommentare befeuert, Goethe habe unter Kanonendonner und Brandfackeln geheiratet, in einem Kirchenraum, in dem soeben noch die Verwundeten gelitten hätten. Demoiselle Vulpius, Goethes Haushälterin, so formulierte es die «Allgemeine Zeitung» am 24. November, habe allein einen Treffer gezogen, «während tausend Nieten fielen».[35] Goethes lebenslange Verachtung für die Presse wurde durch solche Frühformen des Boulevards zementiert. Auch die Reaktionen in der Weimarer Gesellschaft, vor allem bei den adeligen Damen von Schiller und von Stein, zeugen von außerordentlicher Missgunst. So zog Goethe es vor, seine Gattin bei der neu zugezogenen Johanna Schopenhauer, die er erst zwei Tage vor der Schlacht bei Jena und Auerstedt zum ersten Mal besucht hatte, in die Gesellschaft einzuführen. «Als Fremde und GroßStädterin traut er mir zu daß ich die Frau so nehmen werde als sie genommen werden muß», schrieb Madame Schopenhauer, und sie prägte den unvergesslichen Satz: «Wenn Goethe ihr seinen Namen giebt können wir ihr wohl eine Tasse Thee geben.»[36]

Der Zusammenhang mit der Schreckensnacht vom 14. Oktober blieb nicht verborgen, so wenig Genaues über sie bekannt war. Aus Dankbarkeit für die Rettung habe er Christiane geheiratet, vielleicht auch weil den einquartierten französischen Marschällen die Rolle der Hausfrau nicht recht plausibel zu machen gewesen war. Goethe hat den Zusammenhang in der denkbar knappsten, aber auch denkbar nachdrücklichsten Form dokumentiert: «Unsere Trauringe werden vom 14. Octbr. da-

Christiane, 1806

tirt», teilte er dem Freund Knebel am Tag nach der Trauung mit. So trug Goethe das Datum der Schlacht von Jena und Auerstedt sein Leben lang am Finger.

Entscheidend sind die politischen Umstände. Der Herzog war nicht im Land. Die Existenz seines Staatswesens schien zweifelhaft. Goethe konnte in diesem Augenblick ohne seinen Freund und Herren handeln, der ihm die unstandesgemäße Ehe zwar nicht hätte verbieten, aber durch Bedenklichkeit doch hätte versagen können. Und die Reaktionen der Weimarer Hofdamen zeigen ja, gegen welche Rücksichten hier Goethe immer noch verstieß. Also ergriff er die Gelegenheit beim Schopf und wählte den kurzen Dienstweg. Nicht ohne Grandezza reagierte der trockne Geheimrat Voigt auf das Ansinnen seines Freundes: «Es versteht sich, daß alle Dispensations- und Kanzleibrocken wegfallen, woraus vormals unsre Waisen und Armen sich ihr Brot nehmen halfen – Fuimus!»[37] «Das sind wir gewesen», was ja nur heißen kann: So sind wir nun nicht mehr. Eine geschichtliche Wende hat stattgefunden. Und einen schönen

Satz der Freundschaft fügte er hinzu: «Was noch an Leben bei mir übrig sein wird, soll Ihnen usque ad cineres gewidmet bleiben.»

Dem Herzog allerdings musste der wichtige, in seiner Abwesenheit vollzogene Schritt eigens beigebracht werden. Zugleich wollte Goethe auch noch eine zweite Frage regulieren, die des Eigentums an seinem Haus am Frauenplan. Die Steuern für das nach Weimarer Maßstäben prachtvolle Anwesen zahlte – trotz der 1801 schriftlich bekräftigten Schenkung, die der Herzog schon 1794 beurkundet hatte – nach wie vor die herzogliche Kammer. Für die Übernahme der Steuern erhielt die Kammer allerdings auch die Einkünfte aus einem «Braulos», also dem Recht, Bier zu brauen, das zu dem Haus am Frauenplan gehörte. Dieser verwickelte Zustand musste durch die außerordentlichen Steuern, die nach der Niederlage durch die französischen Kontributionen unverzüglich nötig wurden, erneut in den Blick kommen. In Goethes Augen bedeutete er eine eigentumsrechtliche Zweideutigkeit, die für seine Erben, also den Sohn August und die Ehefrau Christiane, bei seinem eigenen Ableben fatal hätte werden können. Wären sie nicht bei Erbschaft und Nießbrauch möglicherweise ganz von der Gnade und dem guten Willen des Landesherrn abhängig gewesen? Und was wäre mit den ineinander verflochtenen Rechten geschehen, wenn das Herzogtum Weimar zu existieren aufgehört hätte? Die Erfahrung der Krisentage und -wochen nach dem 14. Oktober konnte es nur angeraten erscheinen lassen, auch hier klare Verhältnisse herzustellen, also ein von politischen Umständen möglichst unabhängiges Eigentumsrecht festzulegen.

Goethe hatte Anfang Dezember schon versucht, auch diese Frage ohne den Herzog, allein mit dem Kollegen Voigt, zu klären. Er bot also an, die Steuern als Eigentümer selbst zu bezahlen und bat im Gegenzug darum, die Einnahmen aus dem Braulos wieder zu erhalten. Doch offenbar war der Fall auf Beamtenebene doch nicht abzumachen, und so musste Goethe bei der ersten Wiederanknüpfung der Verbindung zum Herzog nach der Krise nicht nur auf seine Eheschließung zu sprechen kommen, sondern auch auf sein Eigentumsproblem.

Der lange, vermutlich zwischen dem 25. und dem 29. Dezember 1806 abgefasste Brief Goethes an den Herzog entledigt sich seiner heiklen Aufgaben mit Delikatesse und psychologischem Geschick. Zunächst erinnert Goethe daran, dass er seinen Brief am Geburtstag seines Sohnes August beginnt, um dann fortzufahren: «Er läßt sich noch immer gut an und ich konnte mir Ew. Durchl. Einwilligung aus der Ferne versprechen als ich, in den unsichersten Augenblicken, durch ein gesetzliches Band, ihm Vater und Mutter gab, wie er es lange verdient hatte. Wenn alle Bande sich auflösen, wird man zu den häuslichen zurückgewiesen, und überhaupt mag man jetzt nur gerne nach innen sehen.» Zu Hilfe kommt Goethe dabei der Umstand, dass die Geliebte des Herzogs, die Schauspielerin Caroline Jagemann, diesem unterdessen auch einen natürlichen Sohn geschenkt hat, den Goethe schon in Augenschein nehmen konnte; ein Hauch von erotischer Kumpanei dringt durch diesen glücklichen Zufall in den Brief. In einem darauf folgenden Teil gibt Goethe dem Herzog einen längeren Überblick zu dem durch die französische Eroberung Verlorenen und dann doch Geretteten, er waltet also seines Amtes als Oberaufseher für die künstlerischen und wissenschaftlichen Einrichtungen des Herzogtums. Und siehe: Die Lage ist gar nicht so übel, die mancherlei Verluste lassen sich ausgleichen, und «wenn man übersieht was verlohren ist; so freut man sich doppelt des Erhaltenen».

Dann erst ist der Moment gekommen, das Eigentumsproblem anzusprechen. Angesichts der unsicheren Zeitumstände sieht Goethe sein Familienvermögen und seine mobilen Besitztümer im Schwinden. Was soll aber aus seiner Familie werden, «wenn Freund Hayn zunächst an meine Thüre klopft»? Er habe, so Goethe, «um jene Wesen die mir so angelegen sind im Augenblicke auf irgend etwas anzuweisen nichts als das Haus das ich früher Ihrer vorsorglichen Güte verdancke und zu dessen Besitz mir im besorglichen Falle nur noch ein Letztes fehlt.» Also bittet Goethe um den stillen Verwaltungsakt, der ihm Sicherheit gibt: «Es wird ein Fest für mich und die Meinigen seyn wenn die Base des entschiedenen Eigenthums sich unter unsern Füßen befestigt, nachdem es so manchen Tag über unserm Haupte geschwankt und einzustürzen gedroht hat.» Ein Satz nicht ohne Kühnheit, weil er Carl August nicht nur an die physische Gefahr nach der Jenenser Schlacht erinnert, sondern doch auch auf die politische Bedrohung für das Herzogtum hinweist. Das ganze Schreiben stellt eine Zumutung dar, die der Germanist Wolfgang Frühwald so umschreibt: «In einem einzigen Brief dem Herzog die Geburt von dessen Sohn zu melden, ihm nebenbei die ohne Einwilligung vollzogene Hochzeit seines Ministers zu berichten, ihn um die Schenkung eines Hauses zu bitten, die Zerstörungen von Weimar zu beschreiben und das Gerettete hervorzuheben, ist ein Kunststück eigener Art.»[38]

Carl August reagierte auf die Mitteilung aus Goethes Familie und seine Bitte am 7. Januar 1807 noch aus Berlin mit gelassener Freundlichkeit, wenn auch nicht ohne einen Hauch von Kühle: «Du bist also wohl, heiter thätig und voll neuen Muthes, dein Haußwesen ist berichtigt und das sind lauter gute erfreuliche Dinge; genieße lange diese angenehme Lage! Daß dein Hauß ganz dein eigen sey, das habe ich Voigten aufgetragen zu besorgen.»[39] Welche Überlegungen auf Goethes Seite hinter der Eigentumssicherung standen, verraten Riemers «Mitteilungen» mit einer Erwägung, wie es dem Herzog und im Vergleich zu ihm dem Dichter ergangen wäre, wenn der 14. Oktober in Weimar nicht so glimpflich abgegangen wäre und Napoleon seine Drohungen wahrgemacht hätte: «Goethes Schicksal wäre, wenn auch kein Lebensverlust stattfand, ungleich schlimmer gewesen als das seines abwesenden Herrn. Andere Fürsten hätten sich dessen angenommen und zu seinem Rechte früher oder später verholfen: aber Goethe um alles, Besitz, Vermögen und literarische Schätze – den mühsamen Erwerb vieljähriger Studien – gekommen, wohin hätte er sich wenden sollen, um Schutz, Erhaltung und angemessene Tätigkeit zu finden?» Woran man in diesem Zusammenhang auch erinnern darf, ist die elementare Tatsache, dass Goethe bei einem Ende von Weimar-Eisenach als Erstes sein Jahresgehalt von 1900 Talern verloren hätte, die wichtigste Quelle für seinen Lebensunterhalt. Die Einquartierungen unmittelbar nach dem 14. Oktober hatten ihn, wie Schwager Vulpius berichtete, 2000 Taler, also mehr als ein ganzes Jahresgehalt, gekostet.

Was Goethe vom Herzog begehrte, war im Kern eine Verminderung der Abhängigkeit, wenn man so will: bürgerliche Selbständigkeit an Stelle feudaler Gnade. Unter dem Schock der napoleonischen Eroberung vollzog Goethe so ungesäumt wie folgerichtig eine deutliche rechtliche und gesellschaftliche Modernisierung seiner persönlichen Lebensumstände. Er legalisierte sein Verhältnis zu Christiane und schlug dabei Standesrücksichten in den Wind; und er klärte die Eigentumsverhältnisse an seinem Haus. Er wurde nun erst zu einem regelrechten bürgerlichen Familienvater und Hausbesitzer; dabei streifte er höfisch-feudale Züge seiner Existenz ab. Was Goethe für sich ins Werk setzte, liegt ganz auf der Linie dessen, was mit Deutschland in diesen Jahren ingesamt vorging: Der staatliche, rechtliche und gesellschaftliche Aufbau wurde radikal erneuert, vor allem vereinfacht und systematisiert. Die feudal ineinander verkeilten Landesherrschaften wurden entflochten und die Landkarten bereinigt. Im Inneren trennten sich Staat und bürgerliche Gesellschaft entlang präzise definierter Grenzen. Goethe befand sich mit der Klärung seiner persönlichen Verhältnisse auch politisch im Strom der Zeit.

All das bewirkte Napoleon, der Erbe und Überwinder der Revolution und ihr Exporteur nach Deutschland. Im Oktober 1806 ist Goethe ihm noch nicht persönlich begegnet, von Angesicht zu Angesicht wie zwei Jahre später, selbst wenn er ihn, wie hier erwogen wurde, beobachtet hat. Trotzdem ist diese Fastbegegnung das weitaus folgenreichste politische Ereignis in Goethes Leben geworden, viel folgenreicher als die Kanonade von Valmy, von der er so großartig zu berichten wusste. In seiner Rede «Zum brüderlichen Andenken Wielands» sprach Goethe 1813 von dem «folgenreichen Tag, der uns in Erstaunen und Schrecken setzte, da das Schicksal der Welt in unsern Spaziergängen entschieden ward» und an dem Wieland so viel Glück gehabt hatte.[40] Das erinnert an den berühmten Satz im Bericht über Valmy, dass von hier und heute eine neue Epoche der Weltgeschichte ausgehe. Riemer meinte, Goethe habe sich in der Nacht der Schrecken auch deshalb so voller Gleichmut in seinem Prophetenmantel vor den Soldaten gezeigt, weil er in Erinnerung an ähnliche Auftritte der deutschen Krieger in der Champagne wohl denken mochte, «daß jetzt die Reihe an die Deutschen komme».[41] Hier konnte Riemer sich auf den Schlusssatz der «Campagne in Frankreich» beziehen, wo Goethe von den Weltschicksalen spricht, «die uns noch zwölf Jahre bedrohten, bis wir von eben denselben Fluthen uns überschwemmt, wo nicht verschlungen gesehen». Immer wieder hat Goethe den Bogen zwischen 1792 und 1806 gespannt: «Damals ging ich der Weltgeschichte entgegen», schrieb er 1822 dem Freunde Friedrich Rochlitz über seinen Campagne-Bericht, «nachher hat sie uns am eigenen Herde aufgesucht».[42] «Weltgeschichte», das ist hier und an vielen anderen Stellen der Krieg, der Zustand der größten denkbaren Fremdbestimmung, das genaue Gegenteil dessen, was Goethe im Leben für wünschenswert hielt. Als Exponent solcher «Weltgeschichte» ist ihm Napoleon 1806 zum ersten Mal begegnet.

Seltsamerweise hat auch Napoleon diese beiden Ereignisse, den Feldzug in der Champagne von 1792 und den Krieg mit Preußen 1806, direkt aufeinander bezogen. In der Proklamation an die französische Armee

vom 6. Oktober 1806 heißt es: «Kriegsgeschrei ist zu Berlin laut geworden; seit zwei Monaten sind wir jeden Tag mehr herausgefordert worden.
Dieselbe Partei, derselbe Schwindelgeist, welcher vor vierzehn Jahren
unter Begünstigung unserer inneren Unruhen die Preußen bis mitten in
die Ebenen der Champagne führte, herrscht in ihrem Rathe. Sie fanden
in der Champagne Niederlage, Tod und Schmach. Laßt uns denn mar-
schiren, auf daß die preußische Armee von demselben Schicksale wie vor
vierzehn Jahren getroffen werde!»[43]

Der Rheinbunddeutsche
Auf dem Weg zum Kaiser: Lektüren, Diskussionen, Dichtungen

Johann Gensler, der Diener, der Goethe und seine Reisegesellschaft 1806 auf der Sommerreise nach Karlsbad begleitete, hat sich auf der Heimfahrt, hinter der Stadt Hof, eine dauerhafte, wenn auch namenlose Rolle im Gedächtnis der Deutschen erworben, und zwar durch eine Schlägerei. Unter dem 7. August notierte Goethe im Tagebuch: «Zwiespalt des Bedienten und Kutschers auf dem Bocke, welcher uns mehr in Leidenschaft versetzte, als die Spaltung des römischen Reichs.» Das wurde zu einem der abgenutztesten aller Goethe-Zitate; mehr als ein Jahrhundert lang sollte es die Distanz des Dichters zur politischen Welt belegen und die geringe Achtung illustrieren, die das Heilige Römische Reich deutscher Nation an seinem Ende genoss.

Diese Deutung ist längst korrigiert worden. Der Vorgang auf der Kutsche war so gravierend, dass Goethe sich am folgenden Tag in Jena veranlasst sah, den aufbrausenden Diener in militärischen Gewahrsam nehmen zu lassen, und die Polizei ersuchte, das Dienstverhältnis in seinem Namen zu beenden: Äußerst rauh, störrisch, grob und auffahrend sei Genslers Betragen schon immer gewesen. Vor allem bei der Reise nach Karlsbad habe sich seine unbändige Gemütsart «ganz gränzenlos erwiesen, indem er nicht allein meinen Reisegefährten schnöde begegnet (…); sondern auch auf der Rückreise seine Bosheit und Tücke an dem Kutscher auf allerley Weise ausgelassen, daß es zuletzt auf dem Bock zwischen beyden zu einem heftigen Wortwechsel und, ohnerachtet aller Herrschaftlichen Inhibition, endlich zu Schlägen kam; wobey, so viel mir bekannt ist, gedachter Gensler ausschlug, und ungeachtet aller Verweise und Bedrohungen sein gewöhnliches Betragen bis Jena auf eine dem Wahnsinn sich nähernde Weise fortsetzte.»[1] Der Kutscher sprang dabei vom Bock, die Kutsche rumpelte führerlos weiter. Keine Kleinigkeit also, denn dabei hättè leicht ein böser Unfall passieren können. Goethes Tagebucheintrag kombiniert, dem Genre gemäß, die Nahsicht der persönlichen Umwelt mit der großen geschichtlichen Information; ganz ähnlich verfuhr ein Jahrhundert später Franz Kafka, der am ersten Tag des Weltkriegs 1914 einen Schwimmbadbesuch festhielt. Und von Politikferne konnte in diesen Monaten ohnehin keine Rede sein. Die «Nachricht von der Erklärung des rheinischen Bundes» hatte die Reisegesellschaft schon am Vortag erreicht und «Reflexionen und Discussionen» ausgelöst. Mit der Assoziation von sechzehn deutschen Staaten in dem von Frankreich dominierten Rheinbund, die Mitte Juli besiegelt wurde, war auch das Ende des deutsch-römischen Kaisertums gekommen. Am 6. August legte Kaiser Franz II. seine Krone in aller Form nieder, ein Staatsakt, der weithin Trauer und Entsetzen im deutschen Reichsgebiet auslöste und zehn Tage später seine Resonanz auch in Voigts Briefwechsel mit Goethe fand: «Es hat mir doch eine traurige Empfindung gemacht», schrieb der Weimarer Minister. «Wenn sich Poesie mit Politik vertragen kann, so ist die Abdikation ein reicher Stoff. Das römische Kaiserwesen steht nun in der Reihe der untergegangenen Reiche.»² Und Goethes Mutter fand in einem Brief an ihren Sohn eine noch beeindruckendere Formulierung, als Kaiser und Reich in Frankfurt zum ersten Mal aus dem Kirchengebet weggelassen wurden: «Mir ist übrigens zu muthe als wenn ein alter Freund sehr kranck ist, die ärtzte geben ihn auf und mann ist versichert daß er sterben wird und mit all der Gewißheit wird mann doch erschüttert wann die Post kommt er ist todt.»³ Für die Reichsstadt Frankfurt hatte der Vorgang ebenso wie für die thüringischen Kleinstaaten mehr als nur eine symbolische Bedeutung. Das Alte Reich sicherte gerade den kleinen und kleinsten Herrschaften in Deutschland eine, wenn auch zuletzt nur schwache Rechtsgrundlage für ihre Existenz. Die deutsche Landkarte war seit dem Frieden von Lunéville von 1801, der das linksrheinische Ufer zu Frankreich schlug, und dem Reichsdeputationshauptschluss von 1803, der den dabei nötig gewordenen Gebietsausgleich durch Säkularisierung der geistlichen Fürstentümer bewerkstelligte, in unablässiger Bewegung. Und als Napoleon am 2. Dezember 1805 bei Austerlitz den österreichischen Kaiser und den mit diesem verbündeten russischen Zaren geschlagen hatte, war auch das Ende der preußischen Neutralität absehbar geworden, die dem norddeutschen Raum und damit auch dem Herzogtum Weimar seit 1795 den Frieden gesichert hatte. Nach der Gründung des Rheinbunds in Süd- und Westdeutschland und der Auflösung des Heiligen Römischen

Reichs geisterte sogar die Option eines norddeutschen Bundes, ja eines preußischen Kaisertums durch die Kanzleien. Die mitteleuropäischen Machtbalancen hatten sich unberechenbar verschoben, und der uralte Rechtsrahmen des Reiches war zerbrochen. Das musste vor allem die Zwergstaaten in der Mitte Deutschlands beunruhigen.

Diese Unruhe teilte sich auch Goethe mit. Selten ist in seinen Tagebüchern so viel von Politik die Rede wie im Sommer 1806. Vor allem seinen Aufenthalt in Karlsbad, einem Treffpunkt der kosmopolitischen Gesellschaft, nicht zuletzt der Diplomatie Europas, nutzte Goethe für seine Unterrichtung. Während dreier Wochen im Juli traf sich der Dichter fast täglich mit Heinrich XIII., Fürsten Reuß, der als General in Diensten Österreichs stand – dort also eine ähnliche Stellung wie Goethes Herzog Carl August in Preußen innehatte –, am Sprudel (der warmen Mineralwasserquelle), zu Spaziergängen oder auf Gesellschaften, um «Politica» erörtern und sich «mit diplomatischer Gewandtheit» das Unheil entfalten zu lassen, «das unsern Zustand bedrohte».[4] Pläne von Volksaufständen und Nachrichten von der zentral gesteuerten methodischen Ausbildung in der Armee der Franzosen waren Gesprächsthemen bei Tisch. Wie angespannt die Stimmung schon zuvor war, zeigt der Umstand, dass Goethe, wie Frau von Stein im Januar berichtet, sogar bei seinen naturwissenschaftlichen Mittwochsvorlesungen vor den Weimarer Damen ein Viertelstündchen der Politik «oder viel mehr den jetzigen Begebenheiten» widmen musste; «doch hat er das nicht gern».[5]

Dass Goethe in größerer Gesellschaft ungern über Politik sprach, ist bekannt; dass er Zeitungen zwar eingehend, aber in unregelmäßigen Rhythmen – oft erst in gebundenen Jahrgängen, ganz wie Geschichtsbücher –, vor allem aber sehr kritisch, zur Kenntnis nahm, ist vielfach bezeugt; trotzdem müssen wir ihn uns als gründlich informierten Zeitgenossen vorstellen. Wenn es ihn selbst und seine Umwelt anging, reagierte er auf Tagesblätter ganz prompt: «Zeitungen, die uns unser nächst Vergangenes brachten», notiert das Tagebuch am 30. Oktober 1806, zwei Wochen nach der Jenaer Schlacht. Und gegen verzerrende Berichte über Weimar verwahrte Goethe sich bei seinem Verleger Cotta, der auch die «Allgemeine Zeitung», das führende Blatt dieser Zeit, herausbrachte, mehrfach aufs Schärfste. Vor allem aber wirkte Goethe im engsten Führungszirkel eines Staates, und er war als literarische Berühmtheit das Ziel unzähliger Besucher, im Übrigen wo immer er hinkam, gern gesehen.

Dabei verschaffte er sich einen großen Teil seiner Informationen und Eindrücke. Goethe saß vor der Schlacht von Jena beim preußischen Generalstab zu Tisch, und nach der Schlacht beherbergte er einige der berühmtesten französischen Marschälle in seinem Haus. Welcher andere Deutsche dieser Zeit außerhalb der Diplomatie konnte so unmittelbare Vergleiche anstellen? Die professionelle Nähe des alteuropäischen Staatsmanns zum Geschehen und seinen Akteuren ging allerdings einher mit einer selbstverständlichen Diskretion, die mit Goethes Abneigung gegen politischen Parteienstreit gut harmonierte. Die Briefe und die Tagebücher enthalten zu solchen Tagesfragen kaum mehr als Andeutungen. So neigt man leicht dazu, seine Nähe auch zur großen Politik zu unterschätzen; jedenfalls reichte sie weit über das hinaus, was die amtliche Tätigkeit und ihr dokumentarischer Niederschlag verraten.

Umso auffälliger ist der Eintrag im Tagebuch vom 8. August 1806 – nach der Schlägerei am Kutschbock –, der notiert: «Unterwegs politisirt und neue Titel Napoleons ersonnen. Spaß vom Subjectiven Prinzen. Ferner Fichtes Lehre in Napoleons Thaten und Verfahren wiedergefunden.» Der Goethe begleitende Friedrich Wilhelm Riemer notierte den Spaß nicht ohne Stolz: «‹Wir Napoleon, Gott im Rücken, Mahomet der Welt, Kaiser von Frankreich, Protector von Deutschland, Setzer und Schätzer des empirischen Universums etc. etc.› Gemeinschaftlich mit G. Erfunden auf der Rückreise von Carlsbad, nach erhaltner Nachricht das deutsche Reich sey aufgelöst.»[6] So spricht man über ein Fabeltier der Weltgeschichte, also noch immer aus dem Abstand der Betrachtung. Während der «Setzer» des Universums auf Fichte anspielt, gemahnt der «Schätzer» an den Kaiser Augustus im Lukas-Evangelium, der, nach Luther, «alle Welt schätzen» ließ. Mahomet erinnert an einen der größten Eroberer der Geschichte, aber eben auch an einen Religionsstifter und Gesetzgeber, also einen Feldherren mit Sendung. Zum Protektor Deutschlands hatte Napoleon sich soeben selbst erhoben – wie zwei Jahre zuvor zum Kaiser. Gott hat er im Rücken, was eine Kraft bedeutet, die über das herkömmliche Gottesgnadentum hinausreicht – jedenfalls kraftvoller klingt als dieses. Daran erinnert auch die seltsame Fusion von Fichte und Calderon, die sich im «Subjectiven Prinzen» zeigt. Das Gespräch über Napoleon in der Kutsche vor Jena mutet fast spielerisch an, es war assoziations- und geistreich, und trotz seiner aktuellen Veranlassung war es mehr als ein politisches Gespräch. Der Kaiser der Franzosen ist hier zu einer Spielfigur in einem weiten historischen Assoziationsraum geworden. Schon im Frühjahr hatte Goethe, als er sich bei seinem Berliner Freund Zelter für einen abgeblasenen Besuch des Sohnes August entschuldigte, eine andere Anspielung, die auf den alten und den neuen Cäsar, bemüht: Nicht jeder könne, wie Napoleon sagen, «welchen Tag er kommen, sehen und siegen will».[7] Solche Begriffsspielereien erinnern an Hegels Wort von der «Weltseele», dessen neuplatonischer Hintergrund gut zu den Goethe-Riemerschen Einfällen mit der Fichte-Terminologie passt.

Was wusste man im klassischen Weimar vor 1806 von Napoleon? Abgesehen davon, dass natürlich auch dort immer Zeitungen gelesen wurden, scheint man am rapiden Aufstieg des Generals zunächst wenig Interesse genommen zu haben. Die Äußerungen Schillers, Herders und Goethes lassen sich an einer Hand abzählen. Den 18. Brumaire und die Errichtung des Konsulats immerhin notierte man: «Abends Bey Schiller, über die Neuen Auftritte in Saint Cloud», heißt es in Goethes Tagebuch am 22. November 1799 mit Anspielung auf den Putsch gegen das Parlament. Und Herder schrieb ein paar Tage später an Knebel: «Was sagen Sie zu den neuen Consuls? Ich habe *grosse, grosse* Hoffnung, wenn sie sich erhalten; u. das *werden* sie!»[8] Von Schiller sind nur mündliche Äußerungen überliefert, die einander widersprechen und vielleicht mehr die Einstellung derer spiegeln, die sie aufbewahrt haben: Der napoleonfreundliche Cotta behauptet, Schiller habe Bonaparte als «erhabene Erscheinung» geschildert, während Caroline von Wolzogen den Satz zitiert: «Wenn ich mich nur für ihn interessieren könnte! Alles ist ja sonst tot – aber ich vermag's nicht; dieser Charakter ist mir durchaus zuwider – keine einzige heitere Äußerung, kein einziges Bonmot vernimmt man von ihm.»[9] Dass Schiller die napoleonische Erfahrung bereits in den «Wallenstein» aufgenommen haben soll, bleibt pure Spekulation. Der Stoff war ihm längst vor Bonapartes Auftreten vertraut, und mehr als allgemeine Analogien gibt das Stück nicht her. Bezeichnend ist eine briefliche Äußerung Goethes an Schiller vom 9. März 1802. Als er sich auf die «Natürliche Tochter», sein spätes Revolutionsdrama, vorbereitete, studierte Goethe fasziniert die «Mémoires historiques et politiques du règne de Louis XVI» von Jean Louis Giraud Soulavie – jüngstvergangene Zeitgeschichte, in eher trüber, skandalfreudiger, ganz auf den Hof zentrierter Gestalt; Goethe allerdings fand hier ein großes Gemälde von der Revolution als einem Naturereignis: «Im ganzen ist es der ungeheure

Anblick von Bächen und Strömen, die sich, nach Naturnotwendigkeit, von vielen Höhen und aus vielen Tälern gegeneinander stürzen und endlich das Übersteigen eines großen Flusses und eine Überschwemmung veranlassen, in der zugrunde geht, wer sie vorgesehen hat, so gut, als der sie nicht ahndete. Man sieht in dieser ungeheuren Empirie nichts als Natur und nichts von dem, was wir Philosophen Freiheit nennen möchten. Wir wollen erwarten, ob uns Bonapartes Persönlichkeit noch ferner mit dieser herrlichen und herrschenden Erscheinung erfreuen wird.» Der mächtige Konsul erscheint hier nicht als autonom Handelnder, sondern als das, was Jacob Burckhardt später in den Satz von der Welle, die wir selbst sind, fasste, als Exponent einer überpersönlichen historischen Strömung; die Gedankenfigur vom «Bändiger der Revolution» liegt hier noch ganz fern.

«Ich interessiere mich höchlich für Buonaparte, der, seit dem es Menschen gibt, vielleicht nicht drey seinesgleichen gehabt hat, und der Frankreichs u des ganzen Europa Heiland werden würde, wenn die Franzosen den Verstand hätten, ihn auf Lebenslang zu ihrem Dictator zu machen.» Das schrieb Christoph Martin Wieland am 11. Februar 1798.[10] Er war der überragende politische Kopf der Weimarer Schriftsteller, ebenso umfassend unterrichtet wie hellsichtig, und er hat, den Beobachtungsposten in der preußischen Neutralitätszone für eine freie, unparteiische Neugier nutzend, den Aufstieg des Generals von Anfang an im Blick gehabt. Im selben Brief findet sich eine Probe von Wielands Scharfsicht. «Die französische Republik», heißt es da, «wird ein zweytes Rom werden, u nicht ruhen, bis sie ganz Europa mit sich vereiniget, i.e. unterjocht und verschlungen hat.» Solche Urteile waren auch von einer stark ästhetisch gefärbten Sympathie getragen: «Der jugendliche Alexander-Caesar Buonaparte, der schon lange mein Held war», schrieb Wieland schon 1797, «ist durch sein Bildniß auch mein Liebling geworden.»[11] Die Belege solcher Aufmerksamkeit ließen sich vermehren, und sie würden auch Phasen des Zweifels an Napoleon erkennen lassen – «Buonapartes Glück (...) ist wahrscheinlich ein Unglück für Europa», heißt es am 11. 9. 1798[12] –, die freilich nie lange anhielten.

Wielands Ruhm als politischer Schriftsteller beruht auf dem Umstand, dass er Bonapartes Aufstieg zur Alleinherrschaft frühzeitig vorausgesagt hat, nämlich im März 1798, anderthalb Jahre vor dem 18. Brumaire und sechs Jahre vor dem Kaisertum. Dies geschah im Rahmen einer breit angelegten Erörterung der aktuellen französischen Verfassungsfragen, die Wieland als Serie von Dialogen (den «Gesprächen unter vier Augen») in seiner Zeitschrift «Der neue Teutsche Merkur» erscheinen ließ. Im zweiten Gespräch tadelte er den in der französischen Republik bindend gemachten «Hass auf das Königtum». Der Kern des Arguments bestand darin, dass das Königtum wie die Demokratie ohne den Konsens der Beherrschten und ohne Gesetzmäßigkeit auf Dauer nicht bestehen könne; Missbräuche gibt es in beiden Staatsformen, aber das Königtum hat den Vorzug höherer Stabilität und kann auf die Gewalttätigkeit der Republik verzichten. Der Leser bekam eine im Licht der Französischen Revolution erneuerte Version des aufgeklärten, reformbereiten, sich selbst beschränkenden, womöglich konstitutionellen Absolutismus vorgestellt. Wieland, der wusste, dass die preußische Königin Luise seine Zeitschrift las, hoffte, mit den «Gesprächen» den neuen König Friedrich Wilhelm III. zu erreichen. Geschult an der antiken Lehre vom Kreislauf der Verfassungen und vorbereitet durch das Studium der Englischen Revolution des 17. Jahrhunderts – sie war in die Herrschaft eines Lordprotektors, eines Diktators, gemündet –, bewies der deutsche Beobachter erstaunliche prognostische Treffsicherheit.

Den altrömischen Begriff der Diktatur griff Wieland auf, um ein Rettungsmittel gegen den Untergang der Republik im Streit der «Fakzionsgeister» – also in einer Dauerkrise, wenn nicht einem Bürgerkrieg – vorzuschlagen. Da, solange es Bourbonen gebe, eine Rückkehr zur Monarchie unmöglich sei, müsse man nach einem Diktator suchen. Der Steckbrief, den Wieland gab, lautet so: Es müsste, so ließ er den einen seiner Gesprächspartner sagen, ein «liebenswürdiger Mann von großem hohen Geist» sein, «von den größten Talenten im Krieg und Frieden, von unermüdlicher Thätigkeit, von eben so viel Klugheit als Muth, von dem festesten Karakter, von reinen Sitten, einfach und prunklos in seiner Lebensart, immer Meister von sich Selbst (…), zugleich offen und verschlossen, sanft und heftig, geschmeidig und hart, mild und unerbittlich (…).» «Er darf aber», so Wieland weiter, «aus vielerley Rücksichten, kein eigentlicher Franzose, wenigstens von keiner alten und bekannten Familie seyn, und wenn er sogar einen ausländischen Nahmen hätte, so wäre es nur desto besser.» Dieses halb aktuelle, halb altrömische Bild erstreckt sich über mehr als eine Druckseite, bevor der andere Dialogpartner sein «*Buonaparte* also!» einwerfen kann.[13]

Goethe hat sich brieflich über Wielands «Gespräche unter vier Augen» ziemlich herablassend lustig gemacht, als Produkt eines gealterten Auguren, «der sich auf die Verfassungen so trefflich verstand, als es noch keine gab», und behauptet, eine Vorlesung daraus sei in Weimar «mit mäßiger Gleichgültigkeit» aufgenommen worden, bevor die Fortsetzung der Publikation verboten wurde.[14] Dem entnehmen wir immerhin, dass Goethe Wielands Prophezeiung zur Kenntnis genommen hat – und dass sie ihn aktuell nicht weiter beeindruckt hat. Fünfzehn Jahre später, in seiner Totenrede auf Wieland – sie fiel in die unruhige Zeit zwischen Napoleons Russland-Feldzug und der Völkerschlacht bei Leipzig –, zollte Goethe dann der Voraussage den gebührenden Tribut der Bewunderung. Wieland sei der erste gewesen, der die Einherrschaft wieder angeraten habe, «und den Mann bezeichnet, der das Wunder der Wiederherstellung vollbringen werde». Dass diese Leistung in einem Periodikum mit dem Zwang, sich monatlich aus dem Stegreif vernehmen zu lassen, erbracht wurde, hob Goethe dabei eigens hervor. Der Hinweis, dass Wieland mit solcher Klugheit «sich als ein deutscher, und als ein denkender teilnehmender Mann durchaus benommen hat», war zu diesem Zeitpunkt eine unmissverständliche Verteidigung des Verstorbenen gegen den Vorwurf des mangelnden Patriotismus und damit auch eine Selbsterklärung des Redners.[15]

Erst im Frühjahr 1804 fand Goethe Gelegenheit, sich mit den inneren Zuständen Frankreichs und mit der Figur seines Herrschers eingehend zu beschäftigen. Den Anlass boten zwei Rezensionen aktueller Bücher für die «Jenaische Allgemeine Literatur-Zeitung». Dieses wöchentlich sechsmal erscheinende Rezensionsorgan hatte Goethe mit finanzieller Hilfe des Herzogs Carl August soeben höchstpersönlich als Nachfolgepublikation der nach Halle abgewanderten «Allgemeinen Literatur-Zeitung» in Jena neu installiert; redigiert wurde sie von dem Rhetorik-Professor Carl Abraham Eichstädt (1772 bis 1848), der als Vertrauensmann Goethes fungierte und dessen Weisungen getreu ausführte. So wurde die JALZ (wie sie schon damals abgekürzt wurde) auch zu einem kulturpolitischen Organ Weimars. Gerade in den ersten Jahren nach der Gründung am 1. Januar 1804 nahm Goethe intensiven Anteil an ihr und bereicherte sie immer wieder mit eigenen Beiträgen. Alles Politische, das hier erschien, unterlag der besonderen Aufmerksamkeit des Geheimen Rats. Umso aussagekräftiger sind die aktuellen Rezensionen, die er auf diesem Gebiet verfasste. Die beiden Napoleon betreffenden Stücke sind kurze Hinweise, doch sie verraten intensives Studium der besprochenen Werke.[16] Sie vermitteln einen präzisen Eindruck von Goethes Informationsstand vor der französischen Besetzung Norddeutschlands.

Das erste der besprochenen Werke – die Rezension erschien am 11. Januar 1804 – ist ein ausführlicher Reisebericht aus der Feder des Komponisten Johann Friedrich Reichardt unter dem Titel «Vertraute Briefe aus Paris, geschrieben in den Jahren 1802 und 1803», von dessen drei Bänden Goethe die beiden ersten vorlagen. Reichardt (1752 bis 1814), ein Komponist und Theatermann, hatte seit 1780 zahlreiche Gedichte Goethes und dessen Singspiel «Claudine von Villa Bella» vertont und war in freundschaftliche Verbindung mit ihm gekommen. Mitte der neunziger Jahre hatten sie sich aus politischen Gründen entfremdet, denn Reichardt war ein überzeugter Anhänger der Französischen Revolution. Pfeile gegen ihn in den «Xenien» waren die Folge davon gewesen. Die seit 1801 wieder aufgenommenen Beziehungen beförderte Goethe nun auch durch seine freundliche Rezension der «Vertrauten Briefe».

Reichardts farbige Paris-Reportagen konzentrieren sich aufs Leben der eleganten Gesellschaft und deren Amüsements, Goethe spricht von «Frühstück und Mittagessen, Oper, Schauspiel und Ballet». Aber beiläufig geben sie auch ein Bild von der politischen Atmosphäre im späten, schon höfisch gewordenen Konsulat Napoleons; vor allem enthalten sie ein ausführliches Porträt des Ersten Konsuls. Der Standpunkt eines enttäuschten Revolutionsfreundes und der kritische Blick eines Preußen, für den Friedrich der Große den Maßstab der Größe darstellt, ergeben ein Gemälde von beeindruckender Düsternis.

Das Staatszeremoniell, die Paraden, der Ritus der Audienzen sind schon völlig höfisch. Der enorme Sicherheitsaufwand, der um den Herrscher betrieben werden muss, das allgegenwärtige Spitzelwesen, die «Fallenstellerei» in der Gesellschaft, zeigen den Mechanismus einer Diktatur. Reichardt fällt die Ähnlichkeit Napoleons mit Statuen des römischen Kaisers Augustus auf: «Es ist das feine, sardonische Lächeln, das bei August ebenso stehend und bleibend gewesen seyn muß, als man es immer auf den Lippen Bonaparte's sieht.»[17] Reichardt hat den Konsul genau beobachtet, er zeichnet das Bild seines Körpers und Gesichts, beschreibt die Kleidung und die Gestik minutiös. Die Nachwelt kennt dieses Bild aus unzähligen Darstellungen, damals war es noch frisch: die gemessene Haltung, der knappe, ausdruckslose, herrische Tonfall, die persönliche Bedürfnislosigkeit, das Desinteresse an Luxus und schönen Künsten. Nur an der Tragödie und hier nur an Corneille findet Napoleon Gefallen, «mehr aber der heroischen Gesinnungen wegen, die in diesem Dichter oft so stark und pomphaft ausgedrückt sind als des Kunstspiels wegen». Daher habe er in seinen frühen Jahren Ossian geliebt, «dessen trübe und farbenlose Manier ihn auch mit besonderer Sympathie ansprechen mag». «Herrschen ist seine einzige Leidenschaft und Beschäftigung», resümiert der Beobachter, «sein Haus ist freudeleer», und da die Sicherheitsvorkehrungen den Verkehr mit ihm streng regeln, lebt er «weder einsam noch gesellig, weder häuslich froh noch königlich üppig und freudenreich», sondern geht einem «traurigen, isolierten Alter» entgegen. Die Ruhelosigkeit seines Daseins zeigt sich in einem verkehrten Tagesrhythmus, der die Nacht zum Tage macht. Mit Friedrich dem Großen, dessen Büste Napoleons Arbeitszimmer ziert, hat er nur den eisernen Willen gemeinsam, aber nicht den disziplinierten Arbeitstag, der immer noch Freiräume für die Beschäftigung mit Musik, Künsten und Philosophie bot. Bemerkenswert ist, dass Reichardt zwar ein Charakterbild gibt, aber doch auch auf die Logik usurpatorischer Herrschaft mit ihrer unablässigen Bedrohtheit hinweist. Das hebt seine Darstellung über misslaunige Parteilichkeit hinaus. Ausdrücklich lobte Goethe in seiner Anzeige die «bedeutenden Vergleichungen» Reichardts und dass «viele Gestalten und Charaktere namhafter Personen gut gezeichnet» seien.

Das zweite Buch, auf das Goethe in diesem Frühjahr aufmerksam machte – der Hinweis erschien am 27. März 1804 ebenfalls in der JALZ –, lässt sich kaum mit wenigen Zitaten oder in einem kurzen Resümee vorstellen, zu reichhaltig ist es an Informationen und Gedanken. Das anonym erschienene Werk trug den Titel «Napoleon Bonaparte und das französische Volk unter seinem Consulate» und gab als Erscheinungsort «Germanien 1804» an; mit der Verwischung der verlegerischen Spur war die Brisanz des Inhalts bereits angedeutet. Schon bald sprach sich herum, wer der Autor war: der jahrzehntelang in Paris lebende preußische Graf Gustav von Schlabrendorf (1750 bis 1824). Schlabrendorf war als Anhänger der Revolution 1789 in die französische Hauptstadt gelangt und seither allen Gefahren zum Trotz nicht mehr weggegangen und dabei ihren ursprünglichen Idealen treu geblieben. Er führte, wenn man der Darstellung seines Biographen Karl August Varnhagen glauben darf, dort eine Art Diogenes-Existenz in einem Hotelzimmer, das von Büchern und Papieren immer dichter verstellt wurde. Dort ließ er sich als geselliger Einzelgänger von deutschen Paris-Besuchern gern aufsuchen, gab ihnen Hinweise zum Leben in der Stadt, vor allem aber, als manischer Zeitungsleser und offenbar auch sonst bestens informiert, immer aktuelle Einschätzungen zur politischen Lage. Dass er aus seinem Wissen einmal ein Buch machte, mag er seinem Freund Reichardt verdankt haben, der es wohl zum Druck brachte und – wie der Vergleich mit den «Vertrauten Briefen» zeigt – die eine oder andere Formulierung mit ihm teilte, wobei zu fragen wäre, bei wem das geistige Eigentum lag. Sein «Napoleon Bonaparte» machte sofort in ganz Deutschland Sensation und ist ein Klassiker der napoleonkritischen Literatur – mit gutem Grund hat Hans Magnus Enzensberger das Buch 1991 in seiner «Anderen Bibliothek» unter dem Titel «Anti-Napoleon» wieder herausgebracht –, der umso wirksamer ist, als er sich persönlicher Invektiven weitgehend enthält. Nach einem Abriss zum Aufstieg des verschlossenen Einzelgängers konzentriert sich das Buch auf eine kühle Analyse des bonapartistischen Herrschaftssystems. Für Leser des frühen 21. Jahrhunderts entsteht hier das beklemmende frühe Bild einer Herrschaft mit totalitären Zügen.

Sehr klar sah Schlabrendorf, dass nach dem Ende der republikanischen Gewaltenteilung, vor allem aber durch die Abschaffung der Landmilizen, der unabhängigen Gerichtsjurys und der Pressefreiheit ein «neuer Druck» auf der französischen Gesellschaft lastete, «der bei weitem den alten unter der verdorbnen monarchischen Regierung übertrifft».[18] Beängstigend modern wirkt, was er vom Sicherheitsverhalten des Ersten Konsuls berichtet: «Man sieht daher auch Bonaparte auf solchen Reisen nie den Weg ganz so nehmen, als es vorher öffentlich angekündigt wird … Auch weilt er fast nie an einem Orte so lange, als man im Anfange glauben läßt, und er reist fast überall schnell und unbemerkt ab.» Die Einförmigkeit des Erziehungssystems, der die ganze Gesellschaft durchdringende militärische Drill, gelenkte Presse, beaufsichtigte Theater, Hochfahrenheit gegen auswärtige Mächte und ihre Diplomaten, staatliche Religionspolitik, ja die Unterdrückung des herkömmlichen französischen Witzes im Alltag fügen sich zu einem Bild umfassender Unfreiheit, das über persönliche Fehler des Diktators – auch Schlabrendorf spricht von Verschlossenheit, undeutbaren Gesichtszügen, «in denen auch nichts als die Zunge redet», und pathologischem Misstrauen – weit hinausreicht. Goethe lobte denn auch, das Buch sei «nicht ohne Methode geschrieben», und lieferte das fehlende Inhaltsverzeichnis nach – welcher Rezensent wäre heute zu solcher Dienstleistung bereit? Dass der Autor sich nicht «als völlig unparteiischer Geschichtsschreiber» «auf einen höheren Standpunkt erhebe», sagte er allerdings schon im ersten Satz seiner Besprechung. Ein Menetekel für das, was das nördliche Deutschland insgesamt erwartete, war die aktuelle Schilderung des erbarmungslosen Requisitionswesens der französischen Armee, die das besetzte englische Hannover rücksichtslos ausplünderte. Wer dieses Buch gelesen hatte, vor allem, wenn er es so gründlich studiert hatte wie Goethe, der war gewarnt vor den Gefahren, die von Napoleons Vordringen in Deutschland drohten. Einleuchtend musste Goethe das Buch auch seine literarischen Referenzgrößen machen: Gegen die französische Tendenz zur Vereinheitlichung des gesellschaftlichen Lebens zitierte es Justus Mösers «Patriotische Phantasien», und für die Bedrohung Deutschlands und seiner Freiheiten führte es als Analogie Kaiser Karl V. in der glanzvollen Darstellung des Historikers Johannes von Müller an – zwei Autoren, die Goethe aufs Höchste schätzte. Hier sprach, das ließen solche Bezüge erkennen, kein enttäuschter revolutionärer Radikaler, sondern ein Autor von alteuropäisch-republikanischem Freiheitssinn.

Wie das außenpolitische Pendant zu Schlabrendorfs Analyse des napoleonischen Herrschaftssystems liest sich ein aktuelles politisches Buch, das Goethe zwei Jahre später, Ende April und Anfang Mai 1806, las und das ihm wichtig genug erschien, um es noch in den späten Übersichten seiner «Tag- und Jahreshefte» zu erwähnen: Zur Kenntnis des gegenwärtig Politischen heißt es da, sei er geführt worden «durch die Gegengewichte von Gentz». Gemeint ist die Streitschrift «Fragmente aus der neusten Geschichte des Politischen Gleichgewichts in Europa»,[19] die Friedrich von Gentz, der führende liberal-konservative Publizist der Epoche, wenige Wochen vor der Schlacht von Austerlitz begonnen und danach mit einem aktuellen Vorwort versehen hatte. Sie erschien im April 1806 bei dem Leipziger Verleger Hartknoch, der es nicht wagte, sich zu diesem Buch zu bekennen, weshalb auf dem Titelblatt «St. Petersburg 1806» als Erscheinungsdatum angegeben ist. Golo Mann, der

Friedrich von Gentz

Biograph von Gentz, hält den Text, wären Verfasser und Verleger öffentlich bekannt geworden, für einen Erschießungsgrund. Goethe wusste, von wem das Buch stammte, denn Gentz selbst hatte es ihm, vor allem die Vorrede, in einem Brief vom 25. April als «Produkt eines durch die Schicksale unsers Vaterlandes tieferschütterten Herzens» angekündigt und um «ein Wort der Zufriedenheit darüber» gebeten.[20] Goethe aber fand Inhalt und Ton des Pamphlets offenbar so brisant, dass er schon am 29. April Abraham Eichstädt, den Redakteur der JALZ, vor dem einseitigen Parteigeist des Buches warnte, der zwar einem Staats- und Weltmann anstehe, aber nicht für ein Institut «wie das Ihrige» geeignet sei – eine deutliche Mahnung zur Vorsicht, die bei einem Organ wie der Jenaischen Literaturzeitung, die so ausführlich referierte und zitierte, nicht unbegründet war.[21]

Die flammende Vorrede des Buches stellte die Alternative des politischen Moments: Weltherrschaft eines Einzelnen oder «europäisches Föderativsystem». Mit dem zweiten Begriff meinte Gentz, wie der Haupttext gleich zu Beginn erläuterte, «diejenige Verfassung neben einander bestehender und mehr oder weniger mit einander verbundener Staaten, vermöge deren keiner unter ihnen die Unabhängigkeit oder die wesentlichen Rechte eines anderen, ohne wirksamen Widerstand von irgendeiner Seite, und folglich ohne Gefahr für sich selbst, beschädigen kann».[22] Den Verfall dieses Systems eines europäischen Gleichgewichts analysierten die ersten Kapitel subtil und nicht ohne Kritik am vor- und gegenrevolutionären Europa: Schon die polnischen Teilungen hatten den völkerrechtlichen Zusammenhang des Mächtesystems schwer beschädigt; sie setzten eine Folge von Kompensationsforderungen in Gang, die den unerhörten und rechtswidrigen Vorgang einer Landesaufteilung zu einem geläufigen Verfahren zu machen drohten. Danach kamen die ideologisch befeuerten Revolutionskriege, in denen «Freiheits-Maximen» die überkommenen völkerrechtlichen Begriffe ersetzten und so zur Wehrlosigkeit des Alten Europa beitrugen. Damit ist ein Funktionszusammenhang von Außen- und Innenpolitik angedeutet, den die Abhandlung von Gentz in ihrem vierten Abschnitt entfaltet. Und dieser scharfsinnige, methodisch kühne, weit in die Zukunft des 20. Jahrhunderts mit seinem Weltbürgerkrieg weisende Teil stellt den Charakter des revolutionär begründeten, napoleonisch ausgestalteten Herrschaftssystems in Frankreich als europäische Gefahr dar.

Eigentlich, so beginnt Gentz, darf die innere Verfassung der jeweils anderen Staaten im internationalen Verkehr keine Rolle spielen, vor allem keine völkerrechtliche. Nur bei einem völligen Zusammenbruch der inneren Ordnung könne es eine moralische Pflicht zum Eingreifen geben – eine frühe Version der heutigen Gedankenfigur von den «failing states». Dann aber postuliert Gentz eine zweite Ausnahme: Wenn die inneren Verhältnisse eines großen Staates ihm eine solche Übermacht sichern, dass das Gleichgewicht der Staaten insgesamt in Frage gestellt wird, dann muss dessen Verfassung auch zu einem internationalen Thema werden. Gentz nennt hier drei Faktoren: die Unumschränktheit der Regierungsform, ihren vorwiegend militärischen Charakter und die «gelegentliche Verwendung revolutionärer Werkzeuge und Formen».[23] Es geht, zusammengefasst, um den konstitutionellen Radikalismus des nachrevolutionären Regimes von Napoleon. Den Namen des Kaisers nannten die «Fragmente» nur selten, denn ihnen geht es, genau wie Schlabrendorfs Buch schon zwei Jahre zuvor, um Struktur- und nicht um Charakterfragen.

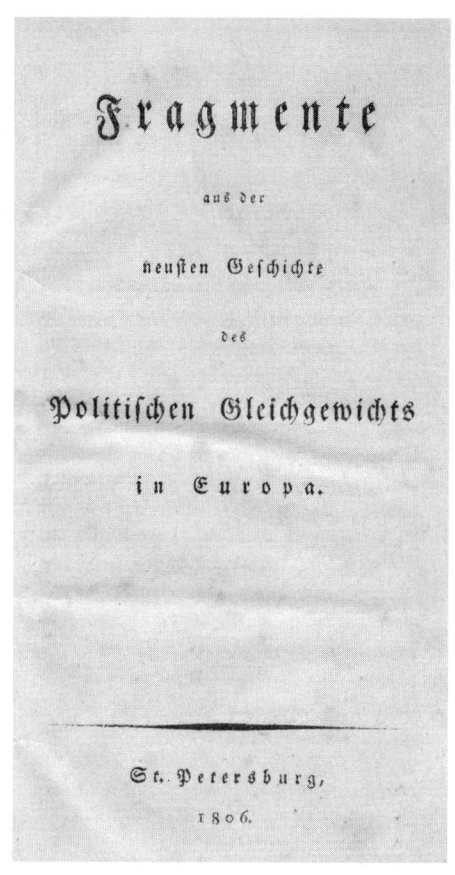

Fragmente zur Geschichte des politischen Gleichgewichts in Europa
(anonym von Gentz)

In der revolutionär von allen Zwischengewalten, Privilegien und überkommenen Freiheitsrechten bereinigten Landschaft der französischen
Gesellschaft regiert ihr Tyrann viel unumschränkter als die von Tradi-
tionen gefesselten Monarchen Alteuropas: «Der jetzige Regent dieses
Landes streckt seinen gefürchteten Zepter über eine unermeßliche Ebene
aus, wo ihm nirgends Höhen oder Tiefen, kein Hügel, kein Erdwall,
nicht die kleinste Umzäunung begegnet, die ihn aufhalten oder ablenken
könnte. Aus dem Mittelpunkte seines einförmigen Reichs regiert er mit
einem allmächtigen Kabinett, einem Ministerium, das vor seinen Win-

53

ken erzittert, einer aufgezogenen fiskalischen Maschine, einer allgegenwärtigen und allwissenden Polizei, einer ihm völlig ergebenen Armee.» Gentz' Schrift ist voll von derart beeindruckenden, metaphorische Kraft mit analytischem Scharfsinn verbindenden, prophetisch anmutenden Sätzen. So beschreibt sie hellsichtig die Schwäche der öffentlichen Meinung in einem plebiszitär auf Massenkonsens eingestellten System, das seinen Anhängern vor allem eines bot: Rettung von einer vorangehenden Anarchie, dem Bürgerkrieg. Die Maß- und Rastlosigkeit dieses Regimes deduzierte Gentz aus seiner militaristischen Grundlage. Der Regent Frankreichs ist durch Waffenruhm an die Macht gekommen; also muss er weitersiegen: «So lange er entschlossen ist zu herrschen, bleibt die Aufrechterhaltung seines militärischen Ruhmes seiner Sorgen erste und letzte. So enge, so vielfältig, so unzertrennlich ist keine andre Regierung in Europa mit dem Militär-Interesse verbunden.» Dieses im Inneren gleichgeschaltete, nach außen unvermeidlich auf Krieg ausgerichtete Herrschaftssystem bedroht darüber hinaus die alten Staaten Europas mit dem Export revolutionärer Maximen, und zwar ganz unabhängig von der Frage, ob sie in seinem Inneren noch verwirklicht sind. Umsturz als außenpolitische Waffe, das ist ein Instrument, das den auf überkommenen Rechten gegründeten Monarchien Europas nicht zu Gebote steht und das insofern dem Frankreich Napoleons einen irregulären Wettbewerbsvorteil sichert.

Diese gewiss leidenschaftliche, aber doch zugleich klare Darlegung der revolutionären Besonderheit des napoleonischen Staates erklärt die apokalyptische Tonlage, mit der Gentz in der Vorrede seiner «Fragmente» die Alternative von Universalherrschaft und Staatensystem stellte. Jene hielt er nicht nur unter nationalen Gesichtspunkten für schmählich; er glaubte nicht an ihre Friedensfähigkeit, denn kein Recht, keine Freiheit, weder Lokalverfassung noch eigene Nationalität und Sitte, ja nicht einmal der persönliche Besitz seien mehr sicher in einem solchen Hegemonialsystem, ganz zu schweigen von der materiellen Aussaugung, die mit ihm verbunden sei.

Das erbetene «Wort der Zufriedenheit», auf das Gentz hoffte, scheint Goethe ihm nicht gespendet zu haben. Aber dass die «Fragmente» den in seine kleinstaatlichen Verhältnisse eingewachsenen Minister, der einst als Leser Justus Mösers nach Weimar gekommen war, ganz unbeeindruckt gelassen haben, ist schwer vorstellbar, sonst hätte er sie auch schwerlich so lange im Gedächtnis behalten. Der «Parteigeist» des Buches, vor dem Goethe den Redakteur Eichstädt warnte, war ja seinerseits gegen den Parteigeist als Mittel der Politik gerichtet. Gentz hat eine konservative Position theoretisiert und diese insofern ihrem revolutionären Gegenüber angepasst, auch im rhetorisch überhöhten Ton, den er anschlug, aber doch nur unter dem Druck der Umstände. Das wird dem pazifistischen Konservatismus Goethes nicht völlig fremd gewesen sein. Gentz hat noch einmal den Versuch unternommen, Goethe persönlich von seinen Ansichten zu überzeugen. Im Juli 1807 trafen sie in Karlsbad zusammen, am von Gesprächen, Gerüchten und Informationen brodelnden sommerlichen Kreuzweg der europäischen Gesellschaft und Diplomatie, wo Goethe in denselben Wochen auch die lebenslang wichtig gewordene Freundschaft mit dem deutsch-französischen Diplomaten Karl Friedrich Reinhard anknüpfte, der bald danach zu einem der wichtigsten Funktionäre des napoleonischen Herrschaftssystems in Deutschland aufrückte. Aber Goethe hörte eben auch Friedrich von Gentz an, den in österreichischen Diensten stehenden Hasser des Kaisers der Franzosen. «Morgens war ich lange bei Genz (sic) gewesen», notierte er am 3. August 1807 ins Tagebuch, «und hatte erst einen politischen dann ästhetischen Discurs geführt.» Das Gespräch drehte sich unter anderem um Adam Müller, den damals die Bühne betretenden Freund Kleists, ebenfalls einem geschworenen Feind der Franzosen. Auch Kleists «Amphitryon», mit dem sich Goethe in diesem Sommer beschäftigte, war Gegenstand des Diskurses. Goethe erhielt in dem ästhetisch-politischen Gespräch wohl auch ein Bild von der jungen antifranzösischen Berlin-Dresdner Schriftstellerszene. Doch vor allem eröffnete Gentz ihm, wie die «Tag- und Jahreshefte» später festhielten, «mit großer Einsicht und Übersicht der kurz vergangenen Kriegsereignisse seine Gedanken vertraulich», «die Stellungen der Armeen, den Erfolg der Schlachten», und er überbrachte Goethe als erster die Nachricht vom Frieden in Tilsit.[24] Die Abreise von Gentz drei Tage später hält das Tagebuch ausdrücklich fest. Ein Jahr danach, am 3. August 1808, ebenfalls in Karlsbad, gab Goethes langjährige Urlaubsfreundin, die in Wien lebende Marianne von Eybenberg, ihm laut Tagebuch die «Genzische Schrift über das Russische Manifest gegen England nach dem Frieden von Tilsit» zu lesen, mit der dieser sich auch am 5. August, wiederum bei Frau von Eybenberg, beschäftigte; das ist ein deutlicher Hinweis auf die Klandestinität des unpublizierten Textes, den die Wiener Dame offenbar nicht aus der Hand geben wollte. Dabei handelt es sich vermutlich um die Schrift – oder Teile davon –, die in den Werken von Gentz unter dem Titel «Gedanken über die Frage: Was würde das Haus Österreich unter den jetzigen Umständen zu beschließen haben, um Deutschland auf eine dauerhafte Weise von fremder Gewalt zu befreien» firmiert.[25]

Gentz schlägt darin einen umfassenden Aufstandsplan gegen die napoleonische Vorherrschaft in Deutschland vor, mit dem Entwurf eines neu zu gründenden Deutschen Bundes unter österreichischem Vorsitz. Er entwickelt dabei schon Vorüberlegungen zu dem, was dann auf dem Wiener Kongress ins Werk gesetzt wurde. Die Prämisse des kühnen, systematisch durchdachten Projekts ist die Behauptung, «daß eine Fortdauer des jetzigen Zustandes von Deutschland – mit dem unmittelbaren Lebens-Interesse der deutschen Nation – mit der Erhaltung und Sicherheit der österreichischen Monarchie – mit der Wohlfahrt, der Freiheit und den Wünschen der gesamten europäischen Völker-Masse – unter keiner Bedingung verträglich sein kann».[26] Darum solle die österreichische Monarchie den günstigen Moment – Frankreich ist durch den Krieg in Spanien geschwächt – für einen abrupten Schlag nutzen. Und Deutschland soll gleich im ersten Moment, so hoffte Gentz, durch ein «Manifest» mit dem Angebot einer gerechten Zukunft gewonnen werden. Darin wurde den deutschen Fürsten die Anerkennung des Status quo und eine Bundesordnung ohne Protektorat oder Hegemonie, Frankreich aber sogar noch die Rheingrenze zugesichert. So moderat war die konservative Opposition in Deutschland damals noch. Die Schrift von Gentz ist theoretisch so schlüssig und in der Sache so voller Augenmaß wie alles, was dieser denkende Politiker der Feder geschrieben hat. Im Licht dessen, was bereits sechs Jahre später eintrat, muss man ihr überlegene politische Urteilskraft zubilligen. Visionär ist der Hinweis auf die strategische Rolle Deutschlands für das Gleichgewicht und die Sicherheit Europas, den sie am Ende gibt. «Kein Staat unseres Kontinents kann drei Monate lang auf einen festen Besitzstand, auf Ruhe und Unabhängigkeit rechnen, solange Deutschland nicht vollkommen frei ist. Denn eine freie Mitte Europas biete auch Schutz vor der Gefahr aus dem Osten, selbst gegen ein Bündnis zwischen Frankreich und Russland, «die bösartigste aller politischen Konstellationen».

Goethe ließ sich aber weder 1807 noch 1808 von Gentz überzeugen. Er fand buchenswert, was dieser zu sagen hatte, mehr nicht. Dieser war persönlich enttäuscht und äußerte sich einige Jahre später, als der Untergang Napoleons sich bereits abzeichnete, abschätzig über Goethes politischen Charakter, auch mit Blick auf frühere Eindrücke. «Er ist ein schändlicher Egoist und Indifferentist», schrieb Gentz in einem Brief kurz nach der Leipziger Völkerschlacht 1813. «Ich werde nie vergessen, in welcher moralischen Stellung ich ihn 2 Tage vor der Schlacht von Jena im Jahr 1806 gefunden habe. Man muss ihn überhaupt bloß *lesen*, sehen und sprechen womöglich nie.»[27]

Goethe hatte jedenfalls, so dürfen wir diese Übersicht zur politischen Literatur beschließen, die er zweifelsfrei und nach seiner Art gründlich rezipiert hat, bis zur Jahreswende 1806/07 die wichtigsten Argumente kennengelernt, die sich gegen Napoleon, sein Regime und seine Eroberungswut vorbringen ließen; wohlgemerkt ernste, systematisch begründete Überlegungen, die nicht aus nationalem Ressentiment oder persönlichem Hass oder auch nur aus der Parteilichkeit der Unterlegenen kamen; sondern Diagnosen, die auch dem konservativen Hofmann eines kleinen altständischen Fürstentums mit kosmopolitischem Horizont sehr wohl einleuchten konnten. Außerdem hatte Goethe eigene Erfahrungen mit der französischen Kriegsfurie gemacht, die trotz der amicalen Beziehungen, in die er sogleich mit Funktionären wie Dentzel und Denon trat, keineswegs erfreulich waren. Sein Herzog war beinahe abgesetzt worden, und der bald geschlossene Friede war finanziell von barbarischer Härte. Tagespolitische Meinungen hat Goethe zu alldem wie gewohnt nicht verlauten lassen, so gründlich er sich gerade in diesen Monaten informierte. Umso bedeutender, vielsagender ist das literarische Manöver, das Goethe auf offener Bühne im Frühjahr 1807 vollzog. Mit ihm gab er zu erkennen, wie er es mit den neuen Verhältnissen, nicht zuletzt im Blick auf den großen Kaiser, der im Rheinbund nun auch Weimars Protektor war, zu halten gedachte. Dieses Manöver lässt sich in einen einfachen, allerdings für heutige Leser erläuterungsbedürftigen Satz fassen: Goethe trat auf die Seite Johannes von Müllers.

Um diese Feststellung zu verstehen, muss man wissen, wer Johannes von Müller (1752 bis 1809) für Goethe und seine Zeitgenossen war. Der nichtfachmännische Leser kennt ihn heute noch am ehesten aus dem wuchtigen Radiotext Arno Schmidts mit dem Titel «Müller oder vom Ge-

Johannes von Müller

hirntier». Darin hat Schmidt den Fall – deutlich pro domo – ins Skurrile und Pathologische verschoben, als Tragödie eines Überbegabten. Den Lesern um 1800 galt der Schweizer Müller als der fraglos bedeutendste Historiker der Zeit, ja als einer der größten Historiker aller Zeiten, sowohl als Gelehrter wie als Schriftsteller. Goethe verlieh ihm für seine Mitarbeit bei der «Jenaischen Allgemeinen Literatur-Zeitung» persönlich das Kürzel «Ths.» für «Thukydides». Müllers Hauptwerk sind die vielbändigen «Geschichten der Schweizerischen Eidgenossenschaft», aus der auch Schiller für den «Tell» schöpfte und die im Zuge der spätrousseauistischen Schweizmanie ein Sensationserfolg beim Publikum wurden. Daneben schrieb Müller eine große Weltgeschichte, tagespolitische Stellungnahmen, viele Rezensionen, und verfasste zahlreiche Reden, die zum besten gehören, was in deutscher Sprache in diesem Genre hervorgebracht wurde. Als Historiker war er in jedem Moment auch Rhetor, mit einem Stil von maniriertem, antikisch gebosseltem Pathos, dessen Wirkung auf die deutsche Historikerprosa sich erst im 20. Jahrhundert verloren hat. Außerdem war Müller ein brillanter Briefeschreiber, der seine Beziehungen gern ins edle Gewand einer klassizistischen Homoerotik kleidete – was phasenweise durchaus à la mode war. Sentimentalische Heldenluft weht durch jede seiner Zeilen.

Müller war eine europäische Zelebrität. Auf dem Höhepunkt seines Ruhmes um 1800 wurde er vom Wiener Hof beschäftigt und dann 1804 nach Berlin berufen. Die Audienzzimmer der Monarchen standen ihm an beiden Orten offen. In Berlin wurde er Historiker des Königlichen Hauses, war zeitweilig Prinzenerzieher und arbeitete an dem Auftrag, eine Lebensbeschreibung Friedrichs des Großen zu verfassen, wofür ihm exklusiv unbeschränkter Archivzugang vom König selbst gewährt worden war. Schon als knapp Dreißigjähriger hatte Müller sich bei einem Besuch in Sanssouci einen persönlichen Eindruck von dem großen Friedrich verschaffen können. In der preußischen Hauptstadt nahm Müller regen Anteil am literarisch-politischen Leben, und er wirkte, gegen gute Bezahlung, als Informant zwischen den Höfen in Dresden, Wien und St. Petersburg, außerdem als geheimer Berater von König Friedrich Wilhelm III. Mit Friedrich von Gentz stand er vor allem in den erhitzten Monaten um Austerlitz in einem vornehmlich politischen Briefwechsel, dessen flammende Emotionalität sich bis heute mitreißend liest. Und Gentz, der viel schärfere Kopf, hat nicht nur stilistisch viel von Müller gelernt, vor allem von dessen mit aktuellen Bezügen gespickten Vorreden zu den einzelnen Teilen Schweizer Geschichte; auch seine Definition des Gleichgewichts ist fast wörtlich einer frühen Schrift Müllers entnommen, der «Darstellung des Fürstenbunds» von 1788. Müller wiederum erkannte sich in den «Fragmenten» zum europäischen Gleichgewicht ganz wieder. «Lassen Sie mich, allerliebster Freund», so schrieb er am 8. Mai 1806 an Gentz, «Sie aufs wärmste umarmen für das Meisterstück Ihres Geistes und Herzens, die herrliche alles sagende Vorrede. Gestern bekam ich sie von Hartknoch, und verschlang sie sogleich. Oft erkannte ich darin, daß Sie zu mir sprachen, Vortrefflicher! Hätten Sie mich nur genannt, ermahnt, unsere Übereinstimmung bezeugt! Einst soll die Nachwelt es doch wissen, daß wir einerlei Sinnes, daß wir Einer waren und uns liebten wie Waffenbrüder im heiligen Streit. Noch bin ich toll im Rausch, von dem Göttertrank, den Deine liebe Rechte mir gab…»[28] Dies auch als Beispiel für den exaltierten Ton, der hier herrschte, wo man auf den Höhen des Gefühls gern vom Sie zum Du wechselte.

In Berlin bewegte sich Müller in den Kreisen der Kriegspartei, die Napoleons Vordringen mit grimmiger Wut beobachtete und die Unentschlossenheit der preußischen Politik bitter beklagte. Mit Bekundungen seines Napoleon-Hasses sparte er nicht, «Attila-Bonaparte», «dem Teufel gleich zu allem fähig», «gemeiner Mensch», «Frechheit», das waren Müllers Ausdrücke in seinen Briefen vor Jena und Auerstedt.[29] In einer Denkschrift riet er dem König noch vor Austerlitz ausdrücklich zum Krieg, und zwar zu einem möglichst kurzen, «mit größter Schnelligkeit und Anstrengung der äußersten Kraft»[30] – was in der Tat zu diesem Zeitpunkt, im Verein mit Österreich und Russland, noch Erfolg hätte bringen können.

Und auch öffentlich hielt er nicht hinter dem Berg. Als Hofgeschichtsschreiber oblag es ihm, jährlich zum Geburtstag Friedrichs des Großen im Januar eine öffentliche Rede in der Akademie der Wissenschaften zu halten, ein historiographischer Staatsakt, in dem das nach außen noch unerschüttert dastehende Königreich sich angesichts drohender Kriegswolken aus dem Süden öffentlich seiner selbst versicherte. Da perorierte der kleine, unansehnliche Gelehrte mit dem überdimensionierten Kopf, den dünnen Beinen und dem Spitzbauch höchst feierlich von Ruhm, Mut, Kraft und wahrer Größe, mit deutlichen Anspielungen auf den französischen Usurpator. Es sei, sprach Müller 1805 in seiner Rede «Über die Geschichte Friedrichs II.», «eine Eroberung nicht so schwer, wie die der Versuchung widerstehende Vernunft, die auf das Zunehmen des inneren Werthes mehr hält, als auf Ausbreitung der Oberfläche, und zwischen Präpotenz und Nullität die edle Mitte sucht, vertrauensvolle Achtung».[31] Und ein Jahr später, als es um den «Untergang der Freiheit der alten Völker ging», warnte der Welthistoriker vor dem Ende des Wetteifers unter den Völkern in einem Imperium, wo «alles Vorzügliche zusammengedrängt in Eine Stadt, in die verdorbenste» wurde, und die Provinzen verfielen, mit der Folge: «Das Reich nahm ab, und wurde schwach.»[32] Müller gehörte zu jenen Geschichtsschreibern, denen aus allumfassender Kenntnis in jedem Augenblick eine Analogie zur Hand ist. So grub er noch im Sommer 1806 eine islamische Sprüchesammlung zum Heiligen Krieg, dem Dschihad, aus, die sein Freund Joseph von Hammer aus dem Türkischen übersetzte und für die Müller ein Vorwort verfasste. Dort pries er die Glaubenstärke der das Martyrium und Paradiesesfreuden suchenden Gotteskrieger und die Wucht der «mohammedanischen Revolution» mit Akzenten, von denen man sich allerdings fragt, in welche Richtung sie zielten, auf die eigenen Leute oder den Feind – das Zitat sei hier auch gebracht, weil es eine Parellele zu jenem «Mahomet der Welt» darstellt, mit dem Goethe und Riemer Napoleon fast gleichzeitig in der Kutsche vor Jena verglichen: «Unsere Augen sahen die niederwerfende Kraft aufgeregter Begeisterung in fast ungeübten Heeren unter Feldherren, welche, ohne gelernte Krieger zu seyn, Siege improvisierten.»[33] Wie Gotteskrieger muteten die französischen Revolutionsheere an!

Am 27. Oktober 1806, nur zwei Wochen nach der Schlacht von Jena, zog Napoleon nach einem reißenden Siegeslauf durch die märkischen Kernlande Preußens in Berlin ein, während die wichtigsten Festungen des Staates eine nach der anderen fast kampflos fielen. Man hätte erwarten können, dass Müller nun genauso aus der Residenz fliehen würde wie ein Jahr zuvor Gentz aus dem von den Franzosen besetzten Wien. Doch Müller blieb, einigermaßen angstbebend. Und schon drei Wochen später zeigte er sich für die Sache des Kaisers gewonnen: nach einem Gespräch mit Napoleon im Berliner Schloss, das Alexander von Humboldt, der große Franzosenfreund, vermittelt hatte. Die anderthalb Stunden, die Napoleon am 20. November, einen Tag vor der Verkündung der Kontinentalsperre, dem berühmten Historiker widmete, waren vorzüglich angelegte Zeit. Müller fiel um, und nicht nur das patriotische Berlin hatte seinen literarischen Skandal.

Müllers Briefe nach der Schlacht von Jena zeigen allerdings, dass er schon reif für den Umschwung war, als der Kaiser ihn empfing. «Man braucht jetzt keinen Geschichtsschreiber des großen Königs, dessen Taten die bitterste Satire auf die Gegenwart wären. Was er sieben Jahre gegen Europa behauptet hat, ist in sieben Stunden verloren worden. (…) Mein Wunsch ist also, in dem französischen Reich mir eine Stelle zu suchen», vertraute er seinem Bruder an. Paris sei «jetzt, wie das alte Rom, die eigentliche Hauptstadt der zivilisierten Welt. (…) Es ist eine unaussprechlich erhebende Beschäftigung des Geistes, von den Trümmern des gefallenen Europens den Blick auf den ganzen Zusammenhang der Universalhistorie zu werfen.»[34] Im Übrigen sei man ihm mit Wohlwollen und Achtung begegnet, und er habe viel von der Großmut und inneren Erhabenheit des Kaisers erfahren – also doch kein Attila!

Abends um sieben kam Müller zum Kaiser, der vom Schreibtisch Friedrichs des Großen aufstand und den Historiker auf ein Sofa zog. Aus dem Nebenzimmer drang bald Hintergrundmusik, mit schweizerischen Kuhglocken bereichert. Man sprach über Weltgeschichte, und der Gelehrte bewunderte die umfassende Übersicht und den gediegenen Verstand des Kaisers. Erst ging es um die Analogien von schweizerischer und griechischer Polisverfassung, dann darum, «daß der Mensch für vollkommene klare Wahrheit wohl nicht gemacht ist und bedarf, in Ordnung gehalten zu werden; von der Möglichkeit eines gleichwohl glücklichern Zustandes, wenn die vielen Fehden aufhörten, welche durch allzu verwickelte Verfassungen (dergleichen die deutsche) und unerträgliche Belastung der Staaten durch die übergroßen Armeen veranlaßt worden.» Zeitgenössische Fragen spiegeln sich im historischen Gespräch; Müller ist in seinem Element. «Seit Friedrich hatte ich nie eine mannigfaltigere Unterredung.» Allerdings müsse er, so Müller, dem Kaiser «in Ansehung der Gründlichkeit und Umfassung den Vorzug geben. Friedrich war etwas voltairisch.» Napoleon habe in seinem Ton viel Festes, Kraftvolles, aber in seinem Mund etwas ebenso Einnehmendes, Fesselndes. Müller darf am Sofa so nah heranrücken, dass keiner der Umstehenden – darunter etliche Marschälle sowie Außenminister Talleyrand – hören kann, was der Kaiser ihm anvertraut: «Wie ich denn auch Verschiedenes nie sagen werde.» Das Geheimnis drehte sich wohl um die Gefahr aus dem Osten – schon in seinem ersten Bericht an den Bruder in der fernen Schweiz, aus dem wir hier zitieren, hatte Müller Napoleons Warnung vor Einfällen der Barbaren wiedergegeben, gegen die eine Macht wie die bisherige preußische Monarchie nur eine unzureichende Vormauer sei. Viele Monate später erzählte Müller Karl August Varnhagen, der Kaiser habe zu der Frage, was Caesar getan hätte, wenn er nicht ermordet worden wäre und ob er sich wohl der inneren Ordnung der Republik zugewandt hätte, erklärt: «Il aurait fait la guerre aux Parthes!»[35] Innere Ordnung in Deutschland und Europa – Schutz vor gefährlichen Ostvölkern: Hinter der Dunstwolke von Gelehrsamkeit und Courtoisie, mit der Napoleon den berühmten Gelehrten umgab, sind deutliche Hinweise zum politischen Moment zu erkennen. Talleyrands giftige Bemerkung in seinen Memoiren, Napoleon habe sich auf die Gespräche mit den gescheiten Leuten Deutschlands vor allem deshalb sorgfältig vorbereitet, um ihnen durch Kenntnisse und Schlagfertigkeit zu imponieren, nimmt die Sache zu leicht.[36]

Müller war gewonnen, ja hingerissen. Nie sei bisher ein einzelner Gelehrter zum Kaiser je berufen worden, schrieb er dem Bruder. Aus der historischen Resignation, dass die Welt nun eben einem Einzelnen hingegeben sei, war persönliche Begeisterung geworden: «Durch sein Genie und seine unbefangene Güte hat er auch mich erobert.» «Man schien mich», so ein halbes Jahr später, «wie so einen der Alten zu betrachten, der nur in und für die Nachwelt lebt; nie ist die Würde der Geschichtsschreiberei besser geehrt worden als von dem, der den reichsten Stoff dazu gibt.»[37] Rasch verbreitete sich allerwegen die Kunde von der Szene im Berliner Schloss und ihrer Wirkung auf Müller, nicht ohne Zutun des Historikers, der geheimnisvoll-knappe, aber andeutungsreiche Bulletins in viele Richtungen sandte. Bei den Patrioten, die höhnisch an seine kaum verhallten Kriegsposaunen erinnerten, fiel Müller in tiefe Verachtung, die in der nationalen Historiographie bis ins 20. Jahrhundert nachwirkte, ebenso bei seinen Förderern im preußischen Staatsapparat. Persönliche Freunde wie Alexander von Humboldt und Fichte verteidigten ihn allerdings.

Noch immer aber war Müller preußischer Hofhistoriograph, und im Januar 1807 wurde wieder eine Prunkrede zum Geburtstag Friedrichs des Großen in der Akademie der Wissenschaften fällig. Heikler kann man sich einen Anlass kaum vorstellen – Preußen stand noch im Krieg, musste aber als besiegt gelten; die Hauptstadt lebte unter französischer Besatzung; der Redner hatte sich soeben als patriotisch unzuverlässig erwiesen. Auch waren seine vorangegangenen Ansprachen noch in guter Erinnerung. In dieser Lage trat Müller am 29. Januar vor sein gewiss höchst kritisches Publikum und hielt, diesmal in französischer Sprache, eine Rede zum Thema «La gloire de Frédéric».

«Fragte sich ein gebildeter Redner deutscher Nation, wie würdest du dich benehmen, wenn du am 29. Januar 1807 in der Akademie der Wissenschaften zu Berlin von dem Ruhme Friedrichs zu sprechen hättest? (…) so könnte ihn diese Beschäftigung wohl einige Zeit fesseln, aber gar bald würde er, wie aus einem schweren Traum erwachend, mit Zufriedenheit, daß ein solches Geschäft ihm nicht obliege, gewahr werden.»[38] Diese Sätze waren schon vier Wochen später, am 28. Februar, in der «Jenaischen Allgemeinen Literatur-Zeitung» zu lesen, in einer Rezension des gedruckten französischen Textes von Müllers Ansprache. Der Rezensent war kein anderer als Goethe, der den Hochseilakt, den Müller hier zu leisten hatte, genau erfasste – und die Lösung, die er fand, aufs höchste bewunderte.

Goethe und Müller kannten sich seit einem Vierteljahrhundert, Müller war mehrfach in Weimar gewesen, man hatte sich vor Jahren in Zürich getroffen; Schiller hatte ihn kritisch, mit den Konkurrentenblicken des Historikers beäugt, ihm aber doch die Ehre einer Erwähnung im «Tell» gewährt. Goethe bewunderte die umfassenden Kenntnisse des Universalgelehrten, die ihn in den Stand setzten, zu jedem Stück seiner Medaillensammlung einen kleinen Vortrag über den jeweils Dargestellten zu extemporieren. 1805 rezensierte er eine knappe Autobiographie, die Müller für eine Buchreihe mit Gelehrtenbildnissen verfasst hatte, und diese Besprechung liest man heute als eine der reflektierenden Vorarbeiten für Goethes eigene Lebensbeschreibung in «Dichtung und Wahrheit». Vor allem aber war Müller ein geschätzter Mitarbeiter der JALZ, den Goethe bei der Neugründung des Organs im Winter 1803/04 als ersten auswärtigen Gelehrten überhaupt in den schmeichelhaftesten Formen zur Mitarbeit aufgefordert hatte. Ein Kontrakt darüber kam zustande, und Müller lieferte bis zu seinem Tod nicht weniger als 62 meist lange Stücke, ausgreifende Essays oft, die mehr von der Sache als von den behandelten Büchern selbst handelten.

Den Berliner Vorgang vermochte Goethe präzise einzuschätzen, denn er hatte schon die Vorgängerreden von 1805 und 1806 zur Kenntnis genommen. Über seine erste Friedrich-Rede hatte Müller ihm geschrieben: «Es war mir um den grossen Todten weniger als um die Zeit zu thun, wo man etwa zu gleichgültig oder muthlos der aufgenommenen Rolle vergessen möchte.»[39] So studierte Goethe mit Kennerblick die neue Ansprache, und er war begeistert. Sogleich machten er und Riemer sich an eine Übersetzung ins Deutsche, die schon am 3. und 4. März 1807 unter dem Titel «Friedrichs Ruhm» in Cottas «Morgenblatt für gebildete Stände» erschien. Nun konnte das intellektuelle Publikum sich selbst ein Bild davon machen, wie diese schwierigste aller damals denkbaren Aufgaben vom berühmtesten Historiker der Epoche bewältigt worden war.

Auch nach zweihundert Jahren noch wird man sagen müssen: glanzvoll. Müller wahrte die Würde Preußens, und damit seine eigene, und er blieb gleich fern von Hochfahrenheit und Servilität. Er sprach zwar über Friedrich, aber er hob das Thema auf eine höhere Ebene, indem er nach dem Ruhm der Großen und seine Funktion fürs Leben der Völker überhaupt fragte; eine dieser Wirkungen ist die dauerhafte Achtung auch für die Erben dieser Größe, die der Ruhm der Nachwelt einflößt. In den Goethe-Ausgaben kann jeder diese zehn großartigen Seiten nachlesen; hier müssen zwei Zitate genügen, die wir der Auswahl entnehmen, die Goethe selbst für seine Rezension in der JALZ hervorgehoben hat. «An jedem Volke, das großer Epochen und außerordentlicher Männer gewürdigt wurde, freut man sich, in der Gesichtsbildung, in dem Ausdruck des Charakters, in den Sitten überbliebene Spuren jener Einwirkungen zu erkennen.» «Also, Preußen, unter allen Abwechslungen des Glücks und der Zeiten, so lange nur irgend fromm die Erinnerung an dem Geist und den Tugenden des großen Königs weilt, so lange nur eine Spur von dem Eindrucke seines Lebens in euren Seelen bleibt, dürft ihr nie verzweifeln. Mit Teilnahme wird jeder Held Friedrichs Volk betrachten.» Vergangener, aber unvergänglicher Ruhm als Unterpfand dauernder Achtung und Selbstachtung: Mit dieser Gedankenfigur gelang es Müller, zu Siegern wie Besiegten gleichzeitig zu sprechen. Und so konnte er die Verbeugung vor den neuen Herren auch ganz knapp halten und sie sich für den Schluss der Rede aufsparen. Hier spricht der Redner den großen Toten direkt an: «Du wirst sehen, daß die unveränderliche Verehrung Deines Namens jene Franzosen, die Du immer sehr liebtest, mit den Preußen, deren Ruhm Du bist, in der Feier so ausgezeichneter Tugenden, wie sie Dein Andenken zurückruft, vereinigen musste.»[40]

In seiner Rezension fasste Goethe in einen einzigen Satz, worin Müllers Leistung bestand: «Er hat in einer bedenklichen Lage trefflich gesprochen, so daß sein Wort dem Beglückten Ehrfurcht und Schonung, dem Bedrängten Trost und Hoffnung einflößen muß.» Um das Zusammenleben von Siegern und Besiegten also ging es, ein so selbstverständliches wie schwieriges Gebot der Humanität in Kriegszeiten. Daran muss man erinnern, angesichts von zeitgenössischen Reaktionen, die Müller der «Verräterei» bezichtigten, und einer älteren Geschichtsschreibung, die seine Rede als Zeugnis einer «Charakterprobe, die er nicht bestand» und Goethes Zustimmung zu ihr als «verhängnisvoll» qualifiziert hat[41], und auch angesichts von neueren Deutungen, die Goethes Übersetzung nur noch als Freundschaftsdienst verstehen. Das war sie zwar auch – in den «Tag- und Jahresheften» spricht Goethe davon, dass Müller heftig angefochten wurde, und er ihm «etwas Gefälliges» habe erzeigen wollen, und sei es auch nur durch eine «harmlose Übersetzung»[42] –, aber eben nicht nur; ohne Zustimmung in der Sache hätte Goethe seinen publizistischen Schritt gewiss nicht getan. Und so «harmlos» war die Übersetzung auch nicht, wie er später glauben machen wollte; sie war ein politisches Signal.

Zumal es nicht dabei blieb. Müller bedankte sich aufs Überschwänglichste für Goethes Beistand – «Nie im wildesten Toben der ägäischen Gewässer sind einem verzweifelnden Steuermann die Dioskuren hilfreicher erschienen, als mir, von den odiösesten Philistereien eben ganz niedergedrückten, als das herrliche Morgenblatt vom 3. und 4. März»[43] –, und er kündigte zugleich an, «in der Literaturzeitung bisweilen merken zu lassen, wie ich glaube, daß unsere Deutschen sich jetzt am vernünftigsten zu benehmen hätten, und daß ich sogar meine, sie täten eben so gut, mit Weisheit und Gemeinsinn eine bessere Freiheit sich vorzubereiten, als dieselbe ausschließlich von Kosaken und Karakalpaken zu erwarten». Damit war ein großes Thema angeschlagen, das in den folgenden Jahren auch Goethe immer wieder beschäftigte: Die Frage, ob sich nun nicht eine Machtalternative zwischen Franzosen und Russen aufgetan habe, in der man sich entscheiden müsse und möglicherweise besser beim westlichen als beim östlichen Nachbarn Deutschlands aufgehoben sei. Jedenfalls reagierte Goethe zustimmend auf Müllers Angebot und forderte ihn daraufhin ausdrücklich auf, ja nicht abzulassen, «nach Ihrer Überzeugung zu handeln und zu schreiben; besonders legen Sie von Zeit zu Zeit wie bisher in unserer Literaturzeitung Ihre Gesinnung aufrichtig nieder.»[44]

Wie wenig «harmlos» Goethes Besprechung und Übersetzung der Friedrich-Rede waren, lässt sich schon daran ablesen, dass unmittelbar davor, am 19. Januar 1807, in der JALZ eine ausführliche Besprechung zu erscheinen begonnen hatte, in der Müller unter seinem Thukydides-Kürzel die Akten des Rheinbunds zum Anlass nahm, für die neuen Verhältnisse in Deutschland insgesamt zu werben, also dafür, die Chance für Reformen und innere Befreiungen zu nutzen, die sich vor allem aus der Souveränitätserklärung der aus dem Reichsverband ausgeschiedenen Rheinbundmitglieder ergab. Viel Gelegenheit, Gutes zu tun, habe der große Stifter, Kaiser Napoleon, den Deutschen gegeben, denn er habe nicht mehr als die Grundlinien vorgezeichnet; «was den Bund nationalisieren, was jedem Deutschen werth machen muß, in diesen Kreisen zu leben, dieß einzurichten, überließ er ihrer Weisheit.» Und Müller scheute sich nicht, hier ausdrücklich den Großherzog von Berg, also Marschall

Murat, als vorbildlichen neuen deutschen Landesherren hervorzuheben, weil er alle Stände seines Gebietes zur «Theilnahme an der öffentlichen Fürsorge» heranziehe.[45]

Überhaupt gab sich das Jenaer Literaturblatt in diesen Wochen als entschiedene Unterstützerin der neuen Verhältnisse zu erkennen. Das Jahr 1807 wurde mit einer ellenlangen Besprechung des «Code Napoléon» eröffnet, und zwar mit ausdrücklichem Bezug auf «Ereignisse der Zeit»: «Wenn Deutschland den großen Kaiser als Helden in seiner Mitte gesehen hat, so hat es Gelegenheit, ihn an seinem Code als Gesetzgeber kennen zu lernen», hieß es in Spalte 18 am 3. Januar. Und das zur Literaturzeitung erscheinende «Intelligenzblatt» mit Nachrichten vor allem aus der akademischen Welt rühmte am selben Tag «die der Vorwelt unbekannte Großmuth, mit welcher die französischen Sieger, voll Sinnes für Cultur und Humanität, die deutschen Pflanzstädte der Kunst und Wissenschaft fast ohne Ausnahme zu schonen und zu bewahren suchten». Schon am 27. Oktober 1806, unmittelbar nach der Schlacht von Jena, hatte das Intelligenzblatt der JALZ den besonderen Schutz gerühmt, unter den der Kaiser Napoleon die Universität in Jena genommen habe.[46] Dergleichen, vor allem die ausführlichen Texte zum Rheinbund und zu den französischen Gesetzgebern, hat natürlich einen längeren Vorlauf: Wir sehen hier die unmittelbaren publizistischen Auswirkungen der Schlacht vom 14. Oktober 1806, also eine geheimrätliche Politik, die ohne Abstimmung mit dem abwesenden Herzog ins Werk gesetzt wurde. Welche staatspolitische Dimension diese publizistische Strategie hatte, erhellt auch daraus, dass Geheimrat Voigt «einige Blätter» der JALZ an den weimarischen Unterhändler Friedrich Müller bis ins napoleonische Hauptquartier nach Polen zustellen ließ, auf dass er sie dort empfehle, zumal im ersten «Intelligenzblatt» von 1807 am 3. Januar mit einem lateinischen Distichon der soeben neu benannte «Napoleonsberg» bei Jena gefeiert wurde, wo der Kaiser vor der Schlacht biwakiert hatte.[47] Nur ein Dreivierteljahr später sollte nach Voigts Willen das Jenaische Vorlesungsverzeichnis, das eine lateinische Vorlesung über das kaiserliche Gesetzeskorpus ankündigte, dem weimarischen Diplomaten in Paris noch einmal gute Dienste leisten. «Sie ersehen daraus, daß Jena die *erste* Akademie ist, wo über den Code Napoléon gelesen wird.»[48] Das war der Kurs, den Goethe schon im Gespräch mit Riemer im November 1806 befürwortet hatte: Mitarbeit, nicht Widerstand.

Dass Goethe persönlich sich diesen Kurs zu Eigen machte, das bekundete er der Öffentlichkeit ebenso zurückhaltend wie dann doch unmissverständlich durch seine Unterstützung für Johannes von Müller und dessen Friedrich-Rede. So nimmt es keineswegs wunder, dass Geheimrat Voigt sogar die Idee ventilierte, den prominenten Historiker von Berlin nach Jena zu berufen und in diesem Zusammenhang schon am 15. Januar 1807 an den Geschäftsträger Müller schrieb: «[Johannes von] Müller wird uns Ehre und Beifall erwerben und manche gute literarische Idee ausspinnen helfen. Wir dürfen die wissenschaftliche Zelebrität durchaus nicht fallen lassen, da sie vor aller Welt allerdings etwas ist.»[49] Wie genau die Zeitgenossen diesen staatspolitischen Hintergrund von Goethes Stellungnahme verstanden, zeigt beispielhaft ein Brief des Philosophen Fichte an seine Frau, der am 6. Juni 1807 kurz und knapp von «Müller – Goethe und anderen Rheinbündlern» sprach.[50] Goethes «harmlose» Übersetzungsaktion erweist sich als diplomatische Aktion, die mit den Kollegen im «Geheimen Consilium» abgestimmt gewesen sein dürfte.

Im September 1807 erhielt Johannes von Müller dann endlich seinen Abschied vom preußischen König – «wie ein Lakai», so empfand er es.[51] Zunächst wollte er nach Tübingen gehen, aber dann erreichte ihn der Ruf Napoleons, der ihn als Minister im neuen deutschen Musterstaat, dem Königreich Westphalen des Bruders Jérôme, installierte. Dort hat er sich noch zwei Jahre vor allem im Dienst der Schulen und Universitäten aufgerieben und wiederum hochtönende Reden auf die neue Ordnung gehalten. 1809 starb er, betrauert von Goethe und dessen Freund Karl Friedrich Reinhard, die ihm in ihrer Korrespondenz nachdenkliche Briefe widmeten.

Der Bruch mit dem früheren Freund Friedrich Gentz lag damals schon zwei Jahre zurück. Dieser hatte schon 1806 Müllers mangelnde politische Entschiedenheit, seinen fatalistischen Historiker-Hang, allem und jedem gerecht zu werden, getadelt. Von dessen Napoleon-Erlebnis war er schon auf dem Wege privater Mitteilung in Kenntnis gesetzt worden, und zwar durch einen Brief Adam Müllers, der seinen Förderer mit Lust anschwärzte. Den eigentlichen Anlass zur Aufkündigung der Freundschaft lieferte Gentz die Rezension zum Rheinbund, vor allem das Lob des Großherzogs Murat, für Gentz eine der verächtlichsten Erscheinungen des bonapartischen Systems. Sein Scheidebrief an Müller, eins der fürchterlich-großartigsten Dokumente der deutschen Literaturgeschichte, bei dem man sich fragt, was man mehr anstaunen soll, seine psychologische Hellsichtigkeit oder seine menschliche Niedertracht, verschob Müllers Positionswechsel nachdrücklich aus dem Gebiet des Politischen ins Charakterliche, wo er bis zu Arno Schmidt verblieben ist. Müllers ganzes Wesen nannte Gentz einen «sonderbaren Mißgriff der Natur»; und mit homophoben Untertönen resümierte er: «Sie sind und bleiben das Spiel jedes zufällig vorübergehenden Eindrucks. Stets bereit, alles anzuerkennen, alles gelten zu lassen, sich gleichsam mit allem zu vermählen, was nur irgend in ihre Nachbarschaft tritt, konnten Sie nie zu einem gründlichen Haß oder zu einer gründlichen Anhänglichkeit gelangen. Ihr Leben ist eine immerwährende Capitulation.»[52]

Kapitulieren, das taten in diesen Wochen allerdings vor allem die preußischen Festungen, die eine nach der anderen fielen, unverteidigt von den verknöcherten friderizianischen Generälen. Rettung hätte nur von den Russen kommen können – aber waren sie besser als die Franzosen? Was Müller, und Goethe gewiss nicht anders, nach Jena und Auerstedt sah, war eine vorerst endgültige preußische Niederlage. «Ich nehme also unsere Weltlage für, was sie seyn mag, die Vollendung des bisherigen Zustands der gesitteten Welt», schrieb Müller an seinen Bruder am 17. Februar 1807. Es gab damals Gründe, die Lage so zu sehen. Preußens Wiederaufstieg und das, was man später die «Deutsche Erhebung» nannte, war zu diesem Zeitpunkt eine der unwahrscheinlichsten Sachen der Welt. Im alten europäischen Widerstreit zwischen Gleichgewicht und Hegemonie hatte vorerst die Hegemonie gesiegt. Jedenfalls verhielt sich Goethe, als sei es so, und stellte sich auf seine Weise, mit den Mitteln der Literatur und der Publizistik, auf die neue Lage ein. Den Entschluss dazu muss er schon sehr bald nach der Schlacht von Jena gefasst haben. Das geht aus einer unangenehmen Presse-Affäre hervor, in die sich Goethe im Winter 1806/07 verwickelt sah. Die von Cotta, Goethes neuem Verleger, herausgegebene «Allgemeine Zeitung» hatte, wie schon erwähnt, Goethes Hochzeit mit Christiane sowie die Vergewaltigung der Frau seines Schwagers Vulpius hämisch glossiert und auch sonst einige Falschmeldungen über Weimar gebracht. Darüber beklagte sich Goethe bei Cotta in einem knappen Schreiben vom 25. Dezember 1806, das einen längeren, zornigen Brief ersetzte, den Goethe dann doch nicht abgeschickt hatte. Doch zeigte er ihn dem jungen Italianisten und Ästhetiker Carl Ludwig Fernow – ausgerechnet jenem Mann, der den Weimarer

Tratsch an den in Dresden lebenden Karl August Böttiger, den unermüdlichen Klatschjournalisten der Weimarer Klassik, berichtet hatte; und Böttiger wiederum hatte ihn an die «Allgemeine Zeitung» weitergegeben. Ob Goethe ahnte, dass er seine Beschwerde dem ersten Glied in der fatalen Informationskette anvertraute? Jedenfalls erklärte er Fernow, warum der Zeitungsklatsch über Weimar so schädlich sei: Deutschland habe nur noch eine große und heilige Sache in dem allgemeinen Ruin, nämlich «das noch unangetastete Palladium unserer Litteratur», das man aufs eifersüchtigste bewahren solle, nicht zuletzt um zu verhüten, «daß der, in dessen Hand jezt Deutschlands Schicksal liege, die Achtung die wir ihm durch ein höheres geistiges Übergewicht abgenöthigt haben, nicht verliere» – so berichtete Fernow Goethes Haltung wiederum an die Klatschbase Böttiger.[53] Damit war die Linie der folgenden Jahre vorgezeichnet: Fügsamkeit im Politischen, Bewahrung der geistigen Sphäre als dem Heiligtum der Nation. Ganz offenbar ist das auch die Richtschnur, an der sich die «Jenaische Allgemeine Literatur-Zeitung» orientierte.

Entschieden in den Rheinbund wies die wichtigste neue Freundschaft, die Goethe in der napoleonischen Epoche überhaupt anknüpfte: die Verbindung zu dem in französischen diplomatischen Diensten stehenden Deutschen Karl Friedrich Reinhard. Ihn lernte Goethe Anfang Juni 1807 in Karlsbad kennen, wo Reinhard sich mit seiner Familie von den Strapazen einer Gesandtschaft in den rumänischen Donaufürstentümern erholte, die ihn vorübergehend in russische Gefangenschaft gebracht hatte. Reinhards Lebenslauf (1761 bis 1837) – als Theologe und Erzieher war der reformierte Schwabe vor der Revolution nach Frankreich gekommen, dort geblieben und hatte über alle Regimewechsel sich im Staatsdienst behaupten können, wurde die rechte Hand Talleyrands und als solcher 1799 sogar für einige Wochen französischer Außenminister – ist erstaunlich und wenig bekannt. Goethe, dem praktische, tätige Menschen immer imponierten, muss diese Karriere außerordentlich interessiert haben. Bis Mitte Juli 1807 trafen er und die Reinhards mehr als zwei Dutzend Male, oft mehrfach an einem Tag zusammen, ein dichter Austausch, in dessen Mittelpunkt zu Goethes Freude bald die Farbenlehre rückte, die der unvoreingenommene Diplomat, wie lange Gesprächsnotate beweisen, mit Präzision auffasste. Doch spielte natürlich auch Politik eine große Rolle. Goethes Resümee in den «Tag- und Jahresheften» spielt darauf an: «Der treffliche Mann schloß sich um so mehr an mich, als er, Repräsentant einer Nation, die im Augenblick so vielen Menschen wehe tat, von der übrigen geselligen Welt nicht wohlwollend angesehen werden konnte.»[54] Mit einer gesellschaftlich-politischen Demonstration begann also diese schöne Altersfreundschaft: Zwei deutsche Weltmänner fanden zusammen, auch weil sie sich über nationale Vorbehalte gegen Frankreich hinwegsetzten. 1808 wurde Reinhard von Napoleon zum Gesandten in Kassel ernannt, und als solcher zum kaiserlichen Aufpasser im westphälischen Reich des Königs Jérôme – die vielleicht wichtigste diplomatische Position im Rheinbund überhaupt. In dieser Funktion traf Reinhard auch mit Johannes von Müller zusammen, dessen Begräbnis er dann zu organisieren hatte und über den er sich mit Goethe eindringlich austauschte. Die Rolle, die Reinhard später als Mittelsmann der jungen rheinischen Romantik, vor allem der Brüder Boisserée und ihrer Entdeckung der mittelalterlichen Kunst für Goethe, spielte, ist heute eher bewusst als der Umstand, dass Goethe mit ihm eine direkte Verbindung zum napoleonischen Herrschaftsapparat in Deutschland besaß.

In Reinhards Briefen konnte Goethe Sätze lesen, die Deutschland «bloß als einen weiten Tummelplatz zwischen Frankreich und Rußland» bezeichneten, hier vernahm er die Idee, Jena könne «der großen Schlacht zu Ehren, zur Zentraluniversität des Rheinischen Bundes erhoben werden» und vielleicht Sitz einer napoleonisch-deutschen Jenaischen Literaturzeitung! Und Goethe wünschte ihm «das Beste in dem herrlichen Paris, um dessen Anblick ich Sie beneide», worauf Reinhard replizierte: «Ihnen selbst fehlt vielleicht Paris zur vollendeten Anschauung unserer gegenwärtigen Weltepoche; o warum sind Sie nicht hier.» Von Reinhard bekam Goethe Informationen aus dem kaiserlichen Machtzentrum, die ihn ebenso interessieren mussten wie die Berichte des Kanzlers Müller vom Kaiser, von denen sein Tagebuch zuweilen Notiz nimmt. Wer konnte ihm sonst Eindrücke aus erster Hand mitteilen, beispielsweise von der Feier des ersten Jahrestages der Schlacht von Jena lapidar: «Ein Dutzend deutscher Souverains steht unbemerkt in den ehrerbietigen Reihen.»[55]

Reinhard hat Goethe bald geliebt, ganz ähnlich wie Zelter es tat; umso interessanter ist seine Niederschrift vom ersten Eindruck in einem Brief an Joseph von Hammer, die merkwürdig übereinkommt mit der Beobachtung von Marwitz vor der Schlacht von Jena, Goethe habe eine gewisse adelige Désinvolture gefehlt. Fontane hielt das für junker-

Herzog Carl August, 1817

haften Standesdünkel, doch Reinhard war kein Aristokrat und schrieb doch: «Seine Manieren sind nicht ganz elegant. Sie scheinen mir etwas schamlos und eben darum etwas fast Unpräziöses zu haben; wenn er bloß höflich sein will, fällt er in etwas Affektuöses, das ihn nicht kleidet, weil es erkünstelt ist, aber ich habe ihn schon erwärmen gesehen und aus der inneren Fülle kochen hören, und so erkenne ich den Löwen an der Kralle.»[56]

In den Rheinbund musste sich auch Carl August mit seinem Herzogtum fügen, und er fühlte sich dabei weit weniger wohl als Goethe. Am 18. Juli 1807 kam es in Dresden, wo sich Napoleon auf der Heimfahrt von Tilsit aufhielt, endlich zur Aufwartung beim Kaiser. Die Audienz verlief frostig, und Carl August vermochte es nicht, dem Kaiser zu imponieren oder dessen Sympathie zu erwecken, wie es beispielsweise Leopold Friedrich Franz von Anhalt-Dessau, dem Wörlitzer Fürsten, erfolgreich gelungen war. Der Weimarer Herzog verbrachte, wie er sagte, die «unangenehmsten Tage» seines Lebens und sah sogar die Kurerfolge des jüngsten Karlsbad-Aufenthalts dadurch gefährdet.[57] Auch das nächste Zusammentreffen am 23. Juli misslang: Als sich Napoleon auf der Rückreise nach Paris dazu bereden ließ, nicht nur in Gotha vorbeizuschauen, das mit Weimar im Streit um den Vorrang unter den sächsischen Herzogtümern lebte, sondern auch den Umweg über Weimar zu nehmen, reagierte der schwerfällige Apparat des Herzogtums auf die rasend eilige Ankunft des Imperators so verspätet, dass niemand von Rang ihn an der Landesgrenze erwarten konnte. Daraufhin verlor dieser die Lust, sich länger dort aufzuhalten, gab Grüße für die Herzogin ab und donnerte weiter, während die festlichen Tafeln im Schloss unberührt blieben. So hatte man auch keine Gelegenheit gefunden, eine Bittschrift zu überreichen, in der um Erlassung der verbleibenden harten Kontributionen ersucht wurde. Die Verstimmung beim Kaiser milderte sich auch deshalb nicht, weil man ihm aus den böhmischen Bädern von «höchst freimütigen Äußerungen» – *de propos fort libres* – Carl Augusts über seine Person berichtete.[58] Carl August musste gleichwohl den einen oder anderen gedrechselten Brief nach Paris schreiben und schaffte es im Frühjahr 1808 immerhin, den Kaiser als Paten für seine Enkelin Marie, die Tochter des Erbprinzen, zu gewinnen – nicht ohne strenges Examen durch den in alteuropäischer Hofetikette unerfahrenen neuen Außenminister Champagny, der den Weimarer Gesandten von Wolzogen fragte: «Aber die Prinzessin führt den Namen Napoleon?» Worauf dieser erwiderte: «Sie heißt Maria, wahrscheinlich nach der [russischen] Kaiseringroßmutter. Die Prinzessinnen haben keine Mannsnamen.»[59]

Der politische Alltag blieb steinig und glanzlos. Man musste sich wegen der miserablen Leistungen des weimarischen Kontingents im weiteren Krieg gegen Preußen verteidigen; es fiel durch die höchste Desertionsrate im Rheinbund auf. Die Kontributionen wurden mit eiserner Strenge eingetrieben, obwohl das Herzogtum bei den Bankiers, beispielsweise bei Bethmann in Frankfurt, keinen Kredit mehr hatte; an den damals aufgelaufenen Schulden zahlten einzelne weimarische Gemeinden noch bis zur Inflation von 1923. Die an sich willkommenen Gebietsbereinigungen, die in der Rheinbundakte zwischen den Mitgliedern vorgesehen waren, verstrickten das Herzogtum in langwierige Streitigkeiten mit seinen Nachbarn. Dazu kam der Konflikt um den Vorrang mit Gotha, bedeutend nicht nur symbolisch, sondern auch für den Einfluss in der Bundesversammlung des Rheinbunds, auch wenn diese dann nie zusammentrat. Die große Leistung jener Zeit, der Umbau der Verwaltung und inneren Verfassung des Herzogtums, kam erst langsam in Gang und trug ihre Früchte viel später. Goethes Freunde an der Spitze des Herzogtums – Voigt, Freiherr von Wolzogen, Kanzler Müller und der Herzog – trugen die Mühen der Ebene, machten sich oft gegenseitig das Leben schwer und klagten viel. Zu der schlechten Stimmung trug der nie offen ausgetragene Grundsatzkonflikt zwischen dem frankreichfreundlichen Voigt – dessen Position von Goethe geteilt wurde – und dem gegnerischen Lager um den Herzog mit seiner militärischen Entourage sowie Wolzogen bei. Es lohnt, auch im Kontrast zur demonstrativen Aufgeräumtheit, die Goethe in diesen Jahren immer wieder bekundete, eine dieser Klagen anzuhören, zumal sie für den Stress einer Umbruchssituation steht, die damals in ganz Deutschland herrschte. So schrieb Voigt, ein unaufgeregter, immer sachlich arbeitender Mann, Ende November 1807 an Müller: «Seit die Begebenheiten der Welt größer wurden als meine Gemütskraft sie fassen konnte, seitdem die unablässigen öffentlichen Sorgen mich ohne alle Teilnehmung beschäftigen, fange ich an zu glauben, daß ‹Sterben mein Gewinn› sein dürfte.»[60] Das Gefühl von Überforderung verband sich mit Demütigungen, für die vor allem der Herzog empfindlich war. Man signalisierte ihm, dass ein Geschenk für Talleyrand günstig wirken könne – vielleicht eine Dose mit dem Porträt des Herzogs. Doch nicht auf den Wert der Dose könne es ankommen, da der Fürst von Benevent – also Talleyrand – an und für sich auf Dosen wenig Wert lege, er diese vielmehr gleich wieder versetze; auf die «Inlage», die hineingelegte Summe Geldes, komme es an; man denke da an 80 000 Franken. Müller, der dies übermittelte und durch eigens angefertigte Gutachen bestätigen ließ, musste sich bitteren Spott über seinen «80 000-jährigen Patron» gefallen lassen und die Vorwürfe des Herzogs: «Wenn er nichts zu tun hat, so denkt er sich Geschenke aus.»[61] «Ein unbemerktes und deswegen unabhängiges Leben zu führen», so meinte Carl August angesichts derart peinlicher diplomatischer Zwänge, «ist jetzt gewiß das beste Ziel, wonach man streben kann.»[62]

Eine nicht sehr fürstliche, zu Carl August auch gar nicht passende Maxime. Und dabei blieb es natürlich nicht. So fiel den Franzosen, die den verdächtigen Herzog überwachen ließen, bald unangenehm auf, dass dieser sich mit demobilisierten preußischen Offizieren umgab, beispiels-

wiese dem Baron von Müffling und dem Kleist-Freund Rühle von Lili-
enstern, der Erzieher des Prinzen Bernhard von Sachsen-Weimar wurde;
Müfflings spätere Behauptung, Carl August habe seine Residenz, so wie
sie bisher der Zentralpunkt Deutschlands für Kunst und Wissenschaft
gewesen sei, sie nun auch zum Zentralpunkt der deutschen Freiheit machen wollen, ist allerdings eine arge Übertreibung.[63] Doch bleibt unbestreitbar, dass sich hier Kontakte zu einer antinapoleonischen Fronde
zeigten, die auch Goethe nicht unberührt ließen, auch wenn sie seine
politische Haltung nicht änderten. So hält man Müffling für das Vorbild des Hauptmanns in den «Wahlverwandtschaften». Rühles kritisches
Buch über die Schlacht von Jena las Goethe aufmerksam, und die lange
Rezension des Buches durch Müffling in der «Jenaischen Allgemeinen
Literatur-Zeitung» wurde von ihm selbst betreut; dort fanden auch sonst
allerlei Bewältigungsbücher und Kartenwerke zur Schlacht Beachtung.
Über ihren Ablauf ließ sich Goethe immer wieder von Augenzeugen
berichten, und die Schauplätze von Jena und Auerstedt hat er mehrfach besucht, so in fachmännischer Begleitung durch den Freund Knebel und Major von Hendrich. Dessen Idee einer epischen Behandlung
der Schlacht – nicht ganz abwegig für den Dichter von «Hermann und
Dorothea» – wurde aber nicht weiterverfolgt. Eine besondere Nähe zur
preußischen Generalopposition und den späteren Reformern lässt sich
aus den zahlreichen, aber doch nur punktuellen gesellschaftlichen Kon-
takten zu den gebildeten Offizieren, die sich wie damals jedermann um
Audienzen bei Goethe bemühten, nicht ableiten; zumal auch die französischen Konkurrenten selbstverständlichen Zutritt bei ihm erhielten.
Auch dass Goethe einmal mit dem preußischen Minister vom Stein bei
der Herzogin Tee trank, besagt nicht viel.

Viel aussagekräftiger ist ein familiärer Entschluss, mit dem Goethe
sich ganz materiell auf die neuen rheinbündischen Verhältnisse einstellte.
Er betraf die Zukunft seines Sohnes August. Er sollte – trotz mäßigen
schulischen Fleißes – studieren, und zwar nach dem Wunsch des Vaters
die Jurisprudenz. Dass Goethe über diese Fragen ausdrücklich mit Blick
auf die neuen Verhältnisse nachdachte, verrät eine Aufzeichnung Riemers vom 3. September 1807: «Gespräch über Einrichtungen des Lebens und Verfahrens bei jetzigen politischen Umständen, was ein junger
Mensch zu thun habe. Es ist weiter nichts als das gesellschaftliche Betragen, ausgedehnt auf eine größere Gesellschaft, auf Franzosen u.s.w.»[64]

August in Uniform, 1811

Der nationale Horizont hatte sich erweitert in Richtung auf eine französisch dominierte Ökumene. Und so teilte Goethe schon vier Wochen später einem Besucher mit, dass August nach Heidelberg gehen solle, um das Recht zu studieren,[65] «c' est a dire, le Code Napoléon. Ich fand Goethe über das alles ganz resignirt. Das Alte sey vorbey. Es sey Pflicht das neue zu erbauen helfen. Der Mensch sei itzt mehr wie je Weltbürger, die Staaten müssen sich neu bilden und dabey wäre itzt manch vorhin unübersteigliches Hinderniß beseitiget». Und so geschah es auch. Im April 1808 zog August über Frankfurt, wo er seine Großmutter besuchte, an den Neckar, in eine der Hochburgen der neuen, vom napoleonischen Gesetzbuch inspirierten Rechtswissenschaft, um sich auf seinen Eintritt ins Berufsleben vorzubereiten. Deutlicher als mit einem solchen Schritt lässt sich ein Votum über die politische Zukunft kaum abgeben – und es war ein Schritt des Vaters, nicht des Sohnes. Er lag umso näher, als seit dem Herbst 1807 auch in der Weimarer Führung schon über die mögliche Einführung des Code Napoléon diskutiert worden war.

In so weiträumigen, weltbürgerlichen und imperialen Zusammenhängen zu denken, dazu wurde Goethe auch von einer Lektüre ermuntert, mit der er sich gerade in den Wochen, als er über Augusts Zukunft entschied, höchst angeregt und auffallend lange beschäftigte[66]. Es handelt sich um das 1807 anonym bei Cotta erschienene Werk «Rom und London oder über die Beschaffenheit der nächsten Universal-Monarchie». Goethe war so angetan davon, dass er sich bei dem Verleger nach dem Verfasser erkundigte: «Es ist dieses eine sehr glückliche und heitre Manier, die Weltgeschichte zu reassumieren, und besonders im gegenwärtigen Augenblicke sehr dankenswerth, wo man weite Aussichten suchen muß, da uns die heitern versagt sind.»[67] Der ungenannte Autor war der Berliner Publizist Friedrich Buchholz (1768 bis 1843), der heute so gut wie vergessen ist. Buchholz gehört zu den ungezählten Hochbegabten, die den Sprung in die Unsterblichkeit nicht schaffen, weil ihr Scharfsinn ganz dem Moment gewidmet ist. Als adelsfeindlicher bürgerlicher Schriftsteller wurde er nach 1806 zu einem scharfen Kritiker der preußischen Führungsschicht, die er in seinem erfolgreichsten Buch, den «Preußischen Charakteren» von 1808, mit satirisch-beißenden Porträts (zu denen Obrist Massenbach viel Material beigesteuert zu haben scheint) vorstellte; auch dieses Werk hat Goethe gelesen. Aber Buchholz war mehr, nämlich ein hochfliegender Geschichtsphilosoph damaligen deutschen Stils, der die Welthistorie insgesamt in den Blick nahm. Später entdeckte er den Saint-Simonismus, die französisch-positivistische Soziologie eines Comte, und so gilt er manchem als Vorläufer dieses Faches in Deutschland. In der Franzosenzeit sympathisierte er mit Napoleon und der rheinbündischen Neuordnung Deutschlands. Sein Buch «Rom und London» entwirft eine Theorie der neueren Geschichte, die hier nur umrisshaft wiedergegeben werden kann.

Seit dem Mittelalter seien in Europa zwei Universalmonarchien aufeinander gefolgt: die theokratische der Päpste und die merkantile der Engländer. Universalmonarchie heißt dabei nicht landgestützte Vormacht in einem Staatensystem, sondern die auf Institutionen gebaute Herrschaft einer Norm. Bei den Päpsten war dies Gott, ihr Instrument war die Kirche mit ihren Bischöfen, Priestern und Orden und dem dadurch ausgeübten Gewissenszwang. England regiert durch den Besitz der Weltmeere und durch das kontinenaleuropäische Gleichgewicht, das in England seinen wirksamsten Unterstützer findet. Dieses

Gleichgewichtssystem nämlich hält die Landmächte untereinander durch Kriege beschäftigt, während England, das seit Jahrhunderten auf Pump lebt –, dem von Buchholz so genannten «Anleihe-System» – seinen grenzenlosen Hunger nach Waren und Handelsgewinnen durch ein riesiges Kolonialreich befriedigt. Die französische Expansion in Europa aber sei, so Buchholz, nur eine Folgeerscheinung der Abdrängung von den Weltmeeren und den Handelsströmen. Die Napoleon-Feindschaft der Gleichgewichststheoretiker – ausdrücklich nennt Buchholz die «Fragmente» von Gentz – ist daher bloß falsches Bewusstsein, ein rhetorisch aufgeputzter Irrtum über die wahren Kausalverhältnisse. So, wie die theokratische Universalmonarchie durch den Gewissensprotestantismus der Deutschen gestürzt wurde, so sei auch ein neuer anti-englischer Protestantismus überfällig – warum nicht durch Preußen und im Bündnis mit Frankreich? Geschrieben war dies, wie «Rom und London» selbst mitteilt, unmittelbar vor dem preußisch-französischen Krieg von 1806, also noch vor Jena und Auerstedt. Der von Napoleon getragene antienglische und antimerkantile Protestantismus müsse nun, so Buchholz, zu einer dritten Universalmonarchie führen, einer neuen Ordnung der ganzen Welt, und zwar nach dem Prinzip des Rechts. Dieses Recht solle sich nicht als Oberherrschaft, sondern als richterliche Gewalt auswirken, die das Gemeineigentum an den Weltmeeren für alle angrenzenden Länder sichere und so die merkantile Vorherrschaft eines Einzelstaates verhindere. Denn für individuellen Besitz sei nur das feste Land geschaffen, das Wasser und die Meere dagegen seien als flüssiges Element für den Gebrauch aller da. Darum erklärt der ungenannte Verfasser sich also für einen Anhänger des französischen Kaisers, weil nur dieser, wenn überhaupt jemand, die Macht besitzt, die englische Geldtyrannis (hier fallen hässliche, eine spätere Zeit vorwegnehmende Bemerkungen über jüdische Bankiers) zu brechen und einen fairen Gemeinbesitz der Meere und somit des Erdballs herzustellen.

Diese hier nur skizzierte Theorie – «Rom und London» ist fast 400 Seiten lang –, die mit einem beträchtlichen Aufwand an Zahlenmaterial, historischen Details und vor allem oft phantastischem begrifflichen Scharfsinn vorgetragen wird, ließ den aufkeimenden nationalen Franzosenhass als ahnungslose Gefühlspolitik erscheinen. Buchholz' Schrift gehört noch in den Zusammenhang der Frage nach Gleichgewicht und Hegemonie, die vor den nationalen Erhebungen gegen Napoleon die politische Diskussion bestimmte. Und es kennzeichnet Goethes historischen Blick, dass er solches «reassumieren», also Wiederdurchnehmen von Weltgeschichte, mit so viel Beifall bedachte; zumal Buchholz mit seinen zahlreichen Parallelen, etwa dem wiederkehrenden «Protestantismus» gegen die jeweilige Universalmonarchie, eine typologische Wahrnehmung von Geschichte entwirft, die einem Geschichtsskeptiker wie Goethe wohl eher einleuchten konnte als teleologische Fortschrittsentwürfe. Und für einen Betrachter von der Warte eines machtlosen Kleinstaates aus konnten die welthistorischen Linien in «Rom und London» mit ihrer schicksalhaften Unvermeidlichkeit sehr wohl tröstende – in Goethes Wort: «heitre» – Wirkung ausüben. Jedenfalls hat Goethe sich nicht oft so positiv über ein strikt politisches Buch geäußert; bezeichnenderweise ist es die erste rundum napoleonfreundliche Schrift, die er in diesen Jahren gelesen hat. Aus Buchholzens Traktat allerdings folgte praktisch bei aller Meinungsfreude im Jahre 1807 nur Ergebung ins Unvermeidliche, das Sich-Einrichten im bonapartischen System[68] und Vertrauen auf den aus überlegener Einsicht handelnden Kaiser. Goethe las «Rom und London» im Herbst 1807; erst im Sommer 1812 dichtete er jene Stanzen auf die französische Kaiserin Marie-Luise, die hier schon zitiert seien, um ihre kaum abweisbare Nähe zu den Konstruktionen von Buchholz zu illustrieren. Dort heißt es über Napoleon:

Worüber trüb Jahrhunderte gesonnen,
Er übersiehts in hellstem Geisteslicht
Das Kleinliche ist alles weggeronnen,
Nur Meer und Erde haben hier Gewicht;
Ist jenem erst das Ufer abgewonnen,
Daß sich daran die stolze Woge bricht,
So tritt durch weisen Schluß, durch Machtgefechte
Das feste Land in alle seine Rechte.

Vorerst aber waltete Goethe im kleinen Weimar wie gewohnt seines Amtes als Hofdichter und Theaterdirektor. Das «Vorspiel zur Eröffnung des Weimarischen Theaters», mit dem am 19. September 1807 die neue Spielzeit eröffnet wurde, erinnerte an die Einschnitte der jüngsten Zeit, die Katastrophe der Schlacht, die Abwesenheit des Landesherren, den Tod der Herzoginmutter Anna Amalia im April. In prunkenden Versen, von denen sich besonders Christiane angesprochen fühlte – «ganz treu u lebhaft» nannte sie die Szenen[69] –, resümierte es das bürgerliche Unglück:

O, Seligkeit verhüllendes, und nie genug
Geschätztes Dach der Friedenshütte, die mich barg!
O, nie verehrter Engraum, kleiner Herd!
Du runde Tafel! die den holden Kinderkreis
Anmutig anschloß elterlicher Sorgenlust,
Dort lodert's auf! Die Ernte strömt in Feuerquall
Zum Himmel an, und des Besitzes treu Gehäus
Schwankt unterflammt und beugt sich, widersteht und sinkt.
Durchglühter Schutz stürzt, Flammenrauchstaub kraust empor,
Und unten krachend, schwerbelastet, dumpfgedrückt,
Verkohlt so vieler Menschenjahre werter Fleiß,
Und Grabesruhe waltet über Trümmern.[70]

Heilung sollte aus dem patriarchalischen Einklang in der Gesellschaft wachsen. «Patriot» kommt hier nicht vom Vaterland, sondern vom «Pater familias», dem Hausvater:

Und so grüße jedes Land den Fürsten,
Jede Stadt den Ältesten, der Haushalt
Grüße seinen Herrn und Vater jauchzend,
Wenn sie wiederkehren als die Meister,
Zu erbauen oder herzustellen. (…)
Also wer dem Hause trefflich vorsteht,
Bildet sich und macht sich wert, mit Andern
Dem gemeinen Wesen vorzustehen.
Er ist Patriot, und seine Tugend
Dringt hervor und bildet ihresgleichen.

Darin besteht, so das Ergebnis des Spiels,

Bürgersinn, wozu Natur uns
Eingepflanzt so Lust als Kräfte.

Von dieser patriarchalischen Bürgerlichkeit führt kein Weg zu dem wehrpflichtigen, uniformierten und zwangsläufig politisierten nationalen Bürger, auf den zur selben Zeit die preußischen Reformer zu setzen begannen. Goethes Außenhaltung blieb fürstentreu-autoritär.

Die Weltstunde, die es geschlagen hatte, ließ eine andere Dichtung erkennen, die damals entstand, freilich auf indirekte und hintergründige, schwer entzifferbare Weise: das allegorische Festspiel «Pandora», einer der schwierigsten Texte Goethes überhaupt. Allerdings würde vergeblich suchen, wer hoffte, hier direkte Anspielungen auf den französischen Kaiser und seine Politik zu finden. Die Zeit der Prometheus-Vergleiche hatte 1807 noch nicht begonnen. Der unmittelbarste Bezug steckt in einem Lied der Prometheus dienenden Krieger, das den napoleonischen Zusammenhang von Krieg und Raub in die knappste und schlagkräftigste denkbare Form bringt:

So geht es kühn
Zur Welt hinein,
Was wir beziehn
Wird unser sein.
Will einer das,
Verwehren wir's;
Hat einer was,
Verzehren wir's

Hat einer g'nug
Und will noch mehr;
Der wilde Zug
Macht alles leer.
Da sackt man auf!
Und brennt das Haus,
Da packt man auf
Und rennt hinaus.

Aber nicht in solchen wiedererkennbaren Aktualitäten steckt der eigentliche Zeitbezug. Die Welten des schaffenden und kämpfenden Prometheus und seines träumenden und sinnenden Bruders Epimetheus haben sich getrennt; Nützlichkeit, Kampf, Gewalt, Gesetz, «Vaterwille» stehen auf der einen Seite – «Des echten Mannes wahre Feier ist die Tat» –, Reflexion, Traum und Kunst auf der anderen. Solange Pandora, die verschwundene Schenkerin all dieser flüchtigen und zweideutigen Gaben, nicht wiederkehrt – auf diesen Moment sollte der zweite, nicht geschriebene Teil von Goethes Festspiel zulaufen –, bleibt die politisch-kriegerische Welt, die von Prometheus beherrscht wird, transzendenzlos, diesseitig. «Pandora» ist eine «Eroica», für die das Widmungsblatt an Napoleon weder geschrieben noch zerrissen werden musste, weil ihr Tätertum von vornherein gewaltsam und unidealisch angelegt war. Im Gehämmer der prometheischen Schmiede entstehen Waffen und Kronen, die Insignien des Gewaltmonopols, ohne die Recht und Frieden nicht denkbar sind; wer will, kann hier auch die industrielle Revolution wiederfinden. Freiheit, das politische Versprechen der Revolution, an das Goethe nie geglaubt hat, hat hier nichts zu suchen; sie lässt sich nur in erfüllter Sehnsucht, in der Liebe und im Luftreich der Künste finden, deren einzelne Gattungen dem Gefäß Pandorens, für die Menge unfassbar, entschweben. Die Wiederkehr, die mögliche Versöhnung, bleibt am Horizont des Stücks. Napoleon und seine Politik können von ihm aus nur als empirischer Fall einer Kulturallegorie begriffen werden, die so «generisch» (Goethes Ausdruck für den poetischen Charakter der «Pandora») und statisch ist, dass von ihr nicht einmal Wege in die Geschichtsphilosophie, geschweige zur konkreten Politik führen können.

So wenig Freude Goethe am politischen Meinungsaustausch hatte – für ihn etwas durchaus anderes als unterrichtende Einzelgespräche mit professionellen Insidern wie Prinz Reuß, Gentz oder Reinhard –, und so diskontinuierlich das Verhältnis von Poesie und Politik für ihn blieb, so sehr begann ihn allerdings doch auch die konkrete Gestalt des Kaisers zu interessieren, und zwar längst vor dem Erfurter Treffen. Das bezeugen allerlei kurze Hinweise in den Tagebüchern und Briefen und vor allem auch Notizen des damals engsten Mitarbeiters Riemer, der ein überaus verlässlicher Zeuge ist. Wenn Goethe zu Riemer sprach, dann redete er fast mit sich selber, so eng war das Vertrauensverhältnis damals. Den Gesichtspunkt gibt schon ein Brief an Knebel vom 3. Januar 1807: «Wenn man den Regierungsrath Müller erzählen hört, der von Berlin mit dem Friedens-Document gekommen ist; so begreift man recht gut, wie sie die Welt überwunden haben und überwinden werden. Wenn man in der Welt etwas voraussähe, so hätte man voraussehen müssen, daß die höchste Erscheinung, die in der Geschichte möglich war, auf dem Gipfel dieser so hoch, ja übercultivierten Nation hervortreten mußte. Man verläugnet sich das Ungheure so lang man kann, und verwehrt sich eine richtige Einsicht des Einzelnen, woraus es zusammengesetzt ist. Wenn man aber diesen Kaiser und seine Umgebung mit Naivität beschreiben hört, so sieht man freylich, daß nichts dergleichen war und vielleicht nicht seyn wird.»[71]

Hier geht es um mehr als Politik. Napoleon ist für Goethe zu einer absoluten Größe geworden, die er mit vollkommener moralischer Unbefangenheit beobachtet.[72] Das Tagebuch notiert Anekdoten – beispielsweise am 12. Februar und am 24. Juli 1807 –, einzelne Sätze, zum Beispiel am 5. Juni: «Ein Deutscher, der sich über das Übergewicht des Napoleon dadurch tröstete, daß doch das Genie nicht unsterblich sei.» Verwandt eine Bemerkung zu Riemer am 8. August 1807: «Es sind zwey Formeln, in denen sich die sämmtliche Opposition gegen Napoleon befassen und aussprechen lässt, nämlich: Afterredung (aus Besserwissenwollen) und Hypochondrie.» Gegen Letztere, die Weinerlichkeit mancher Deutschen, wetterte Goethe schon zwei Wochen zuvor in einem Brief an Zelter vom 27. Juli: «Wenn jemand sich über das beklagt, was er und seine Umgebung gelitten, was er verloren hat und zu verlieren fürchtet, das hör' ich mit Theilnahme und spreche gern darüber und tröste gern. Wenn aber die Menschen über ein Ganzes jammern, das verloren seyn soll, das denn doch in Deutschland kein Mensch sein Lebtag gesehen, noch viel weniger sich darum bekümmert hat; so muß ich meine Ungeduld verbergen, um nicht unhöflich zu werden oder als Egoist zu erscheinen.» Einen solchen Moment des kalten Verstummens hat auch der junge patriotische Historiker Luden erlebt. Und wer die Verse aus dem Theatervorspiel im Kopf hat, die Christiane so lebensecht fand, der mag frieren vor dieser Mitteilung Riemers: «Die Franzosen hätten keine Imagination, sonst hätten sie statt der zwanzig Häuser in Jena und Weimar, wenn sie nicht zufällig abgebrannt, sondern von ihnen angezündet sind, die Stadt an allen Ecken angezündet und mit Stumpf und Stiel abgebrannt. Das hätte dann anders in die Welt hineingeklungen.» (16. Mai 1807) Hier können wir den Adlaten einmal gut bestätigen, da das Tagebuch Goethes am 26. Mai, also wenig später, einen verwandten Gedanken festhält: «Erklärung des französischen Plünderungswesen coram Imperatore aus dem Apercu, mit, in und durch seine Umgebung zu erscheinen und sich anzukündigen.» Also eine brennende und leidende Stadt als passender Heroldsruf eines Kaisers! So erscheint auch die französische Armee als «e i n Mensch, der keine Anstrengung, keine Ermattung und nichts scheut. Das Ganze ist ein großer R i e s e, dem vielleicht hie und da ein Finger oder eine Hand verloren geht, oder ein Bein u.s.w. abgeschossen wird, das er wie der Fierrabras ersetzt, aber den Kopf verliert er nie.» (Riemer, 1. 10. 1807) «Napoleon habe die *Tugend* gesucht, und als er die nicht gefunden, die *Macht* bekommen.» (Riemer, 27. 5. 07) Höhnisch zum selben Thema zehn Tage davor: «Da alle Welt über den Egoismus, der jetzt herrscht, klage, so sey Napoleon gekommen den Menschen uneigennützig zu machen.» Wie konstant Goethes Einstellung zum politischen Moralisieren war, zeigt eine zeitlich weit entfernte Äußerung vom 1. Juni 1808, die wiederum Riemer überliefert: «Über Tische von Politicis – daß Napoleon mit Spanien fertig sei, daß Rußland es früher mit Polen ebenso gemacht. Ich meinte, unsere Kritiker würden ihn einen glücklichen Nachahmer schelten.» Über beide Behauptungen Goethes hätte sich streiten lassen: Mit Spanien wurde Napoleon nicht fertig, und Rußland annektierte Polen nicht mit dem Anspruch, dort Freiheit und Aufklärung einzuführen. Aber Goethe hatte sein Urteil gebildet: «Außerordentliche Menschen, wie Napoleon, treten aus der Moralität heraus. Sie wirken zuletzt wie physische Ursachen, wie Feuer und Wasser.» «Ja schon Jeder, der aus der Subordination heraustritt – denn die ist das Moralische – ist insofern unmoralisch.» (Riemer, Februar 1807) Dies fällt nur zwei Monate nach dem Brief an Knebel, der von der höchsten Erscheinung der Geschichte spricht; das Elementarische, Außermoralische tritt nun hinzu.

Im Urlaub in Franzensbad liest Goethe am 31. August 1808 Fichtes «Reden an die deutsche Nation». Aufzeichnungen Riemers zeigen, dass er vor allem auf Fichtes Sprachtheorie, mit der sich die Idee vom deutschen «Urvolk» verbindet, reagiert hat. «Die Menschen werden weit mehr von der Sprache gebildet denn die Sprache von den Menschen.» «Bey dem, der ein fremdes Wort braucht, sieht man nicht recht eigentlich, wie er's meynt. Denn erstlich nimmt er das fremde Wort, das in der Ursprache doch eine unmittelbare Verständlichkeit und Bestimmtheit hat, in seiner subjectiven Undeutlichkeit und erregt bey dem Leser ein Dunkles.»[73] Doch konnte der Leser der Fichteschen «Reden» noch viel mehr darin finden: die Ablehnung fast aller Gesichtspunkte, die die deutsche Diskussion über die neuen, von Napoleon herbeibeführten Zustände bis dahin beherrscht hatten. Der in Berlin unter den Augen der französischen Zensur sprechende Philosoph verwarf sowohl die Idee eines europäischen Gleichgewichts – nur möglich, wenn Deutschland uneinig ist und durch seine Zerfallenheit Europa mit in die Instabilität reißt – als auch die entgegengesetzte von einer wohltätigen Universalmonarchie, denn diese setze auf Seiten der Eroberer enthemmte Raubsucht voraus; die rheinbündische Ergebung, die bestenfalls «häusliche Glückseligkeit» von einem «wohlwollenden» Fremdherrscher erhofft, führt Fichte zufolge zwangsläufig zur Auslöschung aller edleren Bestrebungen in einem Volk, das nur durch Eigenart bestehen kann. Nicht einmal die Fortdauer der eigenen Literatur und Sprache hält Fichte unter dem fremden Joch für gesichert. Diese Passagen mussten Goethe, wenn er bis zu Fichtes zwölfter Rede vorgedrungen ist, eigentlich ins Mark treffen. «Das edelste Vorrecht und das heiligste Amt des Schriftstellers ist dies, seine Nation zu versammeln, und mit ihr über die wichtigsten Angelegenheiten zu beratschlagen», vor allem im zerrissenen Deutschland, wo nach dem Ende der Reichsverfassung nur noch Sprache und Schrift den Zusammenhalt sichern können. Doch werde diese Funktion der Literatur unter den Bedingungen der Fremdherrschaft hinfällig, und wo ein Volk aufgehört hat, sich selbst zu regieren, sei es auch schuldig, seine Sprache aufzugeben – Fichte erinnerte an das Schattendasein des Wendischen unter deutscher Vorherrschaft.[74]

Zurück in Jena erreicht Goethe am 15. September das «Gerücht wegen Ankunft Napoleons». Nun bot sich noch einmal die Chance, des großen Mannes, der seit zwei Jahren den Alltag, aber auch die Gedanken, die Lektüren und Gespräche, den Zukunftshorizont und zu einem guten Teil auch die Tagesarbeit Goethes wie aller seiner deutschen Zeitgenossen bestimmt hatte, aus der Nähe ansichtig zu werden.

Übrigens hat auch sein Freund Wieland nicht aufgehört, sich mit dem Kaiser der Franzosen zu beschäftigen. Und dieser scharfsinnige Beobachter konnte nicht eins mit sich werden, was er von ihm erwarten solle. Würde Napoleon «zum Ruhm, der größte Feldherr aller Jahrhunderte zu seyn, nun auch alle Glorien eines Völkerbeglückenden Friedensfürsten hinzuthun», wie Wieland in einem Brief vom 29. August 1807 vermutete, oder lag die «wahre Ursache, warum kein Friede möglich ist, darin, daß der Einzige, in dessen Händen er liegt, nicht *will*, daß Friede

auf Erden sei»? Das befürchtete Wieland bereits ein Jahr später, am
1. Juli 1808.[75] Seiner Fasziniertheit tat das keinen Abbruch. Im selben
Brief berichtete er dem Freund Böttiger von seiner Lektüre des nun voll-
endet vorliegenden ersten Teils von Goethes «Faust». Eine berühmte
Formulierung Friedrich Schlegels aufgreifend, der den «Wilhelm Meister» zehn Jahre früher als eine der Tendenzen des gegenwärtigen Zeitalters bezeichnet hatte – neben der Französischen Revolution und Fichtes
Wissenschaftslehre –, zeichnete der greise und immer bedachtsam urtei-
lende Zeitbeobachter nun einen neuen Grundriss der Epoche: «Ich gestehe Ihnen, daß mich unbeschreiblich nach dem *zweyten Theil* dieser in
ihrer Art einzigen *Tragödie* verlangt, von welcher man, mit viel größerm
Recht als von *Willhelm Meister*, sagen kann, daß sie die Tendenz ô: nicht
nur des verwichnen Jahrhunderts, sondern aller zwischen Äschylus und
Aristophanes *und uns* verfloßnen Jahrhunderte sey. Könnte man nicht mit
gleichem Recht sagen: Göthe sey in der Poetischen Welt was Napoleon
in der Politischen? Können nicht beide alles was sie wollen, und wollen
sie nicht immer das *Unglaublichste u Beyspielloseste*, und wissen es doch
so zu behandeln und herbey zu führen, dass es zugleich das *Natürlichste*
scheint?»

Geschrieben hat Wieland das in einem Moment, als noch kein
Mensch in Weimar auf die Idee kam, der große Imperator Frankreichs
könne, um es in den klassisch-blumigen Worten von Geheimrat Voigt
auszudrücken, «seinen Siegeswagen hierher lenken».[76]

«Vous êtes un homme!»
Die Begegnungen in Erfurt und Weimar

In den anderthalb Jahrzehnten, während derer Napoleon den europäischen Kontinent umpflügte und umbaute, gab es nur kurze Momente des Friedens. Fast immer herrschte irgendwo Krieg. Nachdem der Kaiser Preußen besiegt und dadurch die Mitte Europas gleichgeschaltet hatte, konnte sich niemand zwischen dem Atlantik und der Weichsel mehr sicher fühlen. Im Frühjahr 1808 setzte Napoleon nach einer hässlichen Palastintrige das spanische Königshaus ab, um die südwestliche Flanke der Kontinentalsperre, der Handelsblockade gegen England, zu schließen, aber auch aus eingeborenem Hass gegen die Dynastie der Bourbonen: Sie hatte er in Frankreich beerbt und in Süditalien entthront, und daher wollte er sie auch auf der iberischen Halbinsel nicht weiter dulden. Der spanische Monarch und sein mit ihm zerfallener Sohn – ihre Gestalten kennen wir aus den grausamen Bildern Goyas – verschwanden daraufhin auf Jahre in französischen Schlössern. Den Fürsten Talleyrand traf die zweifelhafte Ehre, in seinem Besitz Valençay den Gefängniswärter für den Thronerben eines der ältesten Königshäuser Europas spielen zu dürfen.

Ein halbes Jahr nach diesen schockierenden Vorgängen inszenierte der Kaiser jenes Ereignis, in dem überhaupt zum einzigen Mal während seiner stürmischen Ära die vieldiskutierte Möglichkeit einer kontinentaleuropäischen Universalmonarchie außerhalb Frankreichs zur Anschauung kam. Es fand in Erfurt statt, nur vier Fußstunden von Weimar entfernt, und Johann Wolfgang Goethe spielte dabei mehr als nur eine Nebenrolle. Der Fürstenkongress, den Napoleon vom 27. September bis zum 14. Oktober 1808 in die alte thüringische Stadt berief, ist ein höchst ambivalentes Ereignis: Nach außen stellen diese zweieinhalb Wochen den glanzvollen Höhepunkt der napoleonischen Epoche dar; nie strahlte die Macht des Kaisers gleißender. In seinem geheimen Inneren, auf dem Feld der Diplomatie, an den Tischen der bis in die Morgenstun-

87

Erfurt von Norden, um 1810

den arbeitenden Sekretäre und in den Salons, wo sich die Geschäftsträger zwanglos, aber vertraulich zum abendlichen Tee trafen, zeigten sich den Eingeweihten die ersten Risse im unfertigen napoleonischen Gebäude.

Wiederum muss man Wielands politischen Scharfblick bewundern, denn er, der über keinerlei Insiderwissen verfügte, hat doch die geheimnisvolle Doppelnatur des Erfurter Fürstentages sofort erkannt. Noch vor seinem Ende, am 13. Oktober 1808, schrieb er an eine Freundin: «Natürlicher Weise wissen Sie was alle Welt weiß, und wovon alle öffentlichen Tagblätter voll sind, daß die Stadt Erfurt, seit dem Ende des vorigen Monats die Scene einer der außerordentlichsten Begebenheiten unsrer wundervollen Zeit ist – eine Zusammenkunft von 2 Kaisern, 4 Königen, 8 regierenden und nicht regierenden Herzogen und einer unzählbaren Menge deutscher, Französischer und Russischer Matadors und Magnaten, um, wo möglich, aller Fehd' ein Ende zu machen (…). So wenigstens *mußt* es seyn (wie wohl freylich, ausser den beiden Hauptpersonen kein Mensch – selbst die *Könige* nicht ausgenommen – wußte, was eigentlich der Gegenstand und zweck einer so *bruyanten* und *brillianten*, nie erhörten Zusammenkunft war).»[1]

Die beiden Hauptpersonen, das waren Napoleon und der russische Zar Alexander I., die Kaiser des Westens und des Ostens. Im Kern des nach außen so blendend funkelnden Fabergé-Eies Erfurter Fürstentag liegt ein damals nicht erkennbares Drei-Personen-Stück: Napoleon umwirbt Alexander, während die dritte Figur, der hinkende Talleyrand, Fürst von Benevent und Großkämmerer des Kaisers, insgeheim alles daran setzt, damit das westöstliche Liebesbündnis nicht zustande kommt. Trotzdem war die aufwendige Statisterie, die vier deutschen Könige aus Sachsen, Bayern, Württemberg und Westphalen, der Fürstprimas Dalberg, der Großherzog von Hessen, die Herzöge von Gotha und Weimar, der preußische Prinz Wilhelm, Baron Vincent, der Abgesandte des österreichischen Kaisers, keineswegs überflüssig; ebenso wenig wie das Dutzend napoleonische Marschälle mit ihren nagelneuen Herzogstiteln oder die 57 000 mitgebrachten, eigens nach Größe und Schönheit ausgewählten Soldaten. Und ganz und gar unentbehrlich waren selbstredend die dreißig Theaterstars des *Théâtre français* – an ihrer Spitze der weltberühmte Talma, der «Napoleon» der Bühne, des Kaisers Lieblingsschauspieler –, die Abend für Abend in teuersten, auf langen Wagenkolonnen aus Paris herbeigeschafften Dekors zu spielen hatten.

Aus Paris kamen auch die Teppiche, Kandelaber, das Silber und das Porzellan, die Spiegel und Nippes, die den Kaiser der Franzosen umgaben, während man die polierten Möbel in aller Eile bei Kunstschreinern in Gotha bestellt hatte. Über Erfurt, eine Stadt von 16 000 Einwohnern – gut doppel soviel wie in Weimar –, ergoss sich der Glanz einer Weltkapitale. «Selbst in Paris glaube ich», so schrieb Caroline Sartorius, die Frau des mit Goethe befreundeten Göttinger Historikers Georg Sartorius, unmittelbar nach dem Besuch in Erfurt und bei Goethe in Weimar ihrem Bruder, «selbst in Paris kann es nur mit Stadttheilen verglichen werden, die dem Hofe nahe liegen, und auf jeden Fall muß der Glanz sich dort weit mehr vertheilen als hier wo so viel Pracht und Herrlichkeit in den wenigen guten Straßen einer mittelmäßigen Landstadt conzentrirte. Halte es nicht für Übertreibung, der Anblick der glänzenden Equipagen und Pferde, der Ordensbänder und Sterne, die Pracht der verschiedenartigsten Uniformen und Livreen ist wahrhaft Augen verblendend.»[2] Wie Meereswogen ströme, so Frau Sartorius, die Masse vor dem Gouverne-

Napoleon vor der Silhoutte Erfurts, 1806

menthause, wo Napoleon wohnte, ewig ab und zu, aber auch die Bürgerhäuser, in die man den Zaren und die anderen Monarchen einquartiert
hatte, waren unablässig von Neugierigen umlagert.

Der sinnverwirrende Aufwand war wohlkalkuliert. «Meine Reise muss
sehr schön werden», habe Napoleon, so berichtet es Talleyrand in seinen
Memoiren, noch in Paris verkündet. «Ich will Deutschland durch Pracht
und Glanz *(magnificence)* in Erstaunen setzen.» Der eigentliche Adressat
aber war der Zar: «Der Kaiser Alexander muss zuerst von meiner Macht
ganz geblendet werden; die Verhandlungen gehen dann umso leichter.»[3]
Der noch jugendliche, erst 31 Jahre alte, gutaussehende und gefühlvolle
russische Monarch sollte durch eine Verbindung von Schmeichelei und
Einschüchterung überwältigt werden. Und auch den Deutschen wurde
dabei noch einmal energisch vor Augen gerückt, wo die Macht lag. Das
Resultat dieses inszenatorischen Willens war ein Personenkult, der die
Maßstäbe der früheren höfischen Kultur weit überbot. «Drei Menschen
sind auf der Erde wohl am höchsten gefeiert worden», schrieb Talley-

rand, «Augustus, Ludwig XIV. und Napoleon. Meine Stellung als Groß-
kammerherr und (damals noch) als Vertrauter des Kaisers, ließ mich alles
in nächster Nähe betrachten. Die Huldigungen, die man ihm darbrachte,
sowohl die aufrichtigen, als auch die gezwungenen und die erheuchel-
ten, gingen – ich finde kein anderes Wort dafür – ins Ungeheuerliche.
Schmeichelei, die an Vergötterung und niedere Gesinnung, die an Ekel
grenzte, schienen sich gegenseitig überbieten zu wollen.»[4]

Es ist bedeutsam, dass diese Worte von einem französischen Aristokraten kommen und nicht etwa von einem deutschen Patrioten. Denn
selbst wenn die Zuverlässigkeit von Talleyrands erst in der Restauration
entstandenen Erinnerungen im Einzelnen oft fraglich ist, so kann an seiner Beschreibung der exzesshaften Feier Napoleons in Erfurt nicht ge-
zweifelt werden. Zu dicht sind die Zeugnisse aller anderen Zeitgenossen.
Auch wurde der Kult des Kaisers planmäßig in der Öffentlichkeit verbreitet. Dass die rege Zeitungsberichterstattung aus Erfurt von der Zensur überwacht wurde, versteht sich von selbst. Darüber hinaus erschien
unmittelbar nach dem Fürstenkongress ein ausführlicher tagebuchar-
tiger Bericht in zwei kleinen Bänden unter dem Titel «Erfurt in seinem
höchsten Glanze während der Monate September und Oktober 1808»,
der die schimmernde Außenseite dieser Tage umfassend ausbreitete. Der
Verfasser, ein Schriftsteller namens Theodor Ferdinand Kajetan Arnold
(1774 bis 1812), ein begabter Hungerleider, der sonst vor allem durch
Schauerromane auffiel, war nicht nur bei allen öffentlichen Ereignissen
dabei, er muss auch Zutritt zu den begehrten abendlichen Theateraufführungen, ja sogar hinter die Bühne des *Théâtre français* gehabt haben,
denn dem Theater ist ein großer Teil seiner Darstellung gewidmet; man
darf also mit einer öffentlichen Beauftragung rechnen, mit der nicht zuletzt der beschränkte Platz für Zuschauer im Erfurter Theatersaal ausgeglichen werden konnte. Arnolds Stil, der Erfurt im höchsten Glanz
vorführt, zeigt Deutschland einmal mehr in bemerkenswert tiefer Erniedrigung, man darf ihn, Talleyrand, aufgreifend, als verbale Kriecherei
bezeichnen.

Als Napoleon in Erfurt eintraf und von den stundenlang wartenden
Massen am Stadttor bejubelt wurde, da hätten, so heißt es, «die nahen
Berge und Hügel, der seitwärts gelegene Wald ihr Echo in die lauten
lebendigen Stimmen» gemischt, «als gäbe es nur einen Ton in der Natur, übertönte dieser Freudenruf selbst das Getön der Glocken und den

Donner der Kanonen.» Und von der äußeren Erscheinung des Kaiser wusste Arnold zu melden: «Selten spricht ein Gesicht mehr Majestät, Würde, Erhabenheit, wahre Seelengröße und tiefdenkende Weisheit so rein aus, als das in allen Zügen Ehrfurcht gebietende, dieses größten Monarchen seiner Zeit; vielleicht aller Zeiten. Dabei ist über alles eine solche Ruhe, eine solche wahrhaft große Unbefangenheit verbreitet, die die Majestät der andern Züge noch weit mehr erhebt. Feierlicher Ernst und unbeschreibliche Hoheit thront auf seiner Stirne. Seine Augen, mit etwas zusammengezogenen Augenbrauen, blicken auf den Grund der Seelen. – Es ist schwer, auch für den Unbefangensten, den Blick *Dieses* Mannes zu ertragen – und sein Anblick erschüttert.»[5] Die Erfurter Bürger brachten Spruchbänder und Inschriften an ihren Häusern an, die Arnold eifrig notierte: «Gäbs jetzt noch einen Götter-Sohn/So wärs gewiß Napoleon», «Handel und Wandel macht blühend das Land;/Mehr noch Napoleons Herz und Verstand.» Nicht ohne Ironie wurde allerdings auch auf die Lasten der französischen Okkupation hingewiesen: *À Napoléon faute d'argent/Nous faison de nos cœurs present* (Da uns das Geld fehlt, schenken wir Napoleon unsere Herzen) oder in diesem Vers, der ein Einzelschicksal zeigt: «O, hätt' ich nur das große Glück/Zu sehn den Held Napoleon!/So trüg ich gerne mein Geschick/Der Blindheit und der Pension.»

Die Erfurter hatten allen Grund demütig zu sein und zu klagen, denn es ging ihnen nicht gut in diesen Jahren. Die Bühne dieser schönen Stadt versammelt so viel von der deutschen Geschichte jener Jahre, dass ein genauerer Blick sich lohnt, schon um den hemmungslosen Kaiserkult richtig einordnen zu können. Erfurt hatte seit 1664 zum Kurfürstentum Mainz gehört, dessen Erzbischöfe die Stadt und ihre Provinz durch Statthalter regierten. Für sie war im frühen 18. Jahrhundert eine Reihe alter Bürgerhäuser zu einem Barockpalast mit schwerblütig-symmetrischer Fassade zusammengeschweißt worden, der sogenannten Statthalterei. In der letzten Phase der Mainzer Herrschaft hatte sich hier seit 1772 unter dem Koadjutor Carl Theodor von Dalberg (1744 bis 1817), einem aufgeklärten, kunstsinnigen Kirchenfürsten, der später Kurfürst von Mainz wurde und im Rheinbund als Fürstprimas zum obersten Würdenträger der katholischen Kirche aufstieg, ein glanzvolles geselliges und intellektuelles Leben entwickelt. Woche für Woche trafen sich alle gebildeten Stände, nicht selten auch berühmte Reisende, im offenen Haus Dalbergs, darunter Wieland, Herder, Schiller und Goethe, die vom nahegelegenen Weimar herüberkamen und praktischerweise in dem sogenannten «Geleitshaus» des Weimarer Herzogs (der für die Sicherheit der Straße nach Erfurt, das «Geleit», zu sorgen hatte) übernachteten; es war unmittelbar neben dem Statthalterpalais gelegen und gehörte auch 1808 noch dem Herzog von Weimar. Mit Dalberg tafelte und debattierte man die Nächte durch; in seinem Palast wurden Ehen gestiftet, beispielsweise die Wilhelm von Humboldts mit der Erfurter Patriziertochter Karoline von Dacheröden.

Mit der milden Großzügigkeit der geistlichen Herrschaft ging es wie überall in Deutschland auch in Erfurt nach dem Frieden von Lunéville 1801 zu Ende. Durch ihn war das linksrheinische Deutschland an Frankreich gefallen, und die dortigen Gebietsverluste der weltlichen deutschen Fürsten wurden durch die Säkularisierung der geistlichen Fürstentümer im übrigen Reich ausgeglichen. Mit diesem ungeheuren Länderschacher – niedergelegt im Reichsdeputationshauptschluss von 1803 – begann das Ende des Alten Reichs. Erfurt kam schon 1802 an Preußen, als Entschädigung für seine Länder jenseits des Rheins. Die Preußen hatten nun vier Jahre Gelegenheit, sich durch rasch durchgesetzte Rechtsreformen und ein arrogantes Militärregime unbeliebt zu machen. 1806 übernahmen nach der Schlacht von Jena und Auerstedt die Franzosen das Erfurter Land. Im August 1807 wurde es zur «Domaine reservée à l'Empereur» erklärt, es wurde somit einem über den gesamten napoleonischen Machtbereich verteilten Streubesitz zugeschlagen, der dem Kaiser direkt unterstand, durch Intendanten aus Paris regiert wurde und dessen Einkünfte dem Kaiser persönlich zuflossen.

Erfurt war vor allem strategisch interessant, denn es besaß eine mächtige Festung, von der aus man die thüringischen Herzogtümer überwachen und Preußen bedrohen konnte. Dass das Herzogtum Weimar seit Anfang 1807 hoffte, im Zuge der rheinbündischen Gebietsbereinigungen auch Erfurt erwerben zu können, war eine ziemlich lächerliche Illusion; sie erfüllte sich auch nach dem Ende der Franzosenzeit nicht, denn selbstverständlich nahmen die Preußen 1814 die Stadt wieder in ihren Besitz. Für Napoleon gehörte sie zusammen mit den seit 1806/7 okkupierten Oder-Plätzen Stettin, Küstrin und Glogau zu einem Festungsgürtel, mit dem Deutschland, nicht zuletzt das besiegte Preußen, im Griff behalten werden sollte und von dem wirksame Drohungen auch Richtung Österreich ausstrahlten. Dass Erfurt dem Kaiser persönlich gehörte, war der diplomatische Grund, warum es zum Ort der Zusammenkunft mit dem russischen Zaren ausgewählt worden war: Hier konnte Napoleon ihn gastfreundlich empfangen, ohne ihn nach Paris kommen lassen zu müssen; und Erfurt lag ganz nahe bei Weimar, mit dessen Herzog der Zar als Bruder der Erbprinzessin verwandt war. Man konnte sich also der Fiktion eines nachbarschaftlichen Besuches bedienen und den Vorgang durch einen Gegenbesuch der beiden Kaiser in Weimar im Verlauf des Kongresses halbwegs ausbalancieren.

Für die Erfurter bedeutete die kaiserliche Herrschaft, dass nicht nur enorme Steuermittel nach Paris abflossen – zwischen 1809 und 1813 hat man die Summe von 410 357 Reichstalern gezählt –, sondern vor allem schwere militärische Lasten zu tragen waren. Durchmärsche, Einquartierungen, Verpflegung, Futterlieferungen, Lazarettdienste drückten so schwer auf der städtischen Gesellschaft, dass sich die Gesamtverschuldung der Erfurter Bürger in der napoleonischen Zeit von 4,15 Millionen Reichstaler auf 7,36 Millionen fast verdoppelte. Elf Millionen Übernachtungen samt Verpflegung hatte Erfurt in der Franzosenzeit zu bewältigen, die aus der Stadtkasse finanziert wurden, ebenso wie die Errichtung der Pflegestätten für Verwundete, die Spann-, Post- und Wegedienste für die Truppen oder deren Ausstattung mit Stiefeln und Mänteln. All das wirkte, begünstigt durch die neu eingeführte Gewerbefreiheit, kurzfristig auch wie ein Konjunkturprogramm für Handwerker und kleine Hausbesitzer und war insofern eine Umverteilung von oben nach unten; langfristig hemmte die gigantische Verschuldung wie überall in Deutschland die wirtschaftliche Entwicklung auf Jahrzehnte. Bis 1878 zahlten die Erfurter an den Schulden, die ihnen die napoleonischen Jahre hinterlassen hatten.

Selbstverständlich musste auch ein großer Teil des Prunks auf dem Erfurter Fürstentag von der Stadt selbst bezahlt werden, beispielsweise die großen Triumphbögen, die man zur Ankunft des Kaisers errichtet hatte. Dieser freilich ließ sie noch vor seiner Ankunft in einer Geste cäsarischer Zurückhaltung wieder abbrechen, um nicht Anstoß beim Zaren zu erregen. Selbst der servile Arnold, der sonst nur von Glanz, Paraden und Theater erzählte, kam in seinem Kongressbericht nicht umhin, die Bittschrift zu zitieren, mit der sich eine Deputation Erfurter Bürger am 29. September dem Kaiser flehentlich nahte. Die dort aufgezählten Missstände betra-

Regierungsgebäude in Erfurt (Mainzer Statthalterei)

fen nicht nur die schweren Kontributionslasten im Allgemeinen, sondern manifestes Unrecht wie den Umstand, dass die Zinsen der Staatspapiere seit 18 Monaten nicht ausbezahlt wurden und dass die Pensionen acht Monate im Rückstand waren. «Die Erschöpfung der Unterthanen steigt aufs Höchste», so schloss die Petition. «Unser kleines Ländchen muß auf mehrere Generationen vernichtet seyn, da es nicht mehr als 320 000 Franken Einkünfte hat, und da man es nöthigte, in der Zeit von 22 Monaten die unglaubliche Summe von fünf und einer halben Million Franken zu zahlen.»[6] Der Kaiser versprach, den Übelständen bei der Pensionsauszahlung abzuhelfen – eingehalten wurde das aber nicht –, und im Übrigen sollte die Verpflegung der Soldaten künftig aus den Militärmagazinen geleistet werden. Doch die Klagen blieben, und die französische Militärverwaltung sah sich in den kommenden Jahren veranlasst, eine Geheimpolizei mit ausgedehntem Spitzelapparat einzurichten. Als 1810 eine weitere Bürgerpetition in Paris überreicht wurde, geschah wieder nichts, außer dass man die beiden Petitionsüberbringer nach ihrer Heimkehr verhaftete und ein offizielles Verbot des «Murrens» erließ.

Beim Fürstentag hatten die Erfurter allerdings nicht nur viel zu schauen und zu staunen, sondern auch ordentlich zu verdienen. Napoleon hatte sich in der Statthalterei eingerichtet, der Weimarer Herzog logierte wie gewohnt in seinem Geleitshaus, aber die übrigen insgesamt 54 Monarchen und Staatsmänner, die man auf dem Kongress zählte – neben den Kaisern und Königen 18 regierende Fürsten und Fürstinnen, sechs Erbprinzen sowie 24 weitere Prinzen und Minister –, wohnten in Bürgerhäusern, der Zar beispielsweise am Anger unweit des Rathauses beim Kaufmann Triebel. Friedrich von Müller, der weimarische Geschäftsträger, war froh, sich ein kleines Arbeits- und Schlafstübchen unterm Dach mit dem ehemaligen preußischen Gerichtspräsidenten von der Recke teilen zu dürfen, obwohl in dessen Haus schon der französische Innenminister Maret untergebracht war.

Für die deutschen Rheinbundfürsten war der kostspielige Aufenthalt in Erfurt *de rigueur*. Wer zunächst bei den Einladungen vergessen worden war, wie der König von Bayern, geriet in Panik und flehte auf allen diplomatischen Kanälen um Zulassung: Zu bedrohlich erschien der öffentliche Gunstverlust im Falle einer Abwesenheit. Immerhin konnte Bayern in Erfurt den Erwerb von Regensburg und Bayreuth besiegeln. Aber auch alle anderen hatten etwas zu wollen und zu betreiben. Voller Verachtung hat der französische Historiker Albert Vandal 1891, auf einem Höhepunkt der deutsch-französischen Erbfeindschaft, in einer der ausführlichsten diplomatischen Darstellungen des Erfurter Kongresses, die je geschrieben wurden, das prätentiöse Gewimmel der *principicules allemands*, der deutschen Kleinfürsten mit ihren hundert Anliegen geschildert und dabei vom deutschen *culte de force* gesprochen.[7] Und so kamen sie alle mit ihren Ministern, Hofmarschällen, Kutschen und Lakaien – und machten eine höchst lächerliche Figur. Caroline Sartorius, die Göttinger Bürgerin, übermittelte ihrem Bruder plastische Eindrücke aus dem «Parterre von Königen», vor dem die *Théâtre français* spielte: «Zuerst der Mama ihr Landesherr [gemeint war der König von Sachsen]. Sieht gar schlecht aus. Trägt eine steife weiße Uniform. Eine aufgewichste Frisur mit langem Zopf, läßt sich die Rockschöße nachtragen, nimmt sich aberwitzig aus, wie ein Kreutzphilister. Nun der Würtemberger. Die Uniform muß auf dem schmalen Stuhl hin, und her balanziren um das Gleichgewicht zu behaupten. Sieh: das scandaleuse Publicum erhebt ob des Schmehrbauchs ein lautes verhöhnendes Gelächter. Der Baiernkönig tritt auf mit einer jovialen äch deutschen Phisionomie, und einem Preußischen Anstande.»[8] Selten war die Schmeichelei wenigstens originell, wie beim Herzog von Gotha, den Napoleon bei Tisch anredete, weil er nichts zu sich nahm: «Leben Sie vielleicht von der Luft?», worauf der deutsche Fürst mit einer Verbeugung zum Kaiser erwiderte: «Nein, sondern von den Strahlen der Sonne.»[9]

Talleyrand hat solche Beobachtungen in seinen Memoiren dann mit Kälte auf ihren machtpolitischen Nennwert gebracht, und wiederum sollte man sich vor Augen halten, dass es nicht der fürsten- und franzosenfeindliche deutsche Patriotismus ist, der hier spricht: «Bei mächtigen Monarchen gibt ihr glänzender Hof ein wahres und richtiges Bild ihrer eigenen Größe, aber bei den kleinen Fürsten dient der Hof nur, um ihre eigene Unbedeutenheit zu verbergen. Da bläht sich alles auf und macht sich wichtig und breit; Etikette, Rangordnung und äußerer Schein sind dort alles, und da ist auch die Schmeichelei an ihrem Platz und umso vollkommener, je kleiner der Herrscher ist. Tritt dann auf einmal in seinen Staat und in sein kleines Schloss ein Gewaltiger, ein Sieger hinein, so wird er dem gegenüber das, was bis dahin seine Untertanen ihm gegenüber waren: ein demütiger Höfling. An den großen Höfen bückt man sich, an kleinen wirft man sich auf den Boden, und der Fürst mit, wenn er machtlos geworden ist. Ich habe damals in Erfurt nicht einen Mann gesehen, nicht einen! der es gewagt hätte, furchtlos und frei die Hand auf die Mähne des Löwen zu legen.»[10]

Napoleon nahm in Erfurt nicht nur Ergebenheitsbekundungen entgegen, er verschmähte es auch nicht, ostentativ Demütigungen zu verteilen. Dass er die von ihm geschaffenen deutschen Könige zusammen mit der Herzogin von Weimar mehr als eine Stunde in seinem Vorzimmer warten ließ, davon berichtete diese ihrem Bruder mit allen Zeichen der Empörung bereits am Tag danach, dem 10. Oktober – wie gewohnt in französischer Sprache: *Vous n'avez pas d'idée de la manière leste avec laquelle Napoléon traite les quatre rois, qui sont à Erfurth*. Dabei mochte der Kaiser Herzogin Luise auf seine Weise, und er ermunterte sie zum Weingenuss: *Mais buvez donc, je voudrais vous entendre déraisonner.*[11] Als Akt gezielter Demütigung verstand es der ehemals preußische, nun in Carl Augusts Diensten stehende Offizier Freiherr von Müffling, dass Napoleon bei einer der Paraden, zu der er den Zaren Alexander und dessen Bruder Großfürst Konstantin einlud, einzelne Soldaten hervortreten und von ihren Großtaten gegen die Russen im Feldzug von 1807 berichten ließ: «Der eine hatte mit eigner Hand *so viel* Russen getödtet, *so viel* Gefan-

Zar Alexander I. und Napoleon in Erfurt, 1808

gene gemacht, der andre hatte eine Fahne, der dritte hatte Kanonen erobert ...». «Daß die Russen und Deutschen», so beschließt Müffling in
seinen Lebenserinnerungen die unritterliche Szene, «Napoleons Benehm-
men roh und empörend fanden, bedarf wohl kaum der Erwähnung; allein
zur Ehre der Franzosen muß ich bemerken, daß in vielen Gesichtern der
Umgebung Napoleons Mißbilligung zu lesen war.»[12]

Napoleons Behandlung des Zaren lässt sich als umfassende, sinnverwirrende Erschöpfungsstrategie verstehen. Er erwies ihm höchste
Ehren, und er ließ ein gewaltiges Bild seiner Macht vor den Augen des
russischen Monarchen erstehen. Inmitten des inszenatorischen Flitters
bewegten sich die Kaiser in ostentativ einfachen Militäruniformen, ohne
Zöpfe und aufgewichste Frisuren wie die komischen deutschen Fürsten,
angetan bloß mit den Orden des jeweils anderen. Napoleon holte Alexander zwischen Weimar und Erfurt ab, man stieg vom Pferd und aus
der Kutsche, umarmte sich, tauschte Familiennachrichten aus und ritt
die letzte Strecke nebeneinander. Tag für Tag gab es nach dem Lever
und dem Gabelfrühstück, zu dem Napoleon Marschälle, Minister, deut-

sche Fürsten und Prominente empfing, gemeinsame Ausritte und Paraden, bevor man im Statthalterpalast beim französischen Kaiser im engen Kreis der deutschen Könige ein spätes Mittagessen nahm. Danach ging es schon ins Theater, das seinen Ort in einem Ballsaal gefunden hatte. Allerwegen reichten die Kaiser sich die Hände, umarmten einander und zeigten herzinnigen Einklang. Jung und schön wirkten beide; Napoloen zählte 39, Alexander 31 Jahre: Die Zukunft der Welt schien auf diesen Schultern zu liegen. Gearbeitet, das heißt, diskutiert und verhandelt wurde erst in der Nacht. Und hier spielte sich jenes hochgeheime Dreipersonendrama zwischen Napoleon, Alexander und Talleyrand ab, das zeigte, wie schwierig die Lage für den Kaiser der Franzosen hinter den Kulissen dieses gewaltigen Welttheaters mittlerweile geworden war.

Schuld daran war der rechtswidrige Handstreich in Spanien vom Frühjahr 1808, vielleicht der entscheidende politische Fehler von Napoleons Laufbahn. Die tückische Absetzung des bourbonischen Königshauses machte ihn endgültig unglaubwürdig; von nun an musste jeder Monarch in Europa um seine Existenz fürchten. Die Diagnose von Gentz, dass mit diesem Mann kein Friede möglich sei, schien sich zu bewahrheiten. Das zeigte sich schon bei der Abreise des Zaren von Sankt Petersburg: Mit ausdrücklichem Hinweis auf die spanischen Ereignisse beschwor ihn seine Mutter, nicht nach Erfurt zu fahren – er könnte dort gefangen genommen werden. Außerdem erwies sich Spanien im Lauf des Sommer als ernstes militärisches Problem. Der erste Volkskrieg flammte gegen den Eindringling auf, und zur Überraschung der Franzosen hatten die Spanier gar keine Lust auf die politischen und kulturellen Fortschritte, die ihnen von den Eroberern versprochen wurden. Die französische Armee erlitt auch gegen die herbeigeeilten Engländer Niederlagen, die überall in Europa, vor allem in Preußen und Österreich, aufmerksam registriert wurden. Dort fasste man – anders als Goethe – die Möglichkeit ins Auge, dass der Usurpator doch nicht unbesiegbar sei. Österreich begann insgeheim heftig zu rüsten, und ein von der französischen Geheimpolizei abgefangener Brief des preußischen Ministers Freiherr vom Stein enthüllte Aufstandsabsichten. So erhob sich vor Napoleons Auge mit einem Mal das Gespenst des Zweifrontenkrieges auf denkbar weit entfernten Schauplätzen: Pyrenäen und Osteuropa.

Das war die eigentliche Ursache für sein Treffen mit Zar Alexander. Dieser sollte ihn vor Österreich schützen und eine drohende Haltung annehmen, wenn dieses einen neuen Krieg gegen Frankreich wagen würde. Dafür wurde Russland allerdings nicht viel angeboten: Finnland und Teile der europäischen Türkei hatte Napoleon dem Zaren schon im Frieden von Tilsit im Sommer 1807 zugebilligt, während Russland den Eintritt des als Großherzogtum Warschau wiedererstandenen Polen in den Rheinbund hatte dulden müssen. Preußen war halbiert und mit einer erpresserischen französischen Kontribution belegt worden – etwa 100 Millionen Franken, aber in diesem Fall perfiderweise ohne genaue Obergrenze, sodass die mit den Schulden begründete französische Okkupation auch keinen Termin kannte. Und Preußen war als Staat überhaupt nur dem Zaren zuliebe erhalten geblieben, während französische Truppen tief in Polen verblieben. Der napoleonische Machtblock war erdrückend, aber gerade deshalb hatte der Zar nicht das geringste Interesse daran, Österreich weiter zu schwächen, obwohl Russland und die Habsburger auf dem Balkan konkurrierten. Denn wenn Napoleon erst Spanien niedergeworfen und Österreich erneut besiegt hätte, dann wäre Russland auf dem Kontinent gegenüber Frankreich allein übrig geblieben.

In dieser Lage versuchte Napoleon im Sommer 1808 Österreich einzuschüchtern – im August kam es zu Drohszenen mit dem Gesandten Graf Metternich, die dieser plastisch, aber unbeeindruckt nach Wien berichtete – und im Herbst in Erfurt den Zaren zu gewinnen. Und da der Moment diplomatisch so heikel war, hatte Napoleon sich dazu entschlossen, noch einmal auf seinen ehemaligen Außenminister Talleyrand zurückzugreifen. Dieser war erst im Jahr zuvor zurückgetreten, weil er, mit der feinsten Nase für die Wechselfälle der Macht begabt, die Gefahren erkannt hatte, in die Napoleon durch seine Maßlosigkeit geriet. Talleyrand aber, der den Zaren von den Verhandlungen in Tilsit kannte, näherte sich ihm insgeheim und bestärkte ihn, Napoleon nicht nachzugeben und keine Zusicherungen gegen Österreich zu geben. So wurde Erfurt zum Schauplatz des vielleicht kühnsten und folgenreichsten Verrats der Diplomatiegeschichte. Dass er überhaupt gelang, liegt vermutlich daran, dass Talleyrand mit fast verwegener Offenheit vorging. Spät abends, wenn die Theateraufführungen und die anschließenden Gespräche der beiden Kaiser endlich vorbei waren und nur noch die Kanzleibeamten an ihren Protokollen saßen, begab sich Talleyrand noch in den Salon der Fürstin von Thurn und Taxis, einer Schwester der Königin Luise

Talleyrand, nach François Gérard

von Preußen. Und dort stieß er auf den Zaren, der wie jeder andere Gast ganz unbefangen eine Tasse Tee zu sich nahm. Daraus wurden regelmäßige Treffen, die gewiss jeder Geheimpolizist hätte notieren können, deren Brisanz aber offenbar keiner der durch Erfurt geisternden Spitzel erkannte und dem französischen Kaiser meldete.

Napoleons Großkämmerer ließ mit der ihm eigenen undurchdringlichen Miene ungeheure Wahrheiten vernehmen: «Das französische Volk ist zivilisiert, sein Herrscher ist es nicht; der Herrscher Russlands ist zivilisiert, und sein Volk ist es nicht. Daher sollte der Herrscher Russlands zum Verbündeten des französischen Volkes werden.» Oder: «Der Rhein, die Alpen, die Pyrenäen, sind Eroberungen Frankreichs; der Rest ist eine Eroberung des Kaisers; Frankreich bedarf ihrer nicht.»[13] Das war nur die Rückseite einer anderen Wahrheit, die Talleyrand Napoleon selber vorgehalten hatte, als dieser ihn wegen seines laxen Vertragsentwurfs vor Erfurt als «ewigen Österreicher» getadelt hatte: «Nur ein klein wenig, Sire; richtiger wäre es wohl, zu sagen, dass ich niemals ein Russe werde, sondern immer Franzose bleibe.»[14] Alexander war beeindruckt und ließ sich Talleyrands Ratschläge auf kleine Spickzettel schreiben, die er anschließend auswendig lernte. Napoleon aber musste eine unerwartete Hartnäckigkeit beim Zaren feststellen, über die er sich ausgerechnet bei Talleyrand ausweinte: «Der Zar ist eigensinnig wie ein Maulesel: Er stellt sich taub und will nicht verstehen.» Es kam zu dem, was die Diplomatensprache «lebhafte Auftritte» nennt. Napoleon verlor die Beherrschung, warf seinen Hut zu Boden und trampelte auf ihm herum. Alexander darauf, nicht ohne Witz: «Sie sind gewalttätig, ich bin bockig: Mit Wutanfällen erreicht man bei mir also nichts. Reden wir, diskutieren wir, oder ich gehe.»[15]

Viele dieser Details kennen wir erst seit 1891, als Talleyrands Memoiren veröffentlicht wurden. Nun hatte dieser nach Napoleons Sturz jedes Interesse daran, sich vom Kaiser abzusetzen und seine Rolle als besonnener Vertreter einer überparteilichen und überzeitlichen französischen Interessenpolitik herauszustreichen. Aber dass seine Erinnerungen im Wesentlichen die Wahrheit sagen, das bestätigt ausgerechnet eine Weimarer Quelle. Lange vor dem Erscheinen von Talleyrands Memoiren berichtete der Geschäftsträger Friedrich von Müller, Goethes Freund, in seinen Erinnerungen aus Erfurt: «Eines Tages sprach man sich französischerseits ganz offen gegen mich über die Besorgnisse aus, die der nie rastende Unternehmungsgeist Napoleons und besonders seine ausschweifenden Pläne auf Spanien und Portugal erregen müßten, und wie wünschenswert es für Frankreich sei, daß Kaiser Alexander sich nicht allzu nachgiebig und bereitwillig zeigen möchte.»[16] Das muss von Talleyrand gekommen sein, den Müller von den Verhandlungen des Winters 1806/07 her gut kannte und den er auch mit der berüchtigten 80 000-Franken-Dose, über die Wolzogen und Carl August so empört waren, für sich eingenommen hatte. Nun aber wurde Müller zum Träger eines erstrangigen europäischen Staatsgeheimnisses, das ihm als dem Vertreter eines mit dem Zaren verwandten Hofes gewiss nicht ohne Grund übermittelt worden war. Da dieses Geheimnis, wie Müller berichtet, über Carl August und den Herzog von Oldenburg seinen Weg tatsächlich zu Kaiser Alexander fand, ist es wahrscheinlich, dass dessen

Friedrich von Müller

Zusammentreffen mit Talleyrand bei Fürstin Therese Thurn und Taxis keineswegs zufällig war. Der von Mitwelt und Nachwelt so oft als Französling und rheinbündischer Erfüllungspolitiker gescholtene kleine weimarische Kanzler Müller – «Mr. le Baron de Müllär» nannte ihn Caroline Sartorius[17] – aber war zum hilfreichen Boten in dieser enormen Intrige geworden. In Erfurt habe er, so erklärte Talleyrand später, Europa vor Napoleon gerettet. Und ausgerechnet Weimar, dessen große Dichter damals erst so recht in den napoleonischen Glanz gerieten, war bei dieser Rettungsaktion insgeheim beteiligt. Talleyrand hat bei Weimarer Beobachtern einen eigentümlichen Eindruck hinterlassen. «Groß und dick, mit einem Pferdefuß und einem Hühnerbein» – er war seit Kindheit gehbehindert – «à la Herisson frisiert, im Haarbeutel, mit einem breiten, langeschossigten, gestickten Couleur-de-rose-Rock umbummelt», so lässt ihn Karl von Stein, Charlottes Sohn, in jenen Tagen durch einen Brief humpeln: «Der lebendige Teufel? Nein, der Prinz von Benevent»![18]

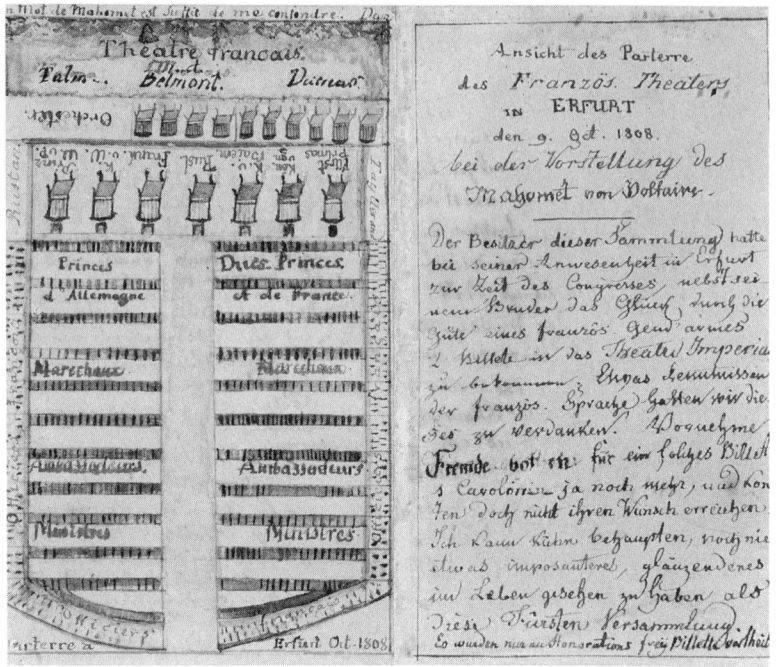

Die Sitzordnung im Theater

Trotz der Bockigkeit des Zaren gab sich Napoleon – im Streit mit seiner eingeborenen Ungeduld – die allergrößte Mühe, eine freundschaftliche Atmosphäre aufrechtzuerhalten. Wenn Alexander bei ihm war und ein kostbares Necessaire lobte, dann wurde sogleich ein Duplikat aus Paris herangeschafft. Der Zarin sandte Napoleon teures Porzellan aus Sèvres nach Sankt Petersburg. Und Alexander spielte mit. Am 3. Oktober wurde der «Oedipe» von Voltaire gespielt. Als in der ersten Szene der Vers gesprochen wurde: «Die Freundschaft eines großen Mannes ist ein Geschenk der Götter»,[19] erhob sich der Zar von seinem Stuhl und drückte dem neben ihm sitzenden Napoleon die Hand. Da die beiden Kaiser ganz vorne auf einem erhöhten Podest im Orchester saßen – eine Maßregel, die Napoleon dem etwas schwerhörigen Zaren zuliebe getroffen hatte –, vollzog sich die Szene vor den Augen des ganzen Hauses. Obwohl sonst Beifallklatschen oder Bravos bei diesen symbolisch schwer befrachteten

Theaterabenden streng untersagt waren, brauste nun spontaner Applaus auf. Doch das war schon einer der erheblicheren Erfolge Napoleons auf dem Fürstentag.

An ihn erinnert die Geschichte sich ohnehin weniger wegen eines greifbaren diplomatischen Ergebnisses, sondern vor allem als Abfolge glanzvoller Theaterabende. Der militärische Prunk, die Paraden, Wachen, Trommelwirbel, Lichter und Inschriften waren fürs Volk. Napoleons eigentliches und wichtigstes außerdiplomatisches Kommunikationsmittel in Erfurt aber waren die Aufführungen des *Théâtre français*. Mit ihnen erreichte er nicht nur jenes «Parterre von Königen», das er noch in Paris seinem Starschauspieler Talma versprochen hatte, sondern vor allem die breite gebildete Öffentlichkeit in Deutschland. Denn die Zahl der Plätze im eilends neu hergerichteten Erfurter Theatersaal an der Futterstraße – schon unter Dalberg waren hier Schiller und Goethe gespielt worden – war zwar beschränkt, doch achteten Hofmarschall Rémusat und seine Verbindungsleute (darunter der Weimarer «Baron de Müllär») darauf, die begehrten kostenlosen Billets an die richtigen Leute zu verteilen, also nicht nur an Aristokraten und Diplomaten, sondern auch an Multiplikatoren, an Zeitungsschreiber, Schriftsteller und Gelehrte, nicht zuletzt an Goethe und Wieland. Die Rechnung ging auf: So tief verborgen das eigentliche diplomatische Gezerre blieb, so breit und ausführlich wurde in alle Welt hinaus von den abendlichen Aufführungen berichtet. Der schnell auf den Markt geworfene Erfurt-Bericht Arnolds ist zur Hälfte ein Theater-Tagebuch, und der Verfasser rühmt sich ausdrücklich seiner Kontakte zu den Schauspielern auf Proben und hinter der Bühne. Ein Strom von gleichzeitigen Briefen und Zeitungsartikeln versetzt den Historiker bis heute in einen regelrechten *embarras de richesse*.

Alles war hier Politik und somit ureigene Angelegenheit Napoleons. Er traf die Entscheidung, den großen Apparat des *Théâtre français* auf die beschwerliche Reise nach Deutschland zu schicken, er bestimmte den Spielplan, und er griff bis in die Details von Aufführungspraxis und Deklamationsstil ein. Die Entscheidung über das Stück des Abends fiel oft erst am Morgen, und die Schauspieler hatten nur Zeit für kurze Verständigungsproben unmittelbar vor den Aufführungen. Dass sie das klassische französische Repertoire im Kopf hatten, war vorausgesetzt. Der bedeutungsvolle Satz aus dem «Oedipe» wurde mit Nachdruck gesprochen, sozusagen an der Rampe, und die Vorstellung, der Zar sei nicht darauf vorbereitet worden, erscheint naiv. Es war großes Staatstheater, was hier geboten wurde, und die Schauspieler agierten nicht nur auf der Bühne. Dass Napoleon auf der Erfurter Szene politische Lektionen für das deutsche und internationale Publikum zu erteilen gedachte, haben Talleyrand und Napoleons Kammerdiener Constant in ihren Erinnerungen ausdrücklich bezeugt. Die ausgewählten dreizehn Stücke – alles Tragödien aus der großen Zeit Frankreichs mit den drei Säulen Corneille, Racine und Voltaire, kein einziges leichtes Werk, keine Oper, kein Singspiel – sollten den anwesenden Herrschern, aber auch dem deutschen Publikum, «große Helden vorführen, die gewaltige, ruhmvolle Taten verrichtet und sich durch Tapferkeit und hohe Geistesgaben über die gewöhnlichen Menschen erhoben hatten».[20] In dieser programmatischen Abstandnahme vom höfischen Divertissement zugunsten eines zweiwöchigen Frontalunterrichts in hohem Stil lag auch ein Moment von am Ende fast bürgerlich anmutender Ernsthaftigkeit, ja didaktischer Besserwisserei. Vor allem der jugendliche Zar sah sich einer zweiwöchigen theatralischen Erziehungsdiktatur unterworfen, bei der er sich noch dazu keinen Augenblick unbeobachtet fühlen durfte.

In der Einseitigkeit der Stückauswahl – allein von Corneille und Racine wurden jeweils vier Dramen gespielt – spiegelt sich auch der besondere Charakter von Napoleons Literaturgeschmack und seiner Lektüren, die wir aus den Anweisungen für die Zusammenstellung seiner Feldbibliothek gerade in der Zeit um den Erfurter Kongress genau kennen. So beauftragte er seinen Bibliothekar am 17. Juli 1808, ihm eine Sammlung von tausend Bänden zusammenzustellen, die vierzig religiöse Texte, dann eine jeweils gleichhohe Zahl von Epen und Bühnenstücken sowie sechzig Bände Dichtung, hundert Romane und sechzig Geschichtswerke enthalten sollte; der Rest mit über sechshundert Bänden war historischen Memoiren vorbehalten. Ausdrücklich bestand der Kaiser auf Tragödien, Heldenepen – darunter der «Ossian» – und klassischen Historikern der Antike. Ein schwerblütiger, fast barock anmutender Kanon, der das Lesen von Büchern dem Zweck der Heldenbildung unterordnete und nur gelegentlich Erholung bei sentimentalen Romanen suchte. Alles lief hier auf den Imperator selbst zu, der sich in der Geschichte und bei seinesgleichen spiegelte. Und so konnte man auch in Erfurt überall Anspielungen auf den Kaiser bemerken oder Nutzanwendungen auf aktuelle Probleme vernehmen. Fast satirisch beschreibt Talleyrand, wie Napoleon die folgenden Verse aus Corneilles «Cinna» auswendig hersagte:

Die Staatsverbrechen, die der Krone gelten,
Verzeiht der Himmel, wenn sie uns gelingen (...)
Der, dem's gelingt ist schuldlos stets,
Und unantastbar bleibt das, was er tat.

Um dann auszurufen: «Vortrefflich! So etwas ist für die Deutschen, die mir immer noch den Tod des Herzogs von Enghien vorwerfen [diesen Bourbonen hatte Napoleon entführen und wegen eines nicht bewiesenen Attentatsplans erschießen lassen], eine kleinliche Moral! Man muss den Deutschen höhere Begriffe von Moral beibringen!»[21] Und so konnte man in jedem der in Erfurt aufgeführten Stücke eine passende «Moral» entdecken: Der Hass des Racineschen «Mithridates» auf Rom etwa wurde als englandfeindliche Drohung verstanden:

Ihr täuscht euch, wenn ihr glaubt, dass dieses Land
Durch seine Wälle so gefestet steht;
Ich weiß der Wege viel, die dahin führen,
Und wenn mich auch der Tod erreichen sollte.

Die Methode dürfte allen Zuschauern bald klar geworden sein, zumal die Schauspieler, Talma voran, mit ungeheurem Nachdruck rezitierten. Friedrich von Müller spricht in seinen Erinnerungen von der «ungewohnten Leidenschaftlichkeit, ja oft Übertriebenheit in Deklamation und Bewegung», die den deutschen Zuhörern aufgefallen sei, auch wenn es an Anstand, Gemessenheit und Würde des Vortrages viel zu bewundern gegeben habe.[22] Das ist eine aufschlussreiche Mitteilung, die den Kontrast zum Weimarer Theaterstil ahnen lässt. Auch Wieland zeigte sich nach der Aufführung von Voltaires «Mahomet» recht entgeistert von der «unnatürlichen monotonischen Declamation und der mehr als tragischen Wuth, womit die Acteurs die leidenschaftlichen Scenen spielen, und womit sie ihre französischen Zuhörer (mit wenigen Ausnahmen) in Ecstase versetzen»[23]. Schon dass immer von Zuhörern, nicht von Zuschauern gesprochen wird, ist aufschlussreich. Nicht, dass die Dekorationen nicht auch höchst prächtig gewesen wären – auch darüber gibt es nur eine Stimme, so etwa Arnold, der das höchste Pathos in der Deklamation und die «großen Tableaus der Mimik» rühmt, aber vor allem auch die «wahrhaft kaiserliche Garderobe» hervorhebt: «Hier erscheint nicht der gewöhnliche theatralische Flitterstaat und die Theaterjubeelen (!), wie man sie zu Dutzenden beim Krämer einhandelt. Kleidung, Goldstickerei, so wie die Menge Brillanten – alles ist hier ächt.»[24] Aber entscheidend war doch der Deklamationsstil, der arienhafte Nachdruck, mit dem vor allem Talma die ausladenden Alexandriner vortrug, so wenn er folgende Verse aus der «Iphigenie» des Racine den unmittelbar vor ihm sitzenden Kaisern mit großer Geste, gleichwohl *doucement* ins Antlitz rezitierte:

> *Die Ehre spricht, und sie ist mein Orakel;*
> *Herr, in der Götter Hand liegt unser Leben,*
> *Doch unser Ruhm in unsrer eigenen Hand.*
> *Weshalb soll ihr Orakelspruch uns quälen?*
> *Unsterblich sein wie sie, sei unser Streben:*
> *Dem Schicksal folgend, lasst dahin uns eilen,*
> *Wo uns ein hohes Ziel entgegenwinkt!*

In solchen magischen Augenblicken empfanden die Zuschauer im Saal, es seien nicht zwei, sondern drei Kaiser anwesend. Talma beeindruckte als ebenso würdiger wie intelligenter Darsteller von morbidem Charme, teils durch die Unnahbarkeit des Stars, teils als «denkender Künstler», wie wiederum Arnold ihn nannte. «Er ist von mittlerer Größe, seine blauen Augen sind wie erstorben und auf einen Punkt geheftet, sein verfallenes Gesicht zeugt von Anstrengung in seiner Kunst. Er ist sehr ernst – spricht sehr wenig im Umgange. Sein Gang, das Tragen seines Körpers, sein matter Blick – alles gibt das melancholische Bild der tragischen Muse, deren Jünger er ist.»[25]

Doch die Hauptdarsteller blieben die beiden Kaiser. Sie betraten als Letzte den Zuschauerraum, als Erste verließen sie ihn, während die übrigen Anwesenden, einschließlich der anderen Monarchen, ehrfurchtsvoll verharrten. Beim Eintritt der Kaiser ins Theater wurde dreimal die Trommel geschlagen, bei den Königen nur einmal. «Da geschah es denn», berichtet Müller, «dass einstmals die Wache, durch das Äußere des Wagens des Königs von Württemberg getäuscht, die dreifache Be-

Talma auf der Bühne am Fürstentag

grüßung eintreten ließ, der kommandierende Offizier aber zornig Einhalt gebot mit den Worten: *Taisez vouz, ce n'est qu'un roi.*»[26] Auch vom
bürgerlichen Publikum wurde erwartet, dass es geputzt und glanzvoll ge-
kleidet erscheine. Napoleon aber geleitete den Zaren mit äußerster Höflichkeit an seinen Platz. Während der Aufführungen saß er, wie Arnold
beobachtete, ganz ruhig, seinen Hut zwischen die Knie gelegt und die
Hände auf ihm. Aufmerksam lauschte er, nur gelegentlich Nüsse oder

Mandeln naschend. Bei bedeutsamen Stellen in den Stücken wandte er sich an den Kaiser von Russland und sprach ein paar Worte mit ihm – wohl wissend, dass die Blicke aller im Zuschauerraum hinter ihm auf ihn gerichtet waren und jede Regung registrierten. «Es liegt wirklich etwas unheimliches darin mit Napoleon in demselben Raum eingesperrt zu seyn», schrieb Caroline Sartorius. Genau notierte sie jede Einzelheit der auffallend einfachen Kleidung der beiden Kaiser, vor allem aber Napoleons Aussehen: «Er hat einen ganz besonders zierlichen Fuß und eine schöne Hand. Sonst scheint er mir nicht schön gebaut. Der Rumpf ist im Vergleich zum Untertheil, viel zu massiv, der Kopf steckt auf den Schultern es ist kein rechtes Verhältnis im Ganzen. Einen Bauch hat er jedoch nicht. Die Haare sind schwarz, der Teint ganz italiänisch, die Form des Kopfes nicht ohne Grazie die Züge sind gerade nicht antic, lassen sich aber doch der Ähnlichkeit unbeschadet bis zur Antique erheben. Die Augen liegen sehr tief und Blick und Farbe sieht man gar nicht. Das Kinn ist sehr hervorstehend, und die Fläche der Backe von der Nase bis zum Ohr so groß wie ich sie noch bey keinem Menschen gesehen habe. Eben darum hat das Profil, trotz der gebogenen Nase etwas glattes. Sein Äußeres imponiert eben nicht, aber es ist Grazie und ein sehr ruhiger Anstand darin, und seine Gesten, mit denen er sehr sparsam ist, sind voller Anmuth.»[27] So sah eine kluge Frau und gute Beobachterin, keine Schmeichlerin, den großen Mann in genau den Tagen, als er mit Goethe und Wieland sprach. Kaum hatte der Kaiser Platz genommen, begann die Musik, meist ein Satz von Haydn, und der Vorhang öffnete sich. Die Stücke wurden ohne Vorhänge zwischen den Akten auf einheitlicher Szene gegeben. Während der zweistündigen Aufführungen wurde es nie dunkel, sodass alle Zuschauer ausgiebig Gelegenheit erhielten, die beiden Hauptfiguren zu studieren.

In die unheimliche Lage, im selben Raum mit Napoleon eingesperrt zu sein, kam Goethe zuerst am 30. September 1808, einem Freitag. Die französische Truppe spielte Racines «Britannicus». Talma gab die Hauptrolle, den Kaiser Nero. Goethe war erst am Vorabend in Erfurt eingetroffen, allerdings, wie er im Tagebuch eigens vermerkte, zu spät für das abendliche Schauspiel, die «Andromache». Nun also «Britannicus». Unter den didaktischen Gesichtspunkten von Napoleons Theaterpolitik ein eher heikles Stück, denn anders als der «Cinna» des ersten Abends zeigte es nicht kaiserliche Milde und edles Verzeihen, sondern die Verwandlung eines illegitim an die Macht gekommenen Monarchen in einen blutrünstigen Tyrannen. Wenn Nero sagt: «Ob Glück oder Unglück – nur Furcht soll man haben» *(heureux ou malheureux, il suffit qu'on me craigne)*, so konnte jeder den Satz verallgemeinern. Racines Drama spricht am Ende davon, wie Nero einem Mord regungslos zusieht, womit seine nach Tacitus gezeichnete Tyrannenwerdung abgeschlossen ist:

Und verfärbte sich nicht, ward nicht bleich und nicht rot.
Gleichgültig und starr ist sein Auge geworden,
Als wär' es von Kind an verhärtet im Morden.

Von Talmas Nero-Darstellung war Goethe so beeindruckt, dass er sich noch zwanzig Jahre später in einem Aufsatz zum französischen Theater in «Über Kunst und Altertum» daran erinnerte: «Wir selbst waren Zeuge, mit welchem Glück er sich in die Tyrannenseele einzugeisten trachtete; eine bösartige, heuchlerische Gewalttätigkeit auszudrücken gelang ihm zum besten.»[28] Solche Leistungen waren Teil von Talmas Bestreben, «das Innerlichste des Menschen vorzustellen»; er bot also Seelenstudien mehr als objektive Stilisate: «Mit welchem leidenschaftlichen Drang war er nicht bemüht jenes hypochondrische Stück auszubilden, das in der arabischen Wüste spielt, um Gefühle und Gesinnungen auszudrücken, die einer solchen Öde gemäß waren.» Goethe musste das aufs Höchste interessieren, nicht nur weil er selbst ein Theater leitete und einen klassischen Deklamationsstil zu etablieren suchte; sondern weil er sich auch als Autor intensiv mit der französischen Tragödie auseinandergesetzt hatte, mit Racines «Iphigenie» ohnehin, als Übersetzer von «Mahomet» – dem Wüstenstück – und «Tancrède» auch mit Voltaire. Im Zusammenhang mit dieser Arbeit hatte er schon 1800 in den «Propyläen» eine ausführliche Darstellung Wilhelm von Humboldts «Über die gegenwärtige Französische tragische Bühne» gebracht, die auf Briefen des Verfassers aus Paris an ihn selbst beruhte. Diese Briefe hatte Humboldt mit einer ausführlichen Schilderung von Talmas Schauspielkunst eröffnet, die seine Stärke vor allem «beim Ausdruck der hochtragischen, finstern und melancholischen Momente, wo der Geist und die Leidenschaft über sich selbst brüten», rühmte und sogar höher schätzte als die Momente, in denen der Schauspieler «in Heftigkeit» ausbrach. Und wie schön war der zierliche Talma: «Sein Gesicht ist zugleich von feinem und kraftvollem Ausdruck, ein kleines rundliches Oval, eine kleine, an der Stirn etwas eingebogne, aber fein geschnittne Nase, schwarze, feurige Augen, sehr ausgebreitete und ausdrucksvolle Wangenzüge, besonders um den Mund herum. Sein Wuchs ist schlank und fein, die Arme, auf die es beim Heldencostume, wo man sie oft nackt sieht, sehr ankommt, gut gebildet, die Lenden, Schenkel und Füsse von musterhafter Schönheit.» Herrliche Kostüme, Heldenwürde, ausdrucksvolles Mienenspiel, gemessene Gebärden – alles war großartig hier, und eine der Paraderollen, die Humboldt genannt hatte, war der Nero im «Britannicus» gewesen, das erste Stück in Erfurt, das Goethe nun sah![29] Im Übrigen konnte es keinen besseren Beobachter als Goethe geben, denn im Alter von elf Jahren hatte er während der französischen Okkupation Frankfurts im Siebenjährigen Krieg selbst die Rolle des Nero gespielt, wie er in «Dichtung und Wahrheit» bezeugt.

Goethe wird in dem nach heutigen Begriffen intimen Theatersaal keinen schlechteren Platz eingenommen haben als die Professorengattin Sartorius, nämlich direkt hinter den Monarchen und ihren Ministern. Johanna Schopenhauer, die einmal dabei war, hat uns ein Bild von der Szenerie mit Goethe im Zuschauerraum hinterlassen: «In Galakleidern, mit Orden und Sternen überdeckt, traten berühmte Staatsmänner und Generale, aus fast allen europäischen Ländern, in das Parquet (...). Die von Gold starrenden Uniformen, der nicht zu verhehlende Übermut, welcher sowohl in jeder ihrer Bewegungen, als in ihren lebhaften, größtentheils sehr markirten Gesichtzügen sich deutlich aussprach, zeichnete die Franzosen vor den prunklosen Deutschen merklich aus (...); der Abglanz der Herrlichkeit ihres Kaisers verklärte auf eine ganz eigenthümliche Weise das Gesicht eines jeden unter ihnen, und mitten unter diesen stand Göthe, mit dem vollen Ausdruck unerborgter stiller Hoheit und Würde in den edlen Zügen, und neben ihm Wieland's ehrwürdige Gestalt.»[30] Noch bevor Goethe mit Napoleon sprach, hatte er also im *Théâtre français* ausführlich Gelegenheit, sich mit der Gestalt und Physiognomie des Kaisers bekannt zu machen; denn natürlich war Goethe auch am 1. Oktober dabei, als Voltaires «Zaire» gespielt wurde. Der «Mithridates» am 2. Oktober lag dann bereits nach der Audienz.

Goethe hat sich zunächst nicht nach diesen Eindrücken gedrängt. Nach Erfurt kam er nicht aus eigenem Antrieb, sondern weil Herzog Carl August am 29. September nach ihm verlangte. Offenbar hat er selbst dann noch gezögert; denn nach der Audienz bei Napoleon schrieb er an seine Frau, er müsse ihr danken, «daß du mich herübergetrieben hast».[31] Christiane war zu diesem Zeitpunkt schon auf dem Weg nach Frankfurt. Dort nämlich war am 13. September Goethes Mutter gestorben, und so musste die Schwiegertochter in Goethes Auftrag den Haushalt auflösen und die Erbschaftsangelegenheiten regeln. Daher war Christiane in den Erfurter Tagen nicht gegenwärtig, weder bei höfischen Anlässen noch als Dame des Hauses bei Goethe. Vielleicht hat ihm das manche gesellschaftliche Verlegenheit erspart, als auch am Frauenplan Minister und Staatsschauspieler ein- und ausgingen. Am 29. September machte Goethe sich dann doch sogleich auf den Weg.

Wie schnell sich Goethe vom Erfurter Glanz affizieren ließ, lässt ein Bericht des Historikers Karl Ludwig von Woltmann am 1. Oktober ahnen, der gehört haben wollte, Goethe trage sich mit der Idee, «in dem bevorstehenden Winter einen Kongress ausgezeichneter deutscher Männer in Weimar zu Stande zu bringen, damit sie über Gegenstände der deutschen Kultur sich gemeinschaftlich beraten.» Also ein geistiges Pendant zum europäischen Fürstenkongress! «Eben in diesem Zeitpunkt, wo Deutschland sich aufgelöset und seine Art von einem fremden Seyn gedrängt fühlt», so referiert der patriotische Woltmann weiter, «ist es vorzüglich rathsam die Bande der deutschen Kultur und Literatur, wodurch wir einzig als eine Nation bewahret sind, auf alle Weise fest zusammenzuziehn.»[32] Ein seltsamer Einfall, der nur hier bezeugt ist, aber, wenn Woltmann recht gehört hat, zweierlei verrät: Goethe war geblendet von der glanzvollen Machtdemonstration Napoleons, die Stabilität für die neue Weltordnung verhieß; und er reagierte darauf, indem er einerseits mit ihr rechnete und sich darin einrichten wollte, andererseits der politischen Stärke gleichberechtigt zur Seite zu treten gedachte. Mag sein, dass wir hier nur einen flüchtigen Fetzen von Konversation vernehmen; jedenfalls zeigt er, wie mitreißend der Trubel selbst für eine so um Fassung bemühte Person wie Goethe gewesen sein mag.

Der Herzog befand sich, seit ihm der Plan für das Treffen zwischen Napoleon und Alexander aus Paris gemeldet worden war, in einem Zustand sorgenvoller Unruhe. Er fürchtete um Weimars prekäre Stellung zwischen den beiden Kaisern: Mit dem Protektor Napoleon war das Herzogtum als Mitglied des Rheinbunds vertraglich verbunden; mit dem Zaren durch dessen Schwester Maria Paulowna, die Erbprinzessin, verwandtschaftlich. Jede Spannung konnte hier gefährlich werden. An seine in Sankt Petersburg weilende Schwiegertochter schrieb Carl August am 21. September: «Es scheint, dass unsere Schutzgeister aufeinander stoßen; wir sind nicht mehr als die Absätze dieser Herren; studieren Sie sorgfältig die Launen und Handlungen der homerischen Götter, und Sie werden meine Stimmung in diesem Moment begreifen.»[33] Ein selbstironisches, eigentümlich treffendes Bild. Die Vorgänge rauschten zunächst über Weimar hinweg, und bei der Begrüßung Napoleons wurde, als müsse ein geheimes Gesetz erfüllt werden, ein weiteres Mal alles verpatzt. Truppendurchmärsche kündigten den Kaiser der Franzosen an. Großfürst Konstantin, der Bruder des Zaren, traf am 24. September in Weimar ein, wohin endlich auch der Erbprinz mit seiner Frau zurückgekehrt war. Der Zar selbst kam, schon in Begleitung französischer Würdenträger, am 25. «Große Tafel» vermeldet Goethes Tagebuch. Der Erbprinz stellte ihn dem russischen Kaiser vor, «der sich auf eine sehr freundliche Weise nach Wielanden erkundigte». Am 27. früh hörte man Schüsse von Erfurt, Napoleon war da, Alexander brach von Weimar auf, ihm entgegenzufahren. Carl August war längst zur Landesgrenze nach Eisenach, hinter Erfurt, gegangen, um Napoleon in aller Form zu empfangen – kam aber schon wieder zu spät, der Allgewaltige war mit funkensprühenden Hufen bereits vorübergeflogen. Also drehte Carl August eilends um, in der Hoffnung, in Weimar wenigstens den anderen Schutzgott noch zu sehen. Da traf seine Kutsche, in der auch sein Diplomat Friedrich von Müller saß, auf die soeben zwischen Erfurt und Weimar aufeinandergestoßenen Gefolge der beiden Kaiser, die bereits nebeneinander ritten und sich galant über ihre Familien unterhielten, gefolgt von ordensbesternten Prinzen, Marschällen und Ministern. «Der Herzog», berichtet Müller, «befahl sogleich seinem Kutscher, aufs eiligste links querfeldein auszubeugen, da er, nur in Reisekleidung, nicht erkannt sein wollte. Aber nach wenig Minuten besann er sich anders, sprang von der Droschke, warf seinen Mantel ab und lief nun mit mir auf den Kaiser Alexander zu.»[34] Man entschuldigt sich beim Zaren, wird herzlich begrüßt. Napoleon aber schien von dieser formlosen Erscheinung nicht wenig überrascht, Müller musste erklärend die Lage bereinigen. *Je ne saurai vous dire combien cela m'a amusé*, schrieb die Herzogin Luise in ungebrochener Napoleonverachtung an ihren Bruder, Prinz Christian von Darmstadt.[35] Diesem hatte sie zuvor eine kränkende Maßnahme der Franzosen in Erfurt berichten müssen: Im Statthaltergebäude, wo Napoleon residierte, hatte man die Fenster der für die Beratungen mit Alexander vorgesehenen Zimmer zugemauert, die auf die Seite des den Weimarern gehörenden benachbarten Geleitshauses gingen, aus Furcht vor Spionage. Deutlicher konnte man nicht zu erkennen geben, was man von Herzog Carl August und den Seinen hielt. Als das Beratungszimmer gewechselt wurde, machte man die Fenster wieder auf.

Wie sollte Weimar sich auf dem Fürstenkongress verhalten? Darüber waren die Meinungen im Beraterkreis des Herzogs geteilt. Immerhin konnte die Anwesenheit des Zaren hilfreich sein, denn er wurde von Napoleon umworben und konnte wohl gute Worte für seine sächsische Verwandtschaft einlegen. Weimar hatte Gebietsprobleme mit Enklaven, die ausgerechnet an das von Napoleons Bruder Jérôme regierte Königreich Westphalen gefallen waren. Und man hatte begründete Rechtsansprüche auf die Herrschaft Blankenhain und hoffte sogar auf Erfurt und sein Gebiet. Am Ende siegte die besonnene Linie Wolzogens, der es für klüger hielt, den Zaren in dieser weltpolitischen Verhandlung nicht mit dem Weimarer Kleinkram zu belasten; Müller sollte sich um die Interessen des Herzogtums im diplomatischen Gewühl des Kongresses unterhalb der Monarchenebene kümmern. Und er nahm sich dieser Aufgabe mit gewohntem Eifer an, saß an allen Tafeln, dinierte mit Talleyrand und dem Außenminister Champagny, organisierte bei Palastmarschall Rémusat Freikarten fürs Theater und schrieb schon am ersten Tag des Kongresses an Goethe: «Ew. Exzellenz melde freudigst, daß alles aufs beste geht. Um 11 Uhr kam der Herzog, um 11 ¼ begleitete ich ihn schon zum Kaiser Napoleon, der so artig waren, daß Serenissimus höchlichst davon zufrieden waren. Er sprach viel von Durchlaucht Herzogin, die er wiederholt ungemein rühmte, bedauerte, daß das Land so viel leide, lobte die Militäreigenschaften des Herzogs und lud sich am Ende selbst zur Jagd und Tafel ein, was vielleicht schon in wenig Tagen stattfinden wird, da der Kaiser es nur einen Tag vorher sagen will.»[36]

Napoleon wollte nach Weimar kommen! Dies dürfte der eigentliche Grund gewesen sein, warum Carl August Goethe eilig nach Erfurt rief. Denn war dies ernst gemeint, dann hieß das, dass der ganze Erfurter Kongress mit Monarchen und Ministern herüberkommen würde, und zwar zu «Jagd und Tafel». Damit eröffnete sich für den kleinen Weimarer Staat unversehens eine so enorme wie rasch zu bewältigende

Aufgabe. Die Möglichkeiten, hier etwas falsch zu machen, waren schier unabsehbar. Kein Wunder, dass Carl August in diesem Moment seinen wichtigsten Berater in allen Fragen von Festlichkeit und Symbolik sofort bei sich haben wollte. Die anderen Motive, die man vermutet hat – Carl August habe mit Goethe «Staat machen», sich also mit dessen Glanz schmücken oder ihn zur Besichtigung der überragenden französischen Theaterleistungen animieren wollen –, treten demgegenüber ganz zurück; denn an beides hätte man vorher denken können. Nein, Goethe kam nach Erfurt als symbolpolitischer und zeremonienerprobter Staatsdramaturg, der mithelfen sollte, eine unerwartete und höchst prekäre Aufgabe zu lösen. Wenn man bedenkt, was nur eine Woche später in Weimar über die Bühne ging – eine Großwildjagd, ein Gala-Diner, eine Theateraufführung und ein Hofball, am Morgen danach Schlachtfeldbesuch in Jena mit Gabelfrühstück und anschließender Hasenjagd, und das alles für mehr als ein Dutzend Herrscher und einen Tross, der in die Hunderte ging –, dann darf man dem Apparat des Weimarer Hofes, den die drei Geheimräte Voigt, Wolzogen und Goethe steuerten, durchaus Bewunderung zollen.

Für Goethe aber stand nun fest, dass sich ein Zusammentreffen mit Napoleon kaum noch vermeiden ließ. Umso aufmerksamer wird er ihn während der «Britannicus»-Aufführung in Augenschein genommen haben. Da konnte er allerdings noch nicht ahnen, wie nah das persönliche Kennenlernen bevorstand. Gleich nach dem Theater begab sich Goethe in den Salon der Freifrau von der Recke, der Frau jenes Oberlandesgerichtspräsidenten von der Recke, bei dem Müller untergekommen war; in dessen Haus sammelte sich während der Erfurter Wochen Abend für Abend eine gemischte internationale Gesellschaft, die weniger antinapoleonisch war als der Salon Thurn und Taxis, wo Zar Alexander und Talleyrand aufeinandertrafen. Bei Recks logierte auch der französische Minister Maret, ein enger Vertrauter Napoleons. Und Maret fand sofort Gefallen an Goethe, die beiden unterhielten sich den ganzen Abend höchst freundschaftlich. Als Goethe am nächsten Tag die Einladung zur Audienz bei Napoleon erreichte, musste er glauben, dies der Fürsprache des Ministers zu verdanken, möglicherweise auch der von Marschall Lannes, der 1806 im Frauenplan logiert hatte und nun ebenfalls in Erfurt weilte. Talleyrand behauptet, dem Kaiser sei bei Durchsicht der Liste der in Erfurt Anwesenden Goethes Name aufgefallen. Wie auch immer: Am

Vormittag des 2. Oktober sollte es soweit sein: Goethe war zur Audienz beim Kaiser der Franzosen geladen.

Doch bereits am Tag davor, dem 1. Oktober, erhielt Goethe Gelegenheit, das Terrain zu sondieren. Denn er begleitete Leopold III. von Anhalt-Dessau (1740 bis 1817), den berühmten «Fürsten Franz», der das Wörlitzer Gartenreich begründet hat, in die Statthalterei zu Napoleon. Fürst Franz war seit über dreißig Jahren ein vertrauter Freund Goethes, der mit ihm in der Zeit der Fürstenbundspolitik um 1780 eng zusammengearbeitet hatte und dessen Gartenwerk Goethe aufs höchste bewunderte; die «Wahlverwandtschaften» zeugen davon. Der preußenkritisch eingestellte Anhalt-Dessauer Fürst hatte 1806 ganz im Gegensatz zu Carl August sofort ein ausgezeichnetes persönliches Verhältnis zu Napoleon gewonnen und war von diesem mit einer Jagdeinladung nach Frankreich geehrt worden. In Erfurt wurde er zum Lever beim Kaiser mit anschließender Audienz gebeten. Wie diese Vormittage bei Napoleon im Erfurter Statthalterpalast abliefen, können wir einem Brief Wielands entnehmen, der zehn Tage später dran war. Am Morgen des 10. Oktober erhielt Wieland, der am Vorabend nach Erfurt gekommen war, wie er schreibt, «eine invitation, mich um halb 10 Uhr nach Hof zu verfügen, um Seine Majestät frühstücken zu sehen». Sehr plastisch schildert Wieland dann eine mehr als zweistündige Wartezeit der sehr gemischten geladenen Gesellschaft vor verschlossener Tür, hinter der die beiden Kaiser offenbar zäh verhandelten, bis endlich die Tür aufging. Danach wurden etwa sechs Personen zum frühstückenden Kaiser hereingebeten und stellten sich im Kreis um dessen Tafel herum. «Hastiger kan wohl kein Getulischer Löwe, der seit drey Tagen gefastet hat, sein dejeuné verzehren. Dazwischen wurden eben so hastig ein halb Dutzend Gläser Wein, halb mit Wasser vermischt, ausgeleert.» Der Kaiser, der nach Wielands Beobachtung ganz andere Dinge im Kopf zu haben schien, «addressierte von Zeit zu Zeit, bald an diesen, bald an jenen, an mich 4 oder 5 mahl, eine unbedeutende kurze Frage. Sein Bruder, der König von Westphalen, war einer von den Umstehenden, und er blieb zurück, nachdem wir übrigen entlassen waren.»[37]

Genau denselben Ablauf von Lever und Privataudienz, bei der eine Person im Raum bleibt, während die anderen gehen, lassen Goethes karge Notizen für den 1. Oktober 1808 erkennen. Im ersten, mehr als ein Jahrzehnt später, frühestens 1819, entstandenen Schema zur «Un-

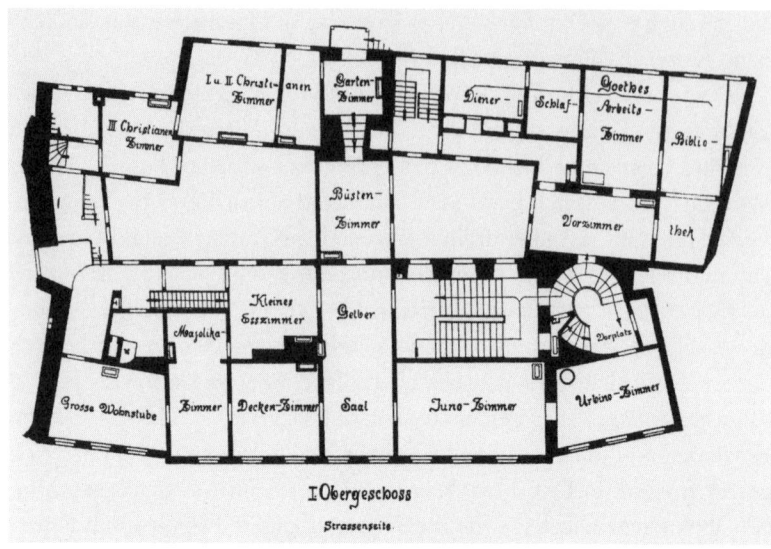

Grundriss von Goethes Haus

terredung mit Napoleon» notierte er: «Lever. F v Dessau.» Im zweiten
Schema zur «Unterredung» heißt es ausführlicher: «Lever/ Statthalte-
rey, Treppe, Vorsaal und Zimmer./ Geschwirre durchaus./ Das allbe-
kanntes Locale und neues Personal./ Gemisch/ Alt und neue Bekannte./
Dichter als Prophet./ Scherzhaft angeregt./ Der Fürst von Dessau blieb
zur Audienz.» Goethe aber begab sich inzwischen in das dem Weimarer
Herzog gehörende, neben der Statthalterei gelegene Geleitshaus: «Viele
versammelten sich im Geleitshause./ Der Fürst kommt zurück und erzählt eine Scene zwischen dem Kayser und Talma, welche Mißdeutung
und Geklatsch veranlassen konnte.»[38] Das kommt überein mit Goethes
gleichzeitiger Tagebuchnotiz vom 1. Oktober 1808: «Zu Serenissimo.
Nahm der Herzog von Dessau Abschied, der bey Napoleon gefrühstückt
und dessen Unterredung mit Talma angehört hatte.» Aus den knappen
Stichworten geht unmissverständlich hervor, dass Goethe bereits einen
Tag vor seiner Unterredung mit Napoleon in der Statthalterei mutmaßlich bis in die unmittelbare Nähe des Kaisers gekommen ist. Jedenfalls
feierte er Wiedersehen mit den seit langem wohlbekannten Räumlich-
keiten, die er sich in wenigen Worten – Treppe, Vorsaal und Zimmer –

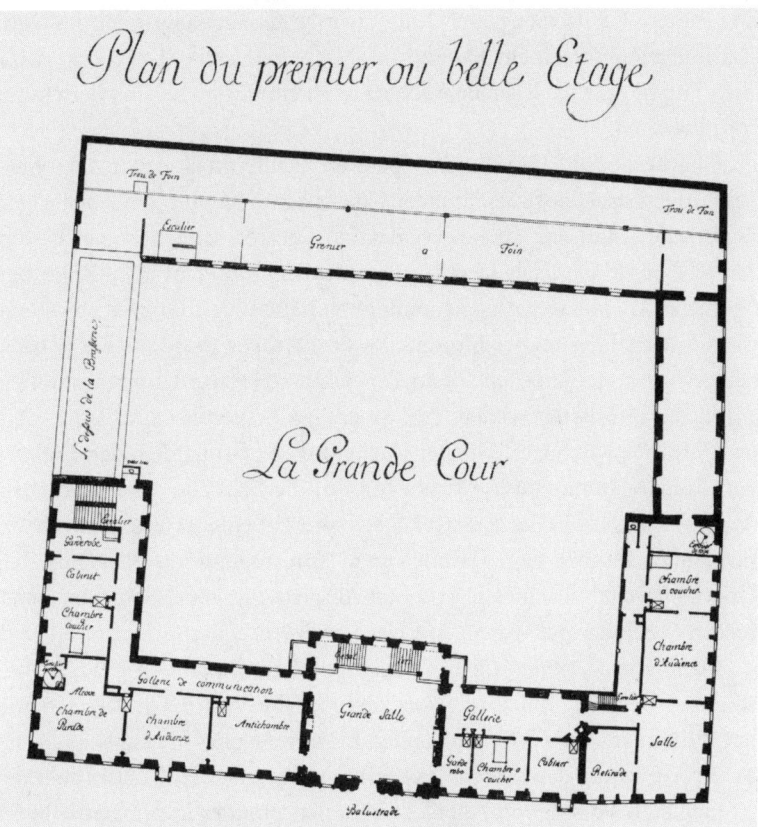

Grundriss der Statthalterei

vergegenwärtigte. Das alte Lokal, aber neue Personen und Umstände: Das rückt man sich vor Augen, wenn etwas Außerordentliches im Gang ist, wenn einem feierlich zumute ist. Offenbar haben Goethe und Fürst Franz sich auf dem Weg zu Napoleon lebhaft unterhalten, leider gibt Goethes Erinnerungsnotiz «Dichter als Prophet» nichts Genaues her. Die Abfolge der räumlichen Bezeichnungen beschreibt den heute noch im Erfurter Regierungsgebäude nachvollziehbaren Weg zum Kaiser: Über die Treppe in die Beletage, dann zum Vorsaal, wo gewartet wurde, dahinter das Audienzzimmer des Kaisers. Dort trat dann der Dessauer Fürst ein, wo er Zeuge einer Auseinandersetzung zwischen Napoleon und seinem Chefschauspieler Talma wurde; Goethe aber blieb im Vorsaal und ging zu seinem Herzog ins Nachbargebäude. Dort kam dann auch Fürst Franz nach seiner Audienz noch einmal vorbei und berichtete vom Erlebten.

Goethe speiste danach am späteren Nachmittag des 1. Oktobers beim französischen Außenminister Champagny, dem blassen Nachfolger Talleyrands, und war abends wieder im Theater. Und auch an diesem Abend konnte er die beiden vorne sitzenden Kaiser in aller Ruhe beobachten. Da wir es nicht für unmöglich halten, dass Goethe anwesend war, als Napoleon am Nachmittag des 15. Oktober 1806, einen Tag nach der Schlacht von Jena, im Weimarer Schloss Herzogin Luise unhöflich anredete; und da wir wissen, dass er am 30. September und am 1. Oktober 1808 im Erfurter Theater war und dass er außerdem den Fürsten von Anhalt-Dessau am 1. Oktober bis an die Schwelle des kaiserlichen Audienzzimmers in der Erfurter Statthalterei begleitet hat, können wir für den 2. Oktober, dem Datum seiner Unterredung mit Napoleon, bei Goethe bereits mit einer plastischen Anschauung von Napoleons äußerer Erscheinung und seinem Auftreten rechnen.

Napoleon dagegen dürfte keinerlei Vorstellung von seinem berühmten Besucher gehabt haben, bevor er ihn in der Tür sah. Goethe hat die Situation im Moment seines Eintretens präzise festgehalten. Es ist der Vormittag des 2. Oktobers, wie am Tag zuvor ist Goethe über die Treppe zum Vorsaal von Napoleons Audienzzimmer in der Statthalterei gekommen. Begleitet wird Goethe von Friedrich von Müller, der nicht zur Audienz zugelassen ist, sondern im Vorraum auf ihn wartet. Müller hat den Zeitpunkt festgehalten: 10 Uhr. Das Lever geht schon dem Ende zu, denn die Menge entfernt sich. Goethe müssen wir uns im Hofkleide vorstellen wie Marwitz oder Johanna Schopenhauer ihn beschrieben haben: gestickter Rock, Kniehosen, Seidenstrümpfe, gepudert, Spitzen, ein Degen und Schnallenschuhe. Am Eingang zum Audienzzimmer stehen nur noch der General Savary und Talleyrand; außerdem kommt im selben Moment wie Goethe der für Preußen zuständige Generalintendant Daru, ein erbarmungsloser Eintreiber von Kontributionen, aber auch ein Feingeist, der, wie man in Weimar genau wusste, Horaz übersetzt hatte. Der Kaiser sitzt an dem runden Tisch, den auch Wieland beschrieben hat, und die Arbeit des Vormittags geht zu Beginn der Audienz weiter:

Ein dicker Cammerherr, Pohle, kündigte mir an zu verweilen.
Die Menge entfernte sich.
Präsentation an Savary und Talleyrand.
Ich werde hereingerufen.
Indemselben Augenblicke meldet sich Daru, welcher sogleich eingelassen
wird.
Ich zaudere deshalb.
Werde nochmals gerufen
Trete ein.
Der Kayser sitzt an einem großen runden Tische frühstückend; zu
seiner Rechten etwas entfernt vom Tische Talleyrand, zu seiner linken
ziemlich nah Daru, mit dem er sich über die Contributions-Angelegen-
heiten unterhält.
Der Kayser winkt mir heranzukommen.
Ich bleibe in schicklicher Entfernung vor ihm stehen.
Nachdem er mich aufmerksam angeblickt, sagte er: «vous etes un
homme»; ich verbeuge mich.
Er fragt: wie alt seyd ihr?
Sechzig Jahr.
Ihr habt euch gut erhalten –

An dieser Stelle müssen wir den Film anhalten und unsere Figuren in ein Standbild einfrieren. Denn nun ist eine kurze und möglichst einfache Erläuterung zur Quellenlage angezeigt. Was können wir vom Verlauf der Unterredung zwischen Goethe und Napoleon wissen? Welche Zeugen haben wir, und wie glaubwürdig sind sie? Darüber diskutieren die Philologie und die Historie seit mehr als einem Jahrhundert. Hier die wichtigsten Ergebnisse.

Goethe hat zu seinen Lebzeiten nichts zu seinen Gesprächen mit Napoleon publiziert. Dabei hätte er durchaus einen schicklichen Ort und einen unverfänglichen Moment für eine Darstellung finden können, und zwar im Rahmen der annalistischen Chronik seines Lebens in den «Tag- und Jahresheften», die nach langen Vorarbeiten als erläuterndes Material zu seinen Werken in der «Ausgabe letzter Hand» im Jahre 1830 erschienen. Doch dort heißt es im letzten Satz zum Jahr 1808 nur sehr sybillinisch: «Der im September erst in der Nähe versammelte, dann bis zu uns heranrückende Kongreß zu Erfurt ist von so großer Bedeutung, auch der Einfluß dieser Epoche auf meine Zustände so wichtig, daß eine besondere Darstellung dieser wenigen Tage wohl unternommen werden sollte.»[39]

Natürlich waren die äußeren Umstände von Goethes Zusammentreffen mit Napoleon 1808 sofort überall bekannt geworden, die Zeitungen berichteten darüber, in den Darstellungen des Erfurter Fürstentages war davon die Rede, und allerlei Einzelheiten und Gerüchte kursierten auch in Gesprächen und Briefen. So schrieb Graf Reinhard schon am 24. November an Goethe: «Von Ihnen soll der Kaiser gesagt haben: *Voilà un homme!* Ich glaub es, denn er ist fähig, dies zu fühlen und zu sagen.» Worauf Goethe ihm am 2. Dezember antwortete: «Also ist das wunderbare Wort des Kaisers, womit er mich empfangen hat, auch bis zu Ihnen gedrungen! Sie sehen daraus, daß ich ein recht ausgemachter Heide bin, indem das *Ecce homo* im umgekehrten Sinne auf mich angewendet worden. Übrigens habe ich alle Ursache, mit dieser Naivetät des Herrn der Welt zufrieden zu sein.»[40] Und dass Goethe im kleinsten Kreis, vielleicht allerdings nur in Zwiegesprächen, durchaus bereit war, vom Inhalt seiner Unterredung mit dem Kaiser zu erzählen, beweisen ein Brief Wilhelm von Humboldts an seine Frau vom 19. November 1808 und ein Tagebucheintrag von Sulpiz Boisserée vom 8. August 1815, die in knapper Form das zusammenfassen, was Goethe viel später zu Papier brachte; wir kommen darauf zurück. Meist aber gefiel sich Goethe in Geheimnistuerei und flüchtete sich in Allgemeinheiten; auch Carl August musste sich damit zufrieden geben. Damit verhielt Goethe sich nicht wesentlich anders als Johannes von Müller 1806 oder Wieland nach seiner Unterhaltung mit Napoleon eine Woche nach Goethes Audienz. Es gehörte sich einfach nicht, den Inhalt eines Gesprächs mit dem Kaiser auszuposaunen.

Die Anläufe, die Goethe zu einer Darstellung unternommen hat, fallen in die Zeit nach 1820 und stehen im Zusammenhang seiner Arbeit an den «Tag- und Jahresheften». Sie pflegte Goethe für jedes einzelne Jahr aufwendig vorzubereiten, mit Auszügen aus seinen Tagebüchern, die nach Sachgesichtspunkten – beispielsweise Theaterarbeit, Naturwissenschaften, Reisen, Literatur – rubriziert wurden. Danach wurde ein Schema mit einer (keineswegs immer chronologischen) Reihenfolge konzipiert, das dem Diktat für den Schreiber – Goethes Methode der Ausformulierung – zugrunde lag. Diese abschnittsweisen Diktate wurden erst hinterher zu einem Fließtext zusammengesetzt und von den Mitarbeitern Riemer und Eckermann durchgesehen, korrigiert und so für den Druck vorbereitet. Insgesamt also eine gelehrte Zettelwirtschaft, die häufiges Springen im Stoff, freies Umgruppieren des Materials, aber auch nachträgliche Kürzungen leicht machte. Mit dem Stoff des Jahres 1808 beschäftigte Goethe sich zuerst im Frühjahr 1819, dann erneut im Winter 1822/23. Das Tagebuch erwähnt am 27. November 1822 den «Congreß zu Erfurt», und am 24. Januar 1823 heißt es: «Ausführung des Jahrs 1808». Dort aber bekam die Unterredung mit Napoleon keinen Platz, sie wurde unbestimmt verschoben. Doch finden sich in Goethes Nachlass zwei Schemata zu den Erfurter Tagen, ein ganz knappes, das die Zeit von Mitte September bis zum 14. Oktober 1808 umfasst, und ein erheblich ausführlicheres, das nur den 1. und den 2. Oktober (irrtümlich als «September» bezeichnet) skizziert. Der Textsorte nach gehören diese Schemata in die Vorbereitungsphase einer ausformulierten, per Diktat zu Papier gebrachten Darstellung. Hätte Goethe diese Ausarbeitung vorgenommen, müssen wir ihn uns mit einem solchen Schema als Gedächtnisstütze in der Hand, möglicherweise stehend, vorstellen, wie er einem am Tisch sitzenden Schreiber den gerundeten Text in die flinke Feder diktiert. Diese Schemata sind wie Vorzeichnungen oder Skizzen zu einem ausgeführten Gemälde. Im Übrigen wurden schon die Schemata meistens diktiert, denn der alte Goethe arbeitete nur noch selten mit eigener Hand.

Die beiden Schemata oder Prosavorzeichnungen zu den Erfurter Tagen lassen sich einigermaßen zuverlässig datieren, denn wir besitzen einen unabhängigen Zeugen. Friedrich von Müller, den wir als Weimarer Diplomaten schon bestens kennen und der später Weimarer Kanzler wurde und bis zu seinem Ende vertrauten Umgang mit Goethe hatte, drängte diesen wiederholt dazu, sein Gespräch mit Napoleon aufzuzeichnen. Am 4. Dezember 1822 heißt es bei Müller im Tagebuch: «Von mir veranlaßte Niederschreibung von Goethes Unterredung mit Napoleon». Und ein gutes Jahr später, am 14. Februar 1824, schreibt Müller, er habe von Goethe ein Billet mit den Worten erhalten: «Sie haben mir gestern einen Floh hinters Ohr gesetzt, der mich nicht schlafen ließ. Ich stand um fünf Uhr auf und entwarf die Skizze jener Unterredung mit Napoleon. Zur Strafe aber, daß Sie mich dazu verleitet, sekretiere ich mein Produkt.»[41] Diese beiden Müllerschen Mitteilungen lassen sich dem kurzen Schema und der längeren Skizze – es handelt sich um Diktate, nicht um eigene Handschriften – in Goethes Nachlass zuordnen. Diese beiden Texte wurden nach Goethes Tod von Eckermann zu einem einzigen Stück verschmolzen und 1836 unter der Überschrift «Skizze» in den «Nachgelassenen Werken» Goethes ans Licht gebracht. Doch erst 1958 erforschte Lieselotte Blumenthal die Genese des längst als «Unterredung mit Napoleon» geläufigen Textes, der seither in der von ihr für die «Hamburger Ausgabe» erstellten Version zitiert wird. Doch glaubte Blumenthal noch, dass die Zusammenfassung der beiden Schemata zu einem einzigen Text auf Goethe selbst zurückgehe. Wir folgen der Ansicht von Irmtraut Schmid, die für die «Frankfurter Ausgabe» 1994 beiden Textstufen – Schema I und «Skizze» – wieder trennte und separat nacheinander druckte. In der Sache bedeutet das keinen großen Unterschied, denn für beide Texte gilt: Sie liegen anderthalb Jahrzehnte nach dem Ereignis. Und der Kern liegt ohnehin in der ausführlichen Skizze zum 1. und 2. Oktober 1808.

Dass Goethe bei Lebzeiten nichts mehr zu seinen Begegnungen mit Napoleon ans Licht brachte, hat er gesprächsweise damit erklärt, dass der Gegenstand noch zu nahe an wirksame Verhältnisse rühre: «Ich vermeide alles, was zu bedenklichen Auseinandersetzungen führen könnte, mag sich die Nachwelt den Kopf zerbrechen, wir wollen in Frieden leben», sagte er 1830 zu Frédéric Soret.[42] Das hätte ihn nicht an einer Ausarbeitung seiner Erzählung hindern müssen. Seine Entscheidung, es bei einem Entwurf, einem fast skelettartigen *Non-finito* zu belassen, dessen einzelne Passagen ganz unterschiedlich ausgearbeitet sind, ist jedenfalls für den literarischen Eindruck höchst folgenreich. Kaum vorstellbar, dass Goethe dies nicht im Blick gehabt hätte. Denn seinem Text, der uns das Erinnerungsmaterial in fast roher, diskontinuierlicher Form sehen lässt, wächst in dieser ungeschliffenen Form eine expressive Wucht zu, die an die bedeutendsten Beispiele von Goethes stilistischer Altersmanier, vor allem in den «Wanderjahren», erinnert. Gläserne Deutlichkeit steht neben absichtsvoll verwischten Zügen. Überaus deutlich wird nicht zuletzt die räumliche Situation, für einen Augenmenschen wie Goethe das Unterpfand der Genauigkeit des Erinnerns. Der Raum, in dem sich die Szene abspielte, besteht bis heute. Seine Dimensionen – 8,9 m Länge, 6,45 m Breite, 3,2 m Höhe – sind fast intim. Die beiden Gesprächspartner waren annähernd gleich groß, Napoleon ca. 169 cm,

Unterredung mit Napoleon

Goethe nur 2 oder 3 cm mehr. Die Begegnung erreichte fast die Intimität von Johannes von Müllers Sofa-Gespräch, vor allem im zweiten Teil, im winzigen Erker des Raumes.[43] Bevor wir uns den anderen Quellen zuwenden, erlösen wir unsere beiden Helden wieder aus ihrer Erstarrung und fahren in Goethes Text fort.

Ihr habt euch gut erhalten – hatte Napoleon nach dem ersten Augenschein und nach Feststellung von Goethes Alter gesagt. Dessen Bericht von 1824 fährt folgendermaßen fort:

Ihr habt Trauerspiele geschrieben.
Ich antwortete das Nothwendigste.
Hier nahm Darü das Wort, der, um den Deutschen denen er so
wehe thun mußte einigermaßen zu schmeicheln, von deutscher
Literatur Notiz genommen, wie er denn überhaupt in der
Lateinischen wohlbewandert und selbst herausgeber des
Horaz war.

*Er sprach von mir wie etwa meine Gönner in Berlin mochten
gesprochen haben, wenigstens erkannt ich daran ihre
Denkweise u. ihre Gesinnung.*

*Er fügte sodann hinzu daß ich auch aus dem Französischen
übersetzt habe und zwar Voltairs Mahomed.*

*Der Kayser versetzte: es ist kein gutes Stück, und legte sehr
umständlich auseinander wie unschicklich es sey, daß der
Weltüberwinder von sich selbst eine so ungünstige
Schilderung mache.*

*Er wandte darauf das Gespräch auf den Werther, den er durch
und durch mochte studirt haben. Nach verschiedenen ganz
richtigen Beobachtungen bezeichnete er eine gewisse Stelle
und sagte: «warum habt ihr das gethan? es ist nicht
naturgemäß»; welches er weitläufig und vollkommen richtig
auseinandersetzte.*

*Ich hörte ihm mit heiterem Gesichte zu und antwortete mit
einem vergnügten Lächeln daß ich zwar nicht wisse ob mir
jemand denselben Vorwurf gemacht habe; aber ich finde ihn
ganz richtig und gestehe daß an dieser Stelle etwas Unwahres
nachzuweisen sey. Allein, setzte ich hinzu, es wäre dem
Dichter vielleicht zu verzeihen wenn er sich eines nicht
leicht zu entdeckenden Kunstgriffs bediene um gewisse
Wirkungen hervorzubringen, die er auf einem einfachen
natürlichen Wege nicht hätte erreichen können.*

*Der Kayser schien damit zufrieden, kehrte zum Drama zurück und
machte sehr bedeutende Bemerkungen, besonders wie einer der
die tragische Bühne mit der größten Aufmerksamkeit, gleich
einem Kriminalrichter, betrachtet, und dabei das Abweichen
des französischen Theaters von Natur und Wahrheit sehr tief
empfunden hatte*

*So kam er auch auf die Schicksalstücke mit Mißbilligung. Sie
hätten einer dunklern Zeit angehört; Was sagte er, will man
jezt mit dem Schicksal, die Politik ist das Schicksal.*

In dieser ersten Hälfte des Gesprächs geht es vor allem um die dramatische Kunst. Das ist angesichts der Umstände in Erfurt, wo das Theater
im Mittelpunkt der öffentlichen Aufmerksamkeit stand, nicht überra-

schend. Fein registriert Goethe, dass Darus Lobesworte auf ihn nicht auf eigenen Eindrücken beruhen, sondern Gehörtes wiedergeben, nämlich aus Berlin, wo sich längst eine enthusiastische Goethe-Gemeinde gebildet hatte. «Mahomet», Voltaires Stück über Fanatismus, Priestertrug und die Brutalität von Religionskriegen, missfällt dem Kaiser: Weniger, dass der Prophetenkrieger überhaupt so schlecht dasteht, stört ihn, als der Umstand, dass diese ungünstige Schilderung im Stück aus dessen eigenem Munde kommt. Eine treffende Beobachtung, die zum nächsten Thema führt, dem «Werther», den Napoleon so genau studiert hat, dass er seinem Verfasser eine Unrichtigkeit nachweisen kann, die «nicht naturgemäß» ist; und Goethe gesteht es zu. Worum es sich dabei handeln mag, wird uns noch beschäftigen. Im Fortgang der Unterhaltung kehrt Napoleon wieder zum Drama zurück, und wieder geht es um «Natur und Wahrheit» als dem wichtigsten Kriterium. So präzise wie Napoleon eine einzelne Stelle im «Werther» aufgreift, so aufmerksam schaut er auf die tragische Bühne, die er «gleich einem Kriminalrichter» betrachtet, was nur heißen kann: Er will sich nichts vormachen lassen, sondern sieht durch die poetische Machart mit ihren Illusionseffekten hindurch auf Tatbestände und Interessen im Dargestellten. In diesen Zusammenhang gehört auch eine Feststellung, die Goethe zwei Jahrzehnte später in seinem Aufsatz «Französisches Haupttheater» erwähnt und die sich auf die Befolgung der aristotelischen Einheiten im französischen Theater bezieht: «Der Franzos will nur ‹Eine Krise›. Dieses einsichtige Wort Napoleons deutet dahin, daß die Nation an eine gewisse einfache, abgeschlossene, leicht faßliche Darstellung auf dem Theater gewöhnt war.»[44] Der Kriminalrichter durchschaut also nicht zuletzt die grundlegende Konstruktion der klassischen Bühnenästhetik. Als Konklusion dieses Gesprächsfadens, der sich durchgehend auf die Frage von Kunst und Naturwahrheit bezieht, steht die Missbilligung von Schicksalsdramen. Es handelt sich nicht nur um jene modischen Stücke, in denen Zeichen und Wunder, überraschende Zufälle, Personenverwechslungen und plötzliche Wiedererkennungen ihre Zuschauer in Atem halten; sondern doch wohl auch um die mythischen, von Göttern gelenkten, ganze Generationenfolgen in den Abgrund ziehenden antiken Tragödien, die verblendete Menschen als Spielbälle von Übermächten zeigen. «Was will man jetzt mit dem Schicksal», sagt Napoleon dazu, «die Politik ist das Schicksal». Damit ist das Thema sowohl abgeschlossen wie auf eine höhere Ebene gebracht. Politik ist das Feld jenes «naturgemäßen» Realismus und jener nüchternen «Wahrheit», die Napoleon in der dramatischen Kunst oft vermisst. Und natürlich ist die Politik die Kompetenz des Herrschers, der hier mit einem Dramatiker redet. Napoleon setzt sich selbst als den Inbegriff der Wirklichkeit, um die es auch der Bühnenkunst gehen sollte. Die aktuelle Politik aber unterbricht gerade an dieser Stelle den Verlauf der Unterredung. Der Kaiser muss sich seinen täglichen Geschäften zuwenden, und er überlässt den Dichter für geraume Zeit sich selbst und seinen Gedanken:

> *Er wandte sich sodann wieder zu Daru und sprach mit ihm über*
> *die großen Contributionsangelegenheiten; ich trat etwas*
> *zurück und kam gerade an den Erker zu stehen, in welchem ich*
> *vor mehr als dreyßig Jahren zwischen mancher frohen auch*
> *manche trübe Stunde verlebt, und hatte Zeit zu bemerken daß*
> *rechts von mir nach der Eingangsthüre zu, Berthier, Savary*
> *und sonst noch jemand stand. Talleyrand hatte sich entfernt*
> *Maschall Soult ward gemeldet.*
> *Diese große Gestalt mit stark behaartem Haupte, trat herein,*
> *der Kayser fragte scherzend über einige unangenehme*
> *Ereigniße in Pohlen und ich hatte Zeit mich im Zimmer*
> *umzusehen u. der Vergangenheit zu gedenken.*
> *Auch hier waren es noch die alten Tapeten;*
> *Aber die Portraite an den Wänden waren verschwunden.*
> *Hier hatte das Bild der Herzogin Amalie gehangen, im*
> *RedoutenAnzug eine schwarze Halbmaske in der Hand, die*
> *übrigen Bildniße von Statthaltern und Familienmitgliedern*
> *fehlten alle.*

Diese Passage der Goetheschen Skizze erweckt am intensivsten den Eindruck gläserner Deutlichkeit beim Erinnern. Der Schwerpunkt verlagert sich vom Gesprochenen auf räumliche und visuelle Wahrnehmungen. Goethe tritt zurück und kommt an den – bis heute erhaltenen – Erker des Audienzzimmers zu stehen. Damit wissen wir, dass der runde Tisch des Kaisers in der vom Eingang aus gesehen hinteren, westlichen Hälfte des Raumes stand. Die Gespräche des Kaisers drehen sich um kriegerische Fragen, wie sie Goethe aus den Erfahrungen der letzten beiden Jahre auch aus Weimar geläufig waren: Kontributionen, die große Last der napoleonischen Zeit in Deutschland. Und die unangenehmen Ereignisse in Polen – soweit wir wissen, handelt es sich um Bauernunruhen, wie sie Napoleon auch in Spanien so zu schaffen machten – hatten im Moment der Verhandlungen mit dem Zaren große Wichtigkeit. Ein Schatten von Ernst legt sich über die Szene. Generäle beherrschen sie – wir müssen uns Uniformen vorstellen –, Talleyrand ist verschwunden. Goethe aber liest in den Resten der alten Ausstattung, die sich unter den aus Paris mitgebrachten oder aus Gotha neu angeschafften Teppichen und Möbeln noch wiederfinden lässt, seine eigene Vergangheit: angeregte Festtage beim kurmainzischen Statthalter Dalberg. In einer Wendung von berückender Prägnanz erscheint die verschwundene Vergangenheit in der Form eines erinnerten, nun aber fehlenden Bildes der Weimarer Herzogin Anna Amalia, der Mutter Carl Augusts, das diese im Ballkleid mit Halbmaske, also in heiterer Karnevalsgestalt gezeigt hatte. Der Dichter, der hier und jetzt vor dem größten Mann seiner Epoche steht, findet Gelegenheit für einen so raschen wie ausgedehnten Rückblick auf ein halbes Leben mit frohen und trüben Stunden. Diese Phase der Ruhe in einer gespannten Situation ist der bewegendste Moment von Goethes Text. Der Abschluss der Unterredung beginnt mit einer deutlichen Zäsur:

Der Kayser stand auf, ging auf mich los und schnitt mich durch
  eine Art Manövre von den übrigen Gliedern der Reihe ab in
  der ich stand.
Indem er jenen den Rücken zukehrte und mit gemäßigter Stimme
  zu mir sprach, fragte er: ob ich verheyrathet sey Kinder
  habe und was sonst persönliches zu interessiren pflegt. Eben
  so auch über meine Verhältniße zu dem Fürstlichen Hause,
  nach Herzogin Amalia, dem Fürsten, der Fürstin und sonst; ich
  antwortete ihm auf eine natürliche Weise. Er schien zufrieden und
  übersetzte sichs in seine Sprache, nur auf eine
  entschiedenere Art als ich mich hatte ausdrucken können.

Napoleon erhebt sich von seinem runden Tisch und geht auf Goethe zu. Wieder achtet dieser in seinem Bericht auf die räumliche Deutlichkeit. Da Talleyrand den Raum verlassen hat und Soult dazugekommen ist, befinden sich mit Goethe noch fünf Personen beim Kaiser, vier hohe

Militärs: Daru, Berthier, Savary und Soult sowie der dicke Kammerherr. Die fünf empfangenen Personen stehen in einer Reihe von links nach rechts – wir imaginieren die Blickrichtung Goethes, also von der Tür des Audienzraumes aus – vor dem Tisch des Kaisers; Goethe befindet sich ganz links am Erker, der ihm nächststehende könnte Daru gewesen sein, der mit ihm zusammen eingetreten war und vor dem Kaiser für ihn sprach. Napoleon tritt nun also direkt an Goethe heran, er trennt ihn damit von der Reihe der anderen und senkt die Stimme. Die Fragen, die er nun stellt, betrachtet er als so vertraulich und heikel, dass die anderen nicht zuhören sollen. Wir können vermuten, dass er einen praktischen Zweck mit ihnen verfolgt; Goethes Bericht bleibt hier recht allgemein, und nur die «entschiedenere Art», in die Napoleon sich seine Antworten übersetzt habe, lassen eine deutliche Absicht auf dessen Seite vermuten. Welche? Dazu gleich mehr. Der Bericht schließt mit einer allgemeinen Charakteristik. Napoleon erscheint als durchaus unsteife, lebhafte, fast quecksilbrige Persönlichkeit. Die Sympathie für seinen Besucher ist offenkundig. Sich selbst lässt Goethe in höfischer Gemessenheit erscheinen, doch ohne Unterwürfigkeit:

> *Dabey muß ich überhaupt bemerken daß ich im ganzen Gespräch die Mannigfaltigkeit seiner BeyfallsÄußerungen zu bewundern hatte; denn selten hörte er unbeweglich zu, entweder er nickte nachdenklich mit dem Kopfe oder sagte oui! oder gar c'est bien, oder dergl. auch darf ich nicht vergeßen zu bemerken, daß, wenn er ausgesprochen hatte er gewöhnlich hinzufügte: Qu'en dit Mr Göt.*
> *Und so nahm ich Gelegenheit bey dem Cammerherrn durch eine Gebärde anzufragen ob ich mich beurlauben könne? die er erwiederte, und ich dann ohne Weiteres meinen Abschied nahm.*

Die ganze Darstellung ist bei aller Knappheit so deutlich und so reichhaltig, dass sie genügend Stoff für die knappe Stunde enthält, die der im Vorraum auf Goethe wartende Müller in seinen Erinnerungen für die Audienz angibt; zumal wenn wir die Unterbrechung durch Daru und Soult sowie den Abschied Talleyrands bedenken. Diese Unterbrechung teilt die Unterredung in zwei auch inhaltlich deutlich geschiedene Phasen: Die erste handelt von der Literatur und ihrem Verhältnis zur

Wirklichkeit, die zweite, gewiss kürzere, dreht sich um Goethes persönliche Umstände, seine Familie, seine Beziehung zum Weimarer Hof. Die räumliche Anschaulichkeit und der Erinnerungsexkurs sprechen für die Authentizität von Goethes Darstellung. Den lebhaften Ausruf, mit dem Napoleon in Goethes Bericht seine Interventionen jeweils abschloss – *Qu'en dit Mr Göt*, «Was sagt Herr Goethe dazu?» – gibt die Handschrift in französischer Phonetik wieder: Es fehlt das Ende-e von «Goethe». Wir dürfen uns also vorstellen, dass Goethe bei seinem Diktat in den frühen Morgenstunden des 14. Februar 1824 die Stimme Napoleons nachgemacht hat. Sein Text kann einen Historiker, ja einen Kriminalrichter, weitgehend zufriedenstellen.

Aber doch nicht ganz, und schon das erzwingt einen Blick auf andere Quellen, in denen dieses Gespräch überliefert ist. Unklar bleiben zwei Punkte: Was genau hat Napoleon am «Werther» auszusetzen gefunden, und worauf lief seine Erkundigung nach Goethes persönlichen Umständen hinaus?

Das allermeiste, was sonst von der Unterredung mit Napoleon vom 2. Oktober 1808 bekannt wurde, geht direkt oder indirekt auf Goethe zurück. Denn wenn dieser zu Lebzeiten auch nichts dazu publizierte und keine längere Darstellung in einem vertraulichen Brief gab – wie Johannes von Müller 1806 an seinen Bruder –, so sparte er doch nicht mit einzelnen Hinweisen in Gesprächen und Briefen. Selbst das zeitlich früheste Zeugnis stammt aus Goethes direktem Umkreis. In den letzten Tagen des Erfurter Kongresses verfasste Friedrich von Müller auf Bitten Talleyrands ein knappes «Mémoire» in französischer Sprache über die von Napoleon mit Goethe und Wieland geführten Gespräche. Eine Abschrift hat sich in Müllers Nachlass erhalten. Es ist in einem exaltierten Ton diplomatischer Devotion gehalten und sachlich wenig ergiebig. Es behauptet, das Gespräch habe sich «um die wichtigsten Punkte der Geschichte und der Literatur» gedreht sowie um den «Werther»; ihn habe der Kaiser nach eigener Angabe siebenmal gelesen und daher im Einzelnen wie im Gesamten der Komposition *(les détails et l'ensemble d'une composition)* brillant beurteilt.[45] Die Darstellung, die Müller dann in den «Erinnerungen aus den Kriegszeiten» viel später, in den vierziger Jahren des 19. Jahrhunderts, gab, ist im Wesentlichen eine narrative Bearbeitung von Goethes 1836 erschienener Skizze, deren Niederschrift ja von Müller urgiert worden war. Dass er entgegen von Goethes ausdrücklichem, schon in seinem Brief an Reinhard von 1808 niedergelegten Zeugnis, Napoleons *Voilà un homme/Vous êtes un homme* vom Beginn des Gesprächs an dessen Ende verlegt, ist allerdings ein kaum begreiflicher Eingriff: Aus einem Ausruf des Erstaunens wird eine majestätische Anerkennung. Müller kann nicht aufhören, Diplomat zu sein. Er wird von Goethe direkt im Anschluss an die Audienz oder später das eine oder andere gehört haben; die siebenmalige Wertherlektüre des Kaisers, von der Müller auch in seinen Erinnerungen spricht, kann durchaus von Goethe stammen – welcher Schriftsteller wäre über so etwas nicht erfreut?

In Müllers «Erinnerungen» stehen noch zwei weitere Informationen, die glaubwürdig sind. Demnach habe Napoleon Goethe aufgefordert, ein Cäsar-Drama zu schreiben und nach Paris zu kommen: «Das Trauerspiel sollte die Lehrschule der Könige und der Völker sein, das ist das Höchste, was der Dichter erreichen kann. Sie z.B. sollten den Tod Cäsars auf eine vollwürdige Weise, großartiger als Voltaire schreiben. Das könnte die schönste Aufgabe Ihres Lebens werden. Man müßte der Welt zeigen, wie Cäsar sie beglückt haben würde, wie alles ganz anders geworden wäre, wenn man ihm Zeit gelassen hätte, seine hochsinnigen Pläne auszuführen. Kommen Sie nach Paris, ich fordere es durchaus von Ihnen. Dort gibt es eine größere Weltanschauung, dort werden Sie überreichen Stoff für Ihre Dichtungen finden.»[46] Die Anregung zu Cäsar bestätigt Goethe selbst, allerdings erst für ein zweites Gespräch mit Napoleon, in Weimar am 6. Oktober; wir kommen darauf zurück. Dass eine Einladung nach Paris am 2. Oktober vom Kaiser ausgesprochen wurde, ist gut vorstellbar;[47] in den zweiten, vertraulichen Teil des Gesprächs, den Goethes Skizze etwas verwischt wiedergibt, würde sie passen. Goethes Antworten zu den Fragen nach seiner persönlichen Situation und Napoleons «entschiedenere» Art, sie aufzufassen, lassen darauf schließen, dass der eine drängte, der andere auswich. Allerdings gab Napoleon durch die Form des Zwiegesprächs Goethe auch die Gelegenheit, im Unverbindlichen zu bleiben. Als dieser 1824 seine «Skizze» diktierte, lebte Herzog Carl August noch; Goethe hatte also allen Grund, sich bedeckt zu halten. Für Napoleon war eine solche Aufforderung ganz risikolos. Im besten Fall wurde sie angenommen, und der Kaiser konnte sich der Nähe eines weiteren großen deutschen Autors rühmen, nachdem er schon Johannes von Müller zum Minister in Kassel gemacht hatte. Schon 1807 hatte Napoleon in einer Denkschrift die Frage aufgeworfen, ob es nützlich sein könnte, *Poetae laureatae* oder auch *poètes césaréens*, Kaiserdichter, zu bestallen. Zwar blieb er skeptisch, eine Kunst öffentlich zu fördern, die jeder ausüben könne, der nur Geschmack besitze, für die also keinerlei Apparat erforderlich ist. Doch dachte er an schmeichelhafte Auszeichnungen, die man zeitgenössischen Autoren geben könne: «Warum nicht beispielsweise ein paar Dichter unter einem Ehrentitel dem *Théâtre français* assoziieren? Ihnen unter diesem Titel Pensionen geben, ihnen das Recht einräumen, über die zu zeigenden Stücke konsultiert zu werden? Das brächte keinerlei Unbequemlichkeit.»[48] Beraterverträge für Dichter: So nüchtern dachte der Kaiser über diese Fragen.

Die vertrackteste Rätselfrage der Unterredung betrifft den «Werther». Welche Stelle tadelte Napoleon als nicht naturgemäß? Müller beantwortet diese Frage rein stofflich. Der Kaiser habe «an gewissen Stellen eine Vermischung der Motive des gekränkten Ehrgeizes mit denen der leidenschaftlichen Liebe» finden wollen. «Das ist nicht naturgemäß und schwächt bei dem Leser die Vorstellung von dem übermächtigen Einfluß, den die Liebe auf Werther gehabt. Warum haben Sie das getan?»[49] Man sieht, wie Müller mit den Formulierungen Goethes arbeitet und diese ergänzt. Doch ist seine Lösung ganz unwahrscheinlich; sie widerspricht schon dem Wortlaut von Goethes Skizze, wo von einem «Kunstgriff» die Rede ist. Goethe hat sich einen Spaß daraus gemacht, die «Werther»-Frage sein Leben lang im Dunkeln zu lassen. Vier Wochen, bevor er die Unterredung niederschrieb, hatte er ein Gespräch mit Eckermann darüber, den er raten ließ, was Napoleon gemeint haben könnte. Dieser antwortete, es könnte die Stelle sein, «wo Lotte Werthern die Pistolen schickt, ohne gegen Alberten ein Wort zu sagen», worauf Goethe antwortete: «Ihre Beobachtung ist ebenso richtig wie die seinige», ohne das Geheimnis zu lüften.[50] Es gibt nun von ihm die sonderbare Mitteilung, der Kaiser habe ihn «zum Lachen gebracht»; das schrieb Goethe schon am 16. Oktober 1808 an seine Frau, und er wiederholte es 1815 im Gespräch mit Sulpiz Boisserée, beide Male, ohne den Anlass zu nennen.[51] Die Skizze der Unterredung erwähnt aber beim «Werther»-Tadel das «vergnügte Lächeln», mit dem Goethe die Richtigkeit der Kritik zugestand, also dürfen wir seine Amüsiertheit auf diese Phase des Gesprächs beziehen. «Warum habt ihr das gethan?» Das Rätsel wird durch Goethes Lachen eher noch größer.

Einer der besten Zeugen von dessen Mitteilungen war zeit seines Lebens Wilhelm von Humboldt. Dieser gleichermaßen präzise wie aufnahmefähige Geist war beispielsweise im Stande, in einem Brief an seine Frau nach nur zweifacher Vorlesung von Goethes «Marienbader Elegie» 1823 eine vollkommen zutreffende Schilderung und Analyse dieses langen und komplexen Gedichtes zu geben. Daher verdient auch besonderes Gehör, was er am 19. November 1808 von einem Gespräch mit Goethe schreibt, wiederum an seine Frau; zumal er zu den wenigen gehört zu haben scheint, denen Goethe einen einigermaßen umfassenden Bericht von seiner Audienz bei Napoleon gab. «Goethe hat eine lange Unterredung mit dem französischen Kaiser gehabt», schreibt Humboldt. «Werthers Leiden und die französische Bühne sind die Hauptgegenstände der Unterhaltung gewesen. In Werthers Leiden hat der Kaiser eine Stelle getadelt, die nach Goethes Versicherung allen übrigen Lesern entgangen ist. Es ist, sagt Goethe (die Stelle selber wollte er nicht anzeigen) eine, wo er die wahre Geschichte und die Fiktion aneinander genäht hat, wo er die Verbindung mit großer Kunst gemacht zu haben glaubt, wo indes der Kaiser doch etwas Spielendes bemerkt hat. Das französische Theater soll der Kaiser unglaublich genau von Vers zu Vers kennen und nicht so unbedingt verehren. Vorzüglich streng soll er in der Beurteilung der Konsequenz der Charaktere und in der Gegeneinanderhaltung der historischen und poetischen Motive sein. Am meisten aufgefallen ist Goethe an ihm, daß er, auch in poetischen und literarischen Dingen nie etwas getadelt hat, ohne gleich zu sagen, was an die Stelle gesetzt werden müßte.»[52]

Man erkennt hier mühelos den ersten Teil der Unterredung mit ihrem Schwerpunkt auf der Naturwahrheit der Literatur wieder; vom zweiten, vertraulichen Teil des Gesprächs scheint Goethe zu Humboldt nichts gesagt zu haben. Bei der Literatur geht es dem Kaiser offenbar auf eine fast pedantische Weise um Richtigkeit und Glaubwürdigkeit; das führt ihn tief in Fragen des Metiers. Und so tadelt er beim «Werther» einen Bruch zwischen Geschichte und Fiktion, wir würden sagen: in der Erzählhaltung, jedenfalls aber nichts Stoffliches. Und diesen Bruch gibt es, und zwar in der Neubearbeitung des «Werther» von 1786. Gegen Ende, nachdem die Reihe der Briefe des Helden, die die Entwicklung seiner Leidenschaft für Lotte vor den Augen des Lesers erstehen ließen, zu Ende ging, tritt ein «Herausgeber» aus der Kulisse, der behauptet, für die letzten Tage des Selbstmörders «genaue Nachrichten aus dem

Munde derer zu sammeln, die von seiner Geschichte wohl unterrichtet sein konnten». Doch diese dokumentarische Fiktion wird an einer Stelle durchbrochen, wo der Erzähler bei einem einsamen Winterspaziergang Werthers Dinge aus dessen Innerem mitteilt, die er schlechterdings nicht wissen kann, so wenn von dessen «heimlichen Unwillen gegen den Gatten» (Lottes) die Rede ist, oder wenn es heißt: «Ja ja, sagte er zu sich selbst mit heimlichem Zähneknirschen». Der dokumentarische Bericht geht an diesem Punkt in eine lebhafte Innensicht über: «Das klare Wetter konnte wenig auf sein trübes Gemüt wirken, ein dumpfer Druck lag auf seiner Seele, die traurigen Bilder hatten sich bei ihm festgesetzt, und sein Gemüt kannte keine Bewegung als von einem schmerzlichen Gedanken zum anderen.»

Das sind nun Feststellungen, die sich nach dem Tod des Protagonisten von Dritten schlechterdings nicht mehr gewinnen lassen. Und so vermutet Arthur Henkel – der sich hier auf einen alten Aufsatz der «Bayreuther Blätter» von 1931 berufen kann – höchst plausibel, dass es sich bei Napoleons Einwand um diesen im Strom der Gefühle des auf die Katastrophe zueilenden Romans kaum fühlbaren, aber logisch nicht zu leugnenden Bruch in der Illusion handeln muss.[53] Das nun wäre in der Tat eine «kriminalrichterliche» Beobachtung, wie man sie macht, wenn man eine Zeugenaussage auf Herz und Nieren prüft, und sie passt auch zu Goethes Formulierung vom «nicht leicht zu entdeckenden Kunstgriff», dessen er sich um der Wirkung willen bedient habe. Ob dieser spitzfindige Tadel aber Anlass für mehr als «vergnügtes Lächeln» gewesen sein kann, nämlich Goethe sogar zum Lachen gebracht hat – das werden wir nicht entscheiden können. Aber dass er noch im hohen Alter stolz darauf war, als er in einer Darstellung von Napoleons Ägypten-Feldzug las, dieser habe in seiner Feldbibliothek den «Werther» mitgeführt, das wissen wir, weil Eckermann es bezeugt.[54] In die Zeit unmittelbar vor den Ägyptenfeldzug fällt Napoleons einziger Anlauf, selbst einen Roman zu schreiben, von dem sich ein Dutzend Seiten erhalten haben: «Clisson und Eugénie», ein schwüles Eifersuchtsstück, in dessen modisch-sentimentaler Tonlage man auch eine «Werther»-Rezeption entdecken mag; dieser Versuch kann den literarisch erregten Autodidakten auch zu einem genaueren technischen Blick auf Goethes stilbildenden Roman veranlasst haben.[55]

All diese quellenkritischen Erörterungen kommen ohne einen Hinweis auf Talleyrands Memoiren aus. Dass dieser während der ersten

Hälfte der Unterredung mit Napoleon anwesend war, wissen wir von Goethe. Dass er sich über die Dichtergespräche des Kaisers durch Müller eine Tischvorlage anfertigen ließ, wurde schon erwähnt. Er selbst behauptet, nach der Unterredung mit Goethe diniert zu haben und anschließend sogleich das erste Gespräch Napoleons mit diesem niedergeschrieben zu haben. Nun kann keine Rede davon sein, dass Goethe mit Talleyrand gespeist hätte, weder an diesem noch an einem späteren Tag. Nach der Audienz am 2. Oktober erwähnt das Tagebuch ausdrücklich «Tafel beym Herzog» und als Teilnehmer: «Prinzessin von Taxis und Herzoginn von Hildburghausen.» Laut Talleyrand soll Napoleon Goethe aufgefordert haben, sich «heute Abend» die «Iphigenie» von Racine anzusehen; doch am Abend des 2. Oktobers wurde dessen «Mithridates» gespielt, den Goethe auch besucht hat. Die Liste der Unstimmigkeiten ließe sich fortsetzen, und wer sich für alle Einzelheiten interessiert, der sollte immer noch Ludwig Geigers Buch «Alt-Weimar» von 1897 studieren.[56] Das «Werther»-Thema erwähnt Talleyrands Bericht überhaupt nicht, obwohl der französische Staatsmann es in mündlichen Berichten gegenüber Dritten gelegentlich zur Sprache brachte.

Dazu kommt, dass die Überlieferung der Talleyrandschen Memoiren unsicher ist; das Originalmanuskript ist zum größten Teil verloren, aber der Vergleich der einzigen erhaltenen Passage der Handschrift mit dem publizierten Text zeigt zahllose Bearbeitungen in Einzelheiten, die den Text noch stärker ins Anti-Napoleonische färben als er es ohnehin schon gewesen sein muss. Das bedeutet, dass Talleyrands Erben ein bourbonisch-legitimistisches Redigat des nach 1815 verfassten Textes veranlassten, das dann der Publikation im Jahre 1891 zugrundegelegt wurde. Und so zeigt die Wiedergabe der Unterredung mit Napoleon vor allem das Interesse, den Kaiser in einem ungünstigen Licht erscheinen zu lassen, präpotent und gönnerhaft. Dass das Hauptthema des Gesprächs die dramatische Literatur war, und dass Napoleon dabei tief in dramaturgische Sachfragen eindrang, wird auch bei Talleyrand sichtbar. Insofern mag man von einer Fälschung nicht sprechen, zumal einiges aus den anderen Gesprächen des Kaisers mit den Deutschen herübergewandert sein mag; aber für eine Auskunft im Detail bleibt das Zeugnis des Augenzeugen Talleyrand, der uns sogar sein vorzeitiges Abtreten aus dem Gespräch verschweigt, ganz unbrauchbar. Das gilt unglücklicherweise auch für einen politischen Punkt, bei dem man dem französischen Würdenträger besondere Kompetenz und Aufmerksamkeit zubilligen möchte: Goethes Verhältnis zum Weimarer Herzogpaar. Denn dieses Thema fällt in den zweiten Teil des Gesprächs, bei dem Talleyrand nach Goethes unmissverständlicher Angabe nicht mehr im Raum war. Dass Napoleon freundlich von der Herzogin Luise sprach, ist möglich, weil er das mit Ostentation immer wieder tat. Aber hat er wirklich zu Goethe gesagt: «Der Herzog hat sich eine Zeitlang schlecht betragen, doch er hat sich gebessert»? Und hat dieser erwidert: «Es ging ihm schlecht, aber die Besserung war etwas heftig, doch bin ich kein Richter über dergleichen; er fördert die Künste und die Wissenschaften, und so haben wir ihn zu preisen»?[57] Auch das wird sich nicht entscheiden lassen. «Aber nicht alles ist wirklich geschehen, was uns als Geschichte dargeboten wird, und was wirklich geschehen, das ist nicht so geschehen, wie es dargeboten wird», soll Goethe 1806 zu dem jungen Historiker Luden gesagt haben.[58] Dieses skeptische Bewusstsein macht seine eigenen Mitteilungen, die durch das Zutreffen aller äußeren Umstände bestätigt werden, zusätzlich glaubwürdig. Talleyrand ist kein Lügner und kein Fälscher; doch hat er ein kavaliersmäßiges Verhältnis zur historischen Genauigkeit, die er in den Dienst eines größeren Zwecks stellt, und dieser Zweck bestand in einer Charakteristik Napoleons, nicht in einem Porträt Goethes.

In den ersten Oktobertagen hatten sich die Verhandlungen zwischen Napoleon und dem Zaren so festgefahren, dass man sie den beiden Außenministern Champagny und Romanzoff übergab, die Kompromisspapiere vorbereiten sollten. Derweil würden sich die Monarchen beim Herzog von Weimar amüsieren. Nun begannen anstrengende Tage auch für Goethe. Am 2. und am 3. Oktober war er noch einmal in Erfurt im Theater, um «Mithridates» und «Zaire» zu sehen. Am 4. verhandelte er bereits mit Napoleons Palastpräfekten Rémusat über die Vorstellung des Französischen Theaters, das mit nach Weimar kommen sollte, denn Napoleon duldete keine Pause im großen tragischen Lehrgang, den er Europa verordnet hatte. Nachmittags war Goethe selbst schon wieder in Weimar, wo am Tag darauf der Intendant des *Théâtre Français*, Dazincourt, eintraf, mit dem Goethe das Weimarer Hoftheater für das Gastspiel einrichtete. Angeblich soll er sich nur durch die Proteste der Betroffenen davon haben abhalten lassen, die Weimarer Schauspieler als Statisten der Franzosen auftreten zu lassen. Außerdem hatte Goethe bei der Konzeption der Festdekorationen mitzuwirken. In Weimar wurde vor dem Schloss ein großer, von rauchenden Opferschalen umgebener Obelisk mit den Namen der beiden Kaiser errichtet. Heikler war die Verzierung des Napoleonsberges, vormals Windknollen, bei Jena, am Ausgangspunkt der Schlacht von 1806, wo Napoleon am 7. Oktober ein Gabelfrühstück zu halten und dem Zaren eine ausführliche Erläuterung seines Sieges zu geben gedachte. Man entschied sich für einen kleinen dorischen Tempel aus Holz und Leinen mit vier Säulen und bedeutungsvoller lateinischer Inschrift im Architrav. Voigt und Goethe gaben die Ideen, Professor Eichstädt in Jena, der Redakteur der Literatur-Zeitung, verfasste das komplexe Chronostichon. Vergrößerte Buchstaben ließen sich zur Jahreszahl 1808 addieren, und die lateinischen Worte verkündete in goldenen Lettern:

PRAESENTES DIVOS PRISCA THVRINGIA IUNXIT
EN NOVUS ATTONITOS IUNGET AMOR POPULOS

Geheimrat Voigt, der alten Silbenmaße sehr wohl kundig und in der Freizeit gern ein Verseschmied, goss es in den korrekten deutschen Rhythmus:

*Thüringen, altes Gebiet, vereinst die Götter der Erde
Staunende Völker verknüpft neueste Liebe durch Sie* [59]

Mit Bedacht wurde nicht an die siegreiche Schlacht des einen Kaisers erinnert, sondern an die Präsenz beider «Götter der Erde», also auch des Zaren. «Thüringen» schloss das französische Erfurt mit Weimar und Jena zusammen, und die Hoffnung lautete: Einklang der Völker, Friede. Die von den Geheimräten ersonnene Botschaft war humanistisch in Form und Inhalt: griechisch der Tempel, lateinisch die Sprache, klassisch der Rhythmus, pazifistisch der Appell. Es waren die passendsten Worte, die ein mit Napoleon verbündeter, mit dem Zaren verwandter, selbst machtloser, ganz auf die schönen Künste ausgerichteter Hof finden konnte. Dass sie sich wie ein epigrammatischer Reflex auf die Diskussionen über die Alternative von Gleichgewicht der Mächte oder Universalmonarchie lesen, die Goethe in den Jahren zuvor verfolgt hatte, ergab sich fast zwangsläufig aus der Logik der Situation.

Goethe war bei den Vorbereitungen zu den beiden Weimarer Tagen jedenfalls mit mehr Eifer dabei als der preußische Offizier Müffling, der die Oberaufsicht über den Gesamtablauf als Vertreter Carl Augusts ausübte. Müffling ärgerte sich über die Hochfahrenheit des französischen Marschalls Duroc, der ihm die Vorgaben des Kaisers übermittelte. Napoleon wünschte zwei Jagden, ein Diner, Konzert, Theater und Ball. Die Tischordnung an der Fürstentafel fand Müffling unpassend, und fassungslos war er über die Wahl des Theaterstücks am Abend: Gespielt werden sollte «La Mort de César» von Voltaire. Heikleres schien es kaum geben zu können, immerhin war das Stück, das Caesars Ermordung durch Brutus behandelte, in Frankreich mit Aufführungsverbot belegt. Und hatte Napoleon nicht verkündet, die ganzen Weimarer Festlichkeiten, dieser gesellschaftliche Höhepunkt des Fürstenkongresses, würden nur zu Ehren der Herzogin Luise veranstaltet? Müffling fand, es sei kein Stück im ganzen Repertoire des französischen Theaters ungeeigneter, «als gerade dies, um es zu Ehren einer Dame geben zu lassen».[60]

Doch alles verlief zur Zufriedenheit, und der Weimarer Apparat funktionierte diesmal reibungslos. Am Morgen des 6. Oktobers erlegten die zwei Kaiser und vier Könige bei strahlendem Herbstwetter auf dem Ettersberg von erhöhten Zelten aus 47 Hirsche, fünf Rehböcke, fünf Hasen und einen Fuchs. Hunderte Neugieriger durften von Ferne zuschauen. Das späte Mittagessen für mehr als 150 Personen im Weimarer Schloss zeigte Napoleon in der Mitte der verbündeten Monarchen als Haupt Europas. Es ist dieser Nachmittag in Weimar der höchste sichtbare Ausdruck, den Napoleons Macht überhaupt gefunden hat. Denn da saßen sie an separater Tafel in einem Halbrund alle um ihn, der Zar und die von Napoleon geschaffenen und abhängigen deutschen Könige und Fürsten, an den Enden des Hufeisens Carl August und sein Sohn, der Erbprinz, dazwischen Bayern, Sachsen, Württemberg, Westphalen, Oldenburg, Mecklenburg, ein Prinz von Preußen, Großfürst Konstantin, Herzogin Luise, ihre Tochter und auch Talleyrand, der Fürst von Benevent. Außerdem saß Dalberg da, der Fürstprimas, der die von Napoleon weggefegten geistlichen Herrschaften Deutschlands als Letzter vertrat. Dalberg verwickelte Napoleon in eine historische Diskussion, bei der es um die Reichsverfassung und die Goldene Bulle ging. Und da zeigte sich, dass der Nachfolger des Kurfürsten von Mainz deren Jahreszahl nicht korrekt im Kopf hatte, während der französische Kaiser das richtige Datum 1356 wusste. Und Napoleon versäumte nicht, an jene Zeit zu erinnern, in der er sich seine ausgebreiteten Kenntnisse angeeignet hatte: *Quand j'etais lieutenant d'artillerie* – als er Leutnant der Artillerie war,[61] da habe er all die Bücher gelesen und sie auch behalten.

Danach ging es ins Theater, jenes Gebäude, das wie Goethe vermerkte, am Abend des 14. Oktober 1806 von einer französischen Kanonenkugel getroffen worden war und wo nun französische Schauspieler «Caesars Tod» aufführten. Napoleon soll während der Vorstellung mehrfach eingeschlafen sein, am Ende aber sagte er zu der neben ihm sitzenden Herzogin Luise: «Seltsames Stück, dieser ‹Caesar›! Ein republikanisches Stück! Ich hoffe nur, es macht hier keinen Effekt.»[62] Es machte Effekt, aber durchaus keinen unerwünschten. Voltaires Drama ist nämlich eigentlich ganz unverfänglich, es ist, wie Friedrich Gundolf feststellte, ein «Rührstück mit welthistorischen Personen»[63], keinesfalls eine Verherrlichung des Caesar-Mörders Brutus. Denn dieser erfährt unmittelbar vor der Tat, dass er ein unehelicher Sohn des verhassten, nach der Königskrone strebenden Diktators ist; er muss sich also zwischen Vatermord und republikanischem Heroismus entscheiden. Seine Tat wird damit auch als Untat beleuchtet, und die tragische Situation, die Talma als Brutus auszugestalten hatte, besteht in einem sentimentalen Gewissenskonflikt. Caesar erscheint aus Milde unfähig, seinen Attentätern mit Gewalt entgegenzutreten. Talma habe sich selbst übertroffen, befand Müller. Am Schluss des ersten Akts, wo Caesar dem Antonius, der ihn vor den Senatoren warnt, antwortet:

Ich hätte sie bestraft, wenn ich sie fürchten könnte;
Gebt mir nicht solchen Rat und lehret mich nicht hassen.
Ich weiß zu kämpfen, siegen, doch weiß ich nicht zu strafen:
Lasst mich nichts hören drum von Argwohn noch von Rache, –
Ob der besiegten Welt sei Herr ich ohne Zwang.

Sur l'univers soumis régnons sans violence – «war es, als ob ein elektrischer Funke mächtig alle Zuschauer durchzuckte. Niemand vermochte unerschüttert zu bleiben.»[64] Dass in Weimar mindestens ein Attentatsplan gegen Napoleon nicht zur Ausführung gelangt war, weil die Patrioten, die ihn erschießen wollten, davor zurückschreckten, den preußischen Prinzen Wilhelm zu treffen, der mit Napoleon unterwegs war, hatte sich zu diesem Zeitpunkt noch nicht herumgesprochen.

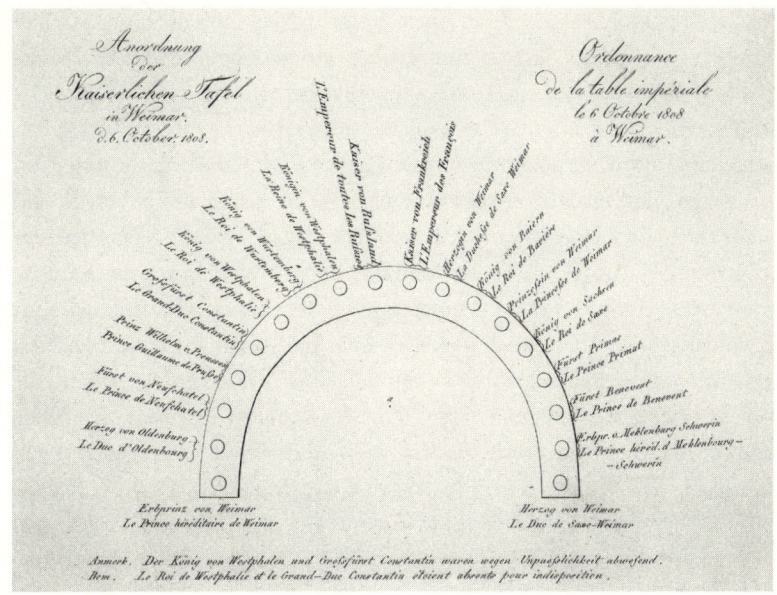

Die Anordnung der kaiserlichen Tafel

Goethe hat sich von dem Weimarer Theaterabend weder in der einen noch in der anderen Richtung überwältigen lassen; er blieb nüchtern und resümierte seine Bühneneindrücke wenig später im Gespräch mit Riemer professionell: «Das französische Theater, Acteurs, gehen nur wenig über die französische Wirklichkeit hinaus, es ist nur tactmäßiger», befand er. Das Ensemble der Bewegungen bei den mannigfaltig, aber doch uniform gekleideten Männern in «La mort de César» fand er äußerst würdig und imposant. Goethe pflichtete also den Urteilen nicht bei, die Übertriebenheit und Monotonie der Deklamation im *Théâtre Français* beklagten. Er erkannte hier einen abweichenden Nationalstil, fundiert in einer fremden Lebensform: «Der gemeinste Soldat würde so agiren, so sprechen, nur nicht durchweg mit dieser Gemessenheit, die keineswegs steif und hölzern.» «Das französische Theater stellt seinen Gegensatz in französischer Form, das deutsche den seinigen in seiner Form dar. Das deutsche stellt leidenschaftliche Gegenstände mit seiner Ruhe vor, das französische gesetzte mit seiner Heftigkeit.»[65]

Nach dem Theater ging es über die mit Fackeln erleuchteten Straßen Weimars zurück ins Schloss zum großen Hofball, dem festlichen Höhepunkt des Fürstenkongresses. Napoleon bewegte sich dort nach seiner Art in einfacher Jägeruniform und soll vor allem den Damen auf wenig geschickte Weise Komplimente gemacht haben. Der Kaiser hatte an solchen höfischen Tanzvergnügen keine Freude, und so verbrachte er den Abend weitgehend in Gesprächen, und zwar mit den deutschen Schriftstellern Christoph Martin Wieland und wieder Goethe. Vielleicht war das Berechnung, wie Herzogin Luise vermutete, wisse der Kaiser doch, dass der Einfluss der deutschen Intellektuellen (*savants*) auf die öffentliche Meinung groß sei und dass alle Zeitungen von der Güte und Aufmerksamkeit Napoleons berichten würden.[66] Doch gibt der wundervolle Brief, den Wieland über seine Begegnung mit Napoleon geschrieben hat, einen anderen Eindruck. Er zeigt den Kaiser mit seiner Lebhaftigkeit, auch seiner Freude am Dozieren, sodass Talleyrand in seinen Erinnerungen die Schraube nur wenig verstellen musste, um eine Karikatur daraus zu machen. Doch Napoleons Lust am Gespräch erscheint nicht gespielt, und sein Verhalten zu dem völlig unbefangenen Wieland ist ohne alle Prätention. Gegenüber dem alten deutschen Schriftsteller zeigte er sich wieder als der neugierige, dabei etwas besserwiserische Artillerieleutnant, der kein schöneres Thema kennt als die Weltgeschichte und die großen Historiker der Antike.

Er hatte Wieland in einer Loge des Theaters erspäht und vermisste ihn nun auf dem Ball. Also schaffte man ihn in einem Hofwagen herbei, und alsbald erschien er in seinem «gewöhnlichen accoutrement, das ist eine Calotte auf dem Kopf, ungepudert ohne Degen, u in Tuchstiefeln (übrigens anständig costümiert)» im Tanzsaal. Die Herzogin stellte Wieland dem Kaiser vor, «und Er sagte mir sehr leutselig – das gewöhnliche, indem er mich zugleich scharf ins Auge faßte. Schwerlich hat jemals ein Sterblicher die Gabe, einen Menschen gleich auf den ersten Blick zu durchschauen und (wie man zu sagen pflegt) wegzuhaben, in einem höhern Grad besessen als *Napoleon*. Er sah, daß ich meiner leidigen Celebrität zu Trotz, ein schlichter, anspruchsloser alter Mann war, und, da er (wie es schien) auf immer einen guten Eindruck auf mich machen wollte, so verwandelte er sich augenblicklich in die Form, in welcher er sicher seyn konnte seine Absicht zu erhalten. In meinem Leben habe ich keinen einfachern, ruhigern, sanftern und anspruchlosern Menschensohn gesehen. Er unterhielt sich mit mir wie ein alter Bekannter mit *seines* gleichen,

Der Festsaal des Weimarer Schlosses

und (was noch keinem andern *meines* gleichen wiederfahren war) anderthalb Stunden lang in Einem fort u ganz allein, zu großem Erstaunen aller
Anwesenden.» Wieland, der mündlich im Französischen wenig Übung
hatte, war froh, dass der Kaiser die Kosten der Unterhaltung gern selbst
bestritt. «Es war nahe an 12 Uhr, da ich endlich zu fühlen anfieng, daß
ich das *Stehen* nicht länger ertragen könne. Ich nahm mir also die Frey-
heit heraus, deren sich schwerlich ein anderer Deutscher oder Franzose
unterstanden hätte: Ich bat Seine Majestät mich zu entlassen, weil ich
mich nicht stark genug fühlte, das Stehen länger auszuhalten. Er nahm
es sehr gut auf. Allez donc, sagte er mit freundlichem Ton und Miene, allez, bon soir.»[67] Napoleon selbst übrigens lehnte während des Gesprächs
lässig an einer Säule, neben ihm stand der König von Sachsen.

Wieland teilte wie Goethe öffentlich nichts vom Inhalt des Gesprächs
mit, und er betonte, der Kaiser habe so leise mit ihm geredet, dass die
in respektvollem Abstand herumstehenden Höflinge und Würdenträger
kein Wort erhaschen konnten und dass also nichts von umlaufenden Gerüchten zutreffe. Wir kennen das von Johannes von Müllers Sofa-Begeg-

nung mit Napoleon. Doch hat sich Wieland gegenüber seinem späteren Biographen Johann Gottfried Gruber geäußert, und dessen Referat deckt sich überraschend genau mit dem bald danach verfassten Bericht Müllers; dieser scheint also seine Ohren gespitzt zu haben. Auf ihn verließ sich wiederum Talleyrand bei seiner satirischen Ausgestaltung. Es ging wie im Gespräch mit Müller vor allem um Geschichte, um die Griechen und Römer. Anknüpfend an das soeben gesehene Stück nannte Napoleon Cäsar einen der größten Köpfe der Weltgeschichte, wenn er nicht einen unverzeihlichen Fehler gemacht hätte: «Cäsar kannte ja längst die Menschen genau, die *ihn* zur Seite schafften, und so hätte er *sie* zur Seite schaffen müssen.»[68] Wir wissen nicht, ob Talleyrand hier zugehört hat. Die Römer pries Napoleon in erwartbarer Weise, während er von den Griechen mit ihren zänkischen kleinen Republiken wenig hielt. Und dann kam er auf ein Thema, das ihn immer wieder beschäftigte, so dass Talleyrand in seinen Memoiren Anlass für gelangweiltes Aufstöhnen fand: Tacitus. «Dem Tacitus warf der Kaiser vor (wir folgen dem Bericht Müllers), sich nicht genügend mit der Darstellung der Ursachen und inneren Beweggründe der Ereignisse befaßt und das Geheimnisvolle der Taten und ihrer Zusammenhänge nicht klar genug hervorgehoben zu haben. ‹Tacitus ist ein geschickter Maler›, sagte der Kaiser. ‹Er verfügt über eine kühne und verführerische Farbengebung.› Die Geschichte duldet aber keine Täuschung, sie soll aufhellen, bilden und nicht nur durch überraschende Gemälde unterhalten.» Das ist nun eine scharfsinnige Beobachtung, die auch nicht dadurch entwertet wird, dass der französische Cäsar hier gleichsam als Betroffener sprach: Tacitus gibt Charakterbilder, aus denen er die Abläufe entwickelt, während der Politiker Napoleon auf die äußeren Gegenheiten blickte, mit denen es die Kaiser zu tun hatten. Das passt in das Generalthema von Napoleons Unterredung mit Goethe, die Naturwahrheit der Poesie, die er nun auch von der Historie verlangt. Und noch einen Gedanken äußerte Napoleon, der ihm so am Herzen lag, dass er ihn zum wiederholten Mal vortrug, denn auch ihn kennen wir von Johannes von Müller: Das Christentum ist eine Reaktion des griechischen Geistes gegen die römische Eroberung: «Das durch rohe Gewalt besiegte Griechenland, errang die geistige Herrschaft wieder, indem es den wohltätigen Keim, den der Himmel zum Glück der Menschheit jenseits des Meeres ausgesät hatte, pflegte und entwickelte.» Eine nietzscheanisch anmutende Überlegung!

Wieland im Gespräch mit Napoleon

Auch an Goethe richtete Napoleon an diesem Abend wieder einige Worte. Dessen Tagebuch hat dazu allerdings nicht einmal ein Stichwort. Und doch ist gewichtig, was wir darüber wissen. Denn später notierte Goethe, an ihn sei die Aufforderung ergangen, «einen Brutus im anderen Sinne zu schreiben». Und Müller, der für diesen Abend ein glaubwürdiger Zeuge ist, berichtet, der Kaiser habe mehrfach wiederholt, dass eine gute Tragödie als die würdigste Schule der Staatsmänner betrachtet werden müsse und in einem gewissen Sinne sogar über der Historie stehe.[69] Vielleicht hat Napoleon, als er sich, zur Überraschung Mufflings und anderer, dafür entschied, in Weimar den «Tod des Cäsar» spielen zu lassen, ein Stück, dessen rührselige Verkitschtheit ihm nicht entgangen sein kann, ja vor allem an Goethe gedacht: Die Chance, den wichtigsten deutschen Schriftsteller, mit dem er ein so professionelles Gespräch über

Literatur und Wirklichkeit geführt hatte, zu einem neuen Caesar-Drama zu stimulieren, muss ihn gereizt haben. Und die Rolle, die er ihm dafür vor Augen rückte, war enorm: der Tragiker als Lehrmeister der Politik. Was für ein Tag, dieser 6. Oktober 1808! Er sah Napoleon in der Glorie seiner Macht, aber doch im einfachen Gespräch mit einem schwarzgekleideten deutschen Schriftsteller; im Theater wurde Cäsars Ermordung gegeben, während draußen patriotische Studenten mit dem Gedanken eines Attentats spielten; der Kaiser erinnerte die versammelten Monarchen Deutschlands beim Essen an seine Herkunft als kleiner Soldat, und vom größten deutschen Dichter wünschte er sich einen «Brutus». Der Abend wurde lang, nicht zuletzt für die Vielen, die, langsamer essend als der Kaiser, bei Tisch nur wenig hatten zu sich nehmen können. Erst um eins in der Nacht zog Napoleon sich in die Gemächer der Herzogin Luise zurück. Talleyrand mit seinem Hinkefuß lag ermattet in einem Sofa und bat Müller, alles aufzuschreiben. Das Weimarer Schloss, geräumig, neu, modern, hatte sich bewährt. Palastpräfekt Rémusat lobte die Ausstattung mit Kennerblick. Die Mühe, die sich Goethe in der Zusammenarbeit mit dem Baumeister Heinrich Gentz, dem Bruder des Schriftstellers, dabei gegeben hatte, war belohnt worden.

Auch der folgende Tag geriet herrlich. Im klarsten Oktoberlicht brach man früh auf zu dem von Goethe entworfenen Tempelchen auf dem Windknollen bei Jena. Napoleon erläuterte dem Zaren, wie er 1806 die Schlacht gewonnen hatte. Dann Gabelfrühstück vor dem nachgebauten Zelt-Biwak unterhalb des Gipfels, unter den neugierigen Blicken Jenaer Bürger. Danach Hasenjagd bei Apolda. Diese gab Talleyrand, Müffling und vielen anderen Anlass für heftige Entrüstung, als habe der Kaiser sich einen Spaß über den Gebeinen von Tausenden Gefallener erlaubt. Damit war auch Carl August ins Zwielicht gerückt, der nicht nur an der Jagd teilgenommen, sondern auch das Jagdgebiet bestimmt hatte. Und also musste die nationale Historiographie minutiös beweisen, dass die «Hasenjagd bei Apolda» schon jenseits des Schlachtfeldes gelegen war. Das wird so gewesen sein; und doch kam das Befremden über diese Sportveranstaltung am Rande eines Schlachtfelds so allgemein an so verschiedenen Seiten auf, dass ein unguter Nachgeschmack bleibt. Mittags wälzte sich die «Monarchenflut», wie Goethe es nannte, zurück nach Erfurt. Und abends gab es dort schon wieder Tragödie: den «Horace» von Corneille. Goethe blieb in Weimar und nutzte den Tag für ausführliche

Die Monarchen am Napoleonsberg bei Jena 1808
(mit Goethes Tempelchen)

politische Gespräche. Im Frauenplan waren Maret und dessen Sekretäre untergebracht, außerdem kam Marschall Lannes, den Goethe schon von 1806 kannte. Man sprach über die bevorstehende spanische Expedition, und damit war der wunde Punkt von Napoleons so grandios anmutender Stellung berührt. Auch Weimar war davon schmerzlich betroffen: Denn das Kontingent des Herzogtums musste bis über die Pyrenäen nach Katalonien ziehen, wo bis Januar 1810 580 thüringische Landeskinder ihr Leben ließen, nicht nur in den furchtbaren Kämpfen der Guerilla, sondern auch durch das ungewohnte Klima, das untertags brennende Hitze und nachts klirrende Kälte brachte. Hat Goethe hier um Milde gebeten? Sollte das der Fall gewesen sein, blieb er erfolglos.

Am Abend des 7. Oktober war Goethe so erschöpft, dass er bei Frau von Stein einschlief: «Gestern abend als ich mit der Schillern tete a tete am Theetisch saß und wir uns zum Spaß aus den Cesar wie die französchen Comedianten vordeclamirten, kam Goethe zu mir herein um Gotteswillen legt das Buch hin sagte er, sezte sich hin und schlief so fest ein daß er schnarchte … meine andere Gesellschafft ging, und endlich schlug ich ihm vor nach porteurs zu schiken, er bat um Verzeihung, daß er mir nichts habe vor Müdigkeit erzählen können und ging fort.»[70] In Erfurt wurde Abend für Abend weiter Tragödie gespielt, und am 9. Oktober sah Wieland dort Voltaires «Mahomet», den Napoleon im Gespräch mit Goethe so «unschicklich» fand; vermutlich wegen der Raserei in Machtwahn, die das Drama vor Augen rückt, behauptet Talleyrand, es sei gerade das Lieblingsstück des Kaisers gewesen. Aber auch seine Angabe, Goethe habe an diesem Tag noch einmal im Erfurter Parterre der Könige gesessen und das einst von ihm bearbeitete Werk nun im Original gesehen, trifft nicht zu. So melodramatisch war die historische Wirklichkeit nicht. Aber man kann schon glauben, dass Talma die folgenden Verse (wir zitieren Goethes Version) mit Nachdruck sprach:

Die Sterblichen sind gleich! Nicht die Geburt,
Die Tugend nur macht allen Unterschied;
Doch Geister gibt's, begünstiget vom Himmel,
Die durch sich selbst sind, alles sind, und nichts
Dem Ahnherrn schuldig, nichts der Welt.[71]

Am nächsten Morgen waren es im Vorzimmer Napoleons vor allem die Franzosen, die sich um den alten Wieland kümmerten und sich bemühten, ihm die lange Wartezeit zu verkürzen, erst «nach und nach folgten», so Wieland, «auch die *Deutschen* Altessen und Excellenzen, diesem rühmlichen Beyspiel».[72]

Unterdes gingen die Verhandlungen der beiden Kaiser ihrem Ende entgegen. Das Resultat war mager. Russland erhielt freie Hand in Finnland und Zusagen für die Walachei und Moldavien. Der lange Prozess russischer West- und Südexpansion ging weiter. Doch das Lebensrecht des Osmanischen Reiches blieb vorerst garantiert. Alexander erkannte die Neuordnung Italiens, vor allem also die Absetzung der Bourbonen von Neapel und die Besetzung des Kirchenstaates an. Die beiden Kaiser wollten sich in einem Brief an den König von England wenden, der Frieden anbot, aber von ihm auch die Anerkennung des spanischen Umsturzes verlangte – eine ganz unrealistische Hoffnung. Preußens nach oben offene Reparationslast wurde auf 130 Millionen Franken begrenzt, und damit war der Abzug der französischen Truppen aus dem preußischen Reststaat immerhin absehbar geworden. Doch im entscheidenden Punkt, bei Österreich, hatte Napoleon nichts erreicht. Seinen Drohungen gegen die Habsburgermonarchie schloss sich Zar Alexander nicht an; insgeheim beruhigte er den österreichischen Kaiser. Das hieß: Napoleon hatte keine verlässliche Rückendeckung für den bevorstehenden Winterkrieg in Spanien. Talleyrand hatte sein Spiel gewonnen, er war der eigentliche Sieger des Erfurter Treffens.

Geschickt hatte er auch in einem anderen Punkt jeden Fortschritt verhindert: bei den Heiratsüberlegungen Napoleons. Dessen Ehe mit Joséphine war kinderlos geblieben. Sein Reich ruhte also auf zwei Augen, schon eine verirrte Kugel in einer Schlacht konnte es in den Abgrund stürzen. Wollte Napoleon Dauer, brauchte er einen Erben. Zudem bot sich die Gelegenheit, sein Haus mit einer der alten Dynastien Europas zu verbinden und stabile Bündnisse zu gründen. Also dachte der französische Kaiser an eine Schwester des Zaren. Doch die geheimen Sondierungen, mit denen er Talleyrand beauftragt hatte, verliefen im Sande. Die in Frage kommende Großfürstin wurde kurz darauf nach Oldenburg verheiratet. Stattdessen erhielt Talleyrand von Alexander die Erlaubnis, dass sein eigener Neffe die Erbin der schwerreichen Herzogin von Kurland, einer Untertanin des Zaren, heiraten dürfte. Auf dieser Verbindung beruht der Umstand, dass die Familie Talleyrand-Périgord bis 1945 riesige Ländereien in Schlesien und Polen besaß. Erst Monate später begann Napoleon zu dämmern, was Talleyrand mit ihm in Erfurt gespielt hatte. Da kam es dann zu der berühmten Szene, in der der Kaiser seinen Großkämmerer als «Stück Scheiße in einem Seidenstrumpf» anredete. Napoleons Diener Constant behauptet, der Kaiser sei während des Erfurter Kongresses von einem Alptraum heimgesucht worden: Ein Bär öffnete ihm die Brust und zerfleischte sein Herz. Als Napoleon den Zaren auf die Straße nach Weimar begleitete und Abschied nahm, sah er dem Davonreitenden lange nach. Die Ära der Kriege hatte in Erfurt noch immer nicht beendet werden können; doch das wussten nur die Eingeweihten.

Der Weimarer Hof legte sich für den heimkehrenden Zaren noch einmal ins Zeug: große Gala mit Bällen an zwei aufeinanderfolgenden Tagen am 14. und 15. Oktober. Goethe war bei den Vorbereitungen beteiligt und ging am zweiten Abend sogar auf den Ball. Am 15. speiste er am Hof, wo er während des Schauspiels mit dem Herzog das «nächstvergangene» besprach. Man hatte Grund, zufrieden zu sein. Weimars Stellung im Weltsystem war in einer gemessen am winzigen Umfang des Herzogtums spektakulären Weise befestigt worden. Von zwei Kaisern hatte man huldreichen Besuch erhalten, und Weimars eigentlicher Reichtum, die Schriftsteller, hatten auf dieser Bühne weithin sichtbare Figur gemacht: Die Zeitungen meldeten bis nach Paris die Zusammenkünfte Napoleons mit Goethe und Wieland. Das nützte dem Kaiser, aber nicht weniger gut war es für das Herzogtum Sachsen-Weimar. Auch Carl August hatte geschickt agiert, und seine ostentative Nähe zum Zaren bedeutete eine Versicherung für Wechselfälle der Zukunft, an die Goethe zu diesem Zeitpunkt schwerlich gedacht hat. Wichtige Ordensvergaben unterstrichen den kulturellen Rang Weimars: Goethe und Wieland wurden von Napoleon mit dem Orden der Ehrenlegion, vom Zaren mit dem Annen-Orden geehrt. Nun flogen Orden und teure Brillantdosen in diesen Schlusstagen des Erfurter Kongresses in viele Richtungen, trotzdem waren gerade diese Auszeichnungen für zwei Schriftsteller etwas Besonderes, auch wenn Wieland vom russischen Orden nur die zweite Klasse erhielt, was in Weimar übel auffiel. Umso kindlicher war seine Freude über die Ehrenlegion. Noch nie nämlich hatten deutsche Schriftsteller von einem ihrer fürstlichen Gönner eine solche Ehrung, die sie auf eine Stufe mit Staatsmännern und Kriegsherren stellte, erhalten. Als ein «Zeichen, daß der größte Mann aller Jahrhunderte günstig von mir denkt, ist mir diese Decoration von unendlichem Werth», schrieb Wieland an Müller. Der Brief, den ihm Maret dazu geschrieben habe, sei der schönste, den er je erhalten habe.[73] Wir wissen, dass so ein Überschwang bei Wieland nicht höfische Devotion ist, denn er konnte ja durchaus anders. Goethe schrieb gemessen an seinen Hausgast Maret, dieser solle sich beim Kaiser zum Dolmetscher von Empfindungen machen, *que je suis incapable d'articuler.*[74] Christiane in Frankfurt erhielt auch die fröhliche Nachricht von den Auszeichnungen, «und so wirst du mich besternt und bebändert wiederfinden und mich hoffentlich wie immer lieb haben und behalten».[75] Napoleon ehrte auch Jenaer Bürger und versprach der Stadt finanzielle Hilfe für die Behebung der Schäden von 1806. Kurz vor dem Russlandfeldzug kam das Geld tatsächlich an; da hatten sich Wieland und Goethe aus der Kommission für seine Verteilung längst wieder zurückgezogen.

Die Laune am Frauenplan war blendend. Goethe hatte Besuch vom Ehepaar Sartorius. Da Christiane noch immer nicht zurück war, bat er kurzerhand Caroline Sartorius, die Stelle der Hausfrau zu übernehmen und die Honneurs für berühmte Gäste zu machen. Denn an den beiden Tagen, an denen die dicken Kuverts mit den Orden der Kaiser von den Herolden abgegeben wurden, war der große Talma mit seiner Frau zu Besuch bei Goethe. Von diesen quirligen Stunden hat die bezaubernde Caroline Sartorius ein paar der schönsten Seiten hinterlassen, die je über Goethe geschrieben wurden. Die «kleine, gute Frau» – so ihr Ehemann über sie – staunte gleichermaßen über die schlichte Eleganz und den großen Komfort von Goethes Haus wie über die rasend teure Kleidung des Pariser Stars, dessen Brillantknöpfe sogar Riemer im Tagebuch erwähnte. Nebenbei erhalten wir eine wichtige Information: Im Liebenswürdigkeitswettstreit zwischen dem Schauspieler und Goethe erweist sich, dass dieser «des französischen nicht ganz mächtig ist, aber seinem Geist legt keine Sprache, die er nur einigermaßen kann, so leicht Feßeln an». Doch als das Gespräch ernst wird und auf den «Werther» kommt, den Talma gerne dramatisiert hätte, da wechselt er für einen Satz wieder ins Deutsche und sagt: «So etwas schreibe sich indeß nicht mit heiler Haut», nicht ohne sich an Sartorius zu wenden: «Traduisez cela à nos amis Monsieur.» In diesen Tagen liest Goethe seinen Gästen auch die kurz zuvor entstandenen «Sonette» vor, sowie satirische Gedichte, die Caroline Tränen lachen lassen. Ja, sie hat sich verliebt. Als die Talmas, die noch rasch ihre Deklamation für den Zaren geprobt hatten – Othello und Desdemona –, gegangen waren, «trat Goethe in seiner Hofuniform mit Stern und Ordensband geschmückt, herein. Ich komme, sagte er, mich Ihnen zu zeigen und zu fragen, ob Sie mich accreditiren wollen? – – – Er war in dieser Kleidung so jugendlich und schön daß ich ihm um den Hals fiel und ausrief: Ev. Excellenz, Ihnen so zu widerstehen ist unmöglich, aber ich hoffe, Sie werden mein Unglück nicht wollen.»[76]

In den Wochen danach kam für Goethe die Zeit der brieflichen Bilanzen. Verglichen mit dem Überschwang, den Johannes von Müller und Wieland in den Briefen nach ihren Unterredungen mit dem Kaiser zeigten, blieb er zurückhaltend. «Durch die Zeitungen sind Sie diesen Monat über genugsam an uns erinnert worden», schrieb er am 30. Oktober an Zelter. «Bey diesen Begebenheiten persönlich gegenwärtig zu seyn, war viel werth. Von einer so seltsamen Constellation habe ich auch günstigen Einfluß erfahren. Der Kaiser von Frankreich hat sich sehr geneigt gegen mich erwiesen. Beyde Kaiser haben mich mit Sternen und Bändern beehrt, welches wir denn in aller Bescheidenheit dankbar aner-

Caroline Sartorius

kennen wollen.» Auch dass über Preußen entschieden wurde, ist Goethe wichtig: «Wie sehr wünsche ich daß auch Sie und Ihre Mitbürger von dieser Epoche Trost und Beruhigung finden mögen: denn Ihre Leiden gingen bisher über das erträgliche Maß.»[77] Ausführlichere Mitteilungen gingen an Frau von Eybenberg in Wien, der er das riesige, bei Bertuch im Format von 33,5 mal 50,5 cm erschienene Prachtwerk über die Weimarer Festivitäten samt kolorierten Kupfern empfahl.[78] Übers französische Schauspiel schrieb er resümierend als einer «in der Verirrung tüchtig begriffenen Kunst»: «Ich wollte nur, ich könnte durch ein ungeheures Wunder aus diesem französischen Tragödienspiel das Falsche durch einen Blitzstrahl herausbrennen; so hätte die Welt noch immer Ursache zu erstaunen über das Rechte, was übrig bliebe.»[79]

Selbst für die publizistischen Nachspiele der Erfurter Tage vermochte Goethe sich zu interessieren. Der reichen Gesellschaftsdame Eybenberg empfahl er das Bertuchsche Teetischbuch, für August wurde der Schmeichler Arnold bestimmt: «Über die Erfurter Zusammenkunft der Kaiser und Könige ist eine Art von höchst abgeschmacktem Tagebuch zum Vorschein gekommen. Vielleicht lege ich es dir bey, wenn die Weyhnachtssendung abgeht, welche soeben von der Mutter vorbereitet wird.»[80]

Goethes Verleger Cotta zeigte devote Neugier für die Unterredung mit dem Kaiser, nicht ohne die politischen Hoffnungen zu resümieren, die die Napoleon-Anhänger in Deutschland damals hegten: «Unter den wichtigen Begebenheiten der dortigen Gegend würde mich keine so sehr interessiren als die Unterredung Euer Excellenz mit Napoleon – ich gratulire Ihnen nicht zu den erhaltenen Ehrenzeichen, denn diß ist eine Ehre für dise Zeichen, aber ich würde Europa gratuliren, wenn die Vorsehung Napoleon solang erhilt, bis seine weiteren Pläne ausgeführt und die Ungläubigen überzeugt würden, daß er einen höhern Zweck als blos Länder zu erobern hat, und daß er dadurch, daß er das Ausgezeichnete Hohe überall aufsucht, hinlänglich belegt, weß Geistes Kind er ist.» Wir haben gesehen, dass die Eingeweihten wie Talleyrand diese Hoffnungen nicht mehr hegten. Goethe selbst hat eine so explizite politische Vision nie ausgesprochen, wenn man nicht die Inschrift des Tempels auf dem Napoleonsberg dafür nimmt. Ohnehin antwortet er auf Cottas Frage nicht politisch, sondern rein persönlich: «Ich will gerne gestehen, daß mir in meinem Leben nichts Höheres oder Erfreulicheres begegnen konnte, als vor dem französischen Kaiser, und zwar auf eine solche Weise zu stehen. Ohne mich auf das Detail der Unterredung einzulassen, so kann ich sagen, daß mich noch niemals ein Höherer dergestalt aufgenommen, indem er mit besonderem Zutrauen, mich, wenn ich mich des Ausdrucks bedienen darf, gleichsam gelten ließ, und nicht undeutlich ausdrückte, daß ihm mein Wesen gemäß sey; wie er mich denn auch mit besonderer Gewogenheit entließ, und das zweytemal in Weimar die Unterhaltung im gleichen Sinne fortsetzte, so daß ich in diesen seltsamen Zeitläuften wenigstens die persönliche Beruhigung habe, daß wo ich ihm auch wieder begegne, ich ihn als meinen freundlichen und gnädigen Herrn finden werde.»[81] Nun also doch Superlative. Goethe freut sich, dass er als Gleichberechtigter vor dem Kaiser stand – was 1806 in Weimar nicht möglich gewesen wäre. Gibt das Gespräch, soweit wir seinen Inhalt kennen, eine so überschwängliche Deutung her? In der Sache erwies sich Napoleon zunächst vor allem als pedantischer Kritiker von Literatur und ihrer Künstlichkeit, scharfsinnig, aber doch auch mit

Monsieur le Grand Chancelier,

Depuis l'époque ou Sa Majesté
L'Empereur et Roi étonna le monde
par les hautes faits, je me sentois
pressé d'avouer hautement la Veneration
profonde que les grandes qualités
m'en inspiroint.

Aujourdhui que Sa Majesté Imperiale
et Roiale daigne me distinguer en me
decorant de Son Ordre, je me sens très
heureux de continuer par devoir et par
reconnoissance ce que j'avois commencé
par l'impulsion du sentiment.

En osant mettre mes tres respectueux
homages au pied du Throne, Votre
Excellence voudra bien suppleer a tout
ce que je ne pourrois exprimer que
tres faiblement.

Flatté d'avoir recu ce Gage precieux
des mains de Votre Excellence je
La prie d'agréer et mes treshumbles
remercimens et l'assurance de la
haute consideration avec la quelle
j'ai l'honneur d'être

de Votre Excellence

Weimar
ce 12 Novembre
1808.

Le treshumble et tresobeissant
Serviteur
de Goethe

Goethes Dankschreiben an Lacépéde, Großkanzler der Ehrenlegion der Neigung des Dilettanten, sich bei logischen Unstimmigkeiten aufzuhalten; dann hatte er ihn mehr oder weniger unverblümt nach Paris eingeladen und ihm mit dem «Brutus»-Stoff die Bearbeitung eines politisch nützlichen Stoffes angetragen, die Tragödie des Reiches durch die Ermordung seines Wohltäters – zwei Vorschläge, auf die Goethe dann nicht einging.

Bleibt das Persönliche. Er fühlte sich für künftige Wirren unter dem persönlichen Schutz des Kaisers, nach den Erfahrungen von 1806 keine Kleinigkeit: Das damals verstärkte bürgerliche Fundament erhielt nun eine Befestigung durch höchste Protektion – ganz im Zuge der Entwicklung des *Grande Empire*, dem der Kaiser just in jenen Jahren neue feudale Züge verlieh. Den Orden, den der Kaiser ihm verliehen hatte, konnte Goethe als einen ganz materiell wirksamen Schutzbrief verstehen, der ihn in neuen Wechselfällen absicherte; nie mehr würde sich ein Moment der Ausgeliefertheit wiederholen wie in der Nacht vom 14. Oktober 1806. Die Ehrenlegion heilte diese Wunde endgültig. Aber auch das kann es allein nicht gewesen sein, was Goethe meinte. Der Kern der absichtsvoll undeutlichen Aussage liegt im «Geltenlassen», das der Kaiser als ein Höherer, ja Höchster ihm gewährte, und zwar mit «Zutrauen» und dadurch, dass er zu verstehen gab, Goethes Wesen «sei ihm gemäß». Der Größte der Epoche, dessen Rang in den Weltgeschichtsbüchern, die Goethe sein Leben lang immer wieder nebenher studierte, künftig ganz unbestreitbar sein würde: Er hatte ihn als Gleichen anerkannt. Durch seine ganze Art und durch den Ausspruch *vous êtes un homme*, den Moment des überraschten Wahrnehmens seiner Gestalt. Nicht ohne Absicht haben wir immer wieder Beschreibungen von Goethes Person und Auftreten – von Marwitz, Reinhard, Johanna Schopenhauer, Caroline Sartorius – zitiert. Der Leser mag sie als motivische Vorbereitung für Napoleons heiteres Wahrnehmen verstehen. Es gibt für Napoleons Ausruf eine Parellele in einem anderen, zeitlich nicht weit entfernt von der Niederschrift der «Unterredung» entstandenen Werk, im Feldzugsbericht über die «Campagne in Frankreich» von 1792, den Goethe 1822 verfasste. Dort zitiert er gegen Ende einen preußischen Offizier, der Goethe ganz wie Napoleon nicht als literarisches Genie, sondern als physisch beachtlichen Mann ins Auge fasst: «Man habe ihm bisher immer behauptet: schöne Geister und Leute von Genie müßten klein und hager, kränklich und vermüfft aussehen. Das habe ihn immer verdrossen.

denn er glaube doch auch nicht auf den Kopf gefallen zu seyn, dabey aber gesund und stark und von tüchtigen Gliedmaßen; aber nun freue er sich an mir einen Mann zu finden, der doch auch nach etwas aussehe und den man deshalb nicht weniger für ein Genie gelten lasse. Er freue sich dessen und wünsche uns beyden lange Dauer eines solchen Behagens.»[82] Geschrieben hat Goethe das in der Zeit, als er leidenschaftlich für die 17 Jahre alte Ulrike von Levetzow entflammt war, der er ein Exemplar des Feldzugsberichts auch widmete. Wir aber können hier ein Motiv erkennen, das in der Begegnung mit Napoleon einen viel weiteren Hallraum ausfüllte. Das napoleonische *vous êtes un homme* ist auch ein Kontrapost zu dem gigantischen und ganz neuartigen Personenkult, der in Erfurt für die deutsche Öffentlichkeit und den Zaren inszeniert wurde, und der in Arnolds «abeschmacktem» Bericht seinen devoten Spiegel fand. Wie schon 1806, als Goethe seine häuslichen Verhältnisse aus dem Höfischen ins Bürgerliche transformierte, entsprach er auch bei seiner zweiten, nun persönlichen Begegnung mit Napoleon ganz dem Geist der Epoche. Der «Höhere», den er in ihm erkannte und der ihn «gelten ließ», war nicht ein ständisch Höherer, wie die vielen Fürsten, mit denen Goethe Umgang hatte. Der vom Artillerieleutnant zum Caesar Aufgestiegene war ein Ausnahmemensch, und er hatte in Goethe einen Pair erkannt. Der Kaiser, der seinen Siegeswagen nach Thüringen gelenkt hatte, um einen anderen Kaiser zu treffen, stieß dort außerdem noch auf ein zweites Genie.

Es gibt aus den Oktobertagen von 1808 eine erstaunliche Gesprächsaufzeichnung von Falk, der man Glauben zu schenken geneigt ist, weil sie von dem Vielschreiber noch nicht literarisch aufbereitet wurde wie so viele andere, rhetorisch verkitschte Wiedergaben, die wir aus seiner Feder besitzen. Goethe vergleicht darin Napoleon mit einem Juden, «der wie mit einem Probierstein durch die Welt geht, alle Menschen anstreicht und sodann gelassen nachsieht, ob es Gold, Silber oder Kupfer ist. ‹Bildet Euch nur nicht ein klüger zu seyn, als Er. Er verfolgt jedes Mal seinen einen Zweck – was ihn in den Weg tritt wird niedergemacht, aus dem Wege geräumt – und wenn es sein leiblicher Sohn wäre.›» Das ist eine unmissverständliche Anspielung auf Voltaires «César»: Dessen Fehler würde Napoleon nicht wiederholen. Und dann redet sich Goethe regelrecht in Rage über die kalte Objektivität, die Napoleons Tun zeige, wenn er «wie ein tüchtiger Concertmeister, der wenn jeder Liebhaber sein Instrument hat, dem er den Vorzug gibt, ohne Liebe, wie ohne Haß, so alle für sein Orchester zu benützen weiß.» Deshalb bringe es auch weder Vorteil noch Nachteil, wenn man von ihm gehasst oder geliebt werde: «Er liebt den Herzog von Weimar gewiß nicht, ohne daß derselbe eben sichtlichen Nachtheil davon gespürt hätte.» Wie ein Theaterdirektor dirigiere Napoleon die Welt, setzt Goethe nach. «Er (Goethe) fand es ganz in der Regel, daß er einen Schreyer wie Palm, einen Prätendenten wie d'Enghien eine Kugel vor den Kopf schießen läßt um das Publikum, das die Zeit nicht abwarten kann, sondern überall störend in die Schöpfung des Genies eingreift, ein für alle Mal, durch ein eklatantes Beyspiel abzuschrecken.» Der Gedanke einer erhabenen Unparteilichkeit in Mitteln und Zwecken wird in dieser derben Tischrede noch öfter variiert. Napoleon, so Goethe laut Falk, «kämpft mit den Umständen, mit einem verdorbenen Jahrhundert, mitten in einem verdorbenen Volk – lasset uns ihn glücklich preisen, ihn und Europa, daß er bey seinen großen und ungeheuren Weltplänen selbst nicht verdorben ist!–»[83] Das war keine Augenblickslaune; die Vergleiche mit Konzertmeister und Theaterdirektor – man denke an das Bild im Brief an Marianne von Eybenberg, wo Goethe die Fehler des französischen Theaters gern durch einen Blitzstrahl ausgebrannt gesehen hätte –, der Verweis auf ein störendes Publikum, das die Zeit nicht abwarten könne, sprechen Bände. Schon zwei Tage nach der Audienz bei Napoleon hatte Goethe zu Riemer gesagt: «Er hat ihm gleichsam das Tippelchen auf das I gesetzt.»[84]

«Mein Kaiser»
Der Dichter im Empire

Dass Goethe den ihm von Napoleon verliehenen Orden gern trug, wurde in Weimar bald sprichwörtlich. «Ohne das Legionskreuz geht Goethe niemals», berichtete Wilhelm von Humboldt Anfang 1809 an seine Frau, «und von dem, durch den er es hat, pflegt er immer ‹mein Kaiser› zu sagen.»[1] Noch im September 1811 beschwerte sich die Weimarer Prinzessin Karoline über seine «Anhänglichkeit an das rote Bändchen» – Goethe hatte für eine Sendung mit Kunstwerken den unsicheren Postweg durch das französische Reich dem angeblich sicheren über Leipzig vorgezogen.[2] Bereits am 17. Oktober 1808, unmittelbar nachdem Caroline Sartorius anlässlich von Talmas Besuch am Frauenplan gewisse Unsicherheiten in Goethes Französisch festgestellt hatte, verzeichnet das Ausleihbuch der Weimarer Bibliothek, dass Goethe sich eine «Neue französische Sprachlehre zum praktischen Unterricht» kommen ließ.[3] Er dachte in diesen Monaten – wie so viele andere – über Deutsche und Franzosen nach, bewunderte die unendliche Kultur der Franzosen und äußerte damals die später so oft zitierte Idee, da Deutschland nichts sei, aber der einzelne Deutsche viel, sollten die Deutschen wie die Juden über die ganze Welt zerstreut werden, «um die Masse des Guten ganz und zum Heil aller Nationen zu entwickeln, die in ihnen liegt».[4] Dachte Goethe daran, das auf sich selbst anzuwenden und Napoleons Einladung nach Paris zu folgen? Während er vom Kaiser wie von einem persönlichen Schutzherren redete, erreichte sein Verhältnis zu Carl August im Winter 1808/09 einen Tiefpunkt. Anlass war eine Bagatelle – der Herzog hatte sich, angestiftet von Caroline Jagemann, seiner Lebensgefährtin zur linken Hand und zugleich Primadonna des Hoftheaters, dazu hinreißen lassen, einen Tenor über Goethes Kopf hinweg zu suspendieren –, aber diese sogenannte «Theaterkrise» wuchs sich zu einer wochenlangen Verstimmung aus, die nur durch präzise Neubeschreibung von Goethes Zuständigkeiten als Theaterdirektor beigelegt werden konnte. Man fragt sich, ob Carl Augusts Bockigkeit in dieser Angelegenheit nicht auch mit Goethes Napoleonidentum zu tun hatte: Der Herzog musste für einmal zeigen, wer Herr im Hause war und setzte der imperialen Genieästhetik eine häuslich-fürstliche Schranke.

Politisch blieb die Stimmung ohnehin trübe. Wer sich vom Erfurter Fürstentag Frieden für seine Zeit erhofft hatte, sah sich getäuscht. Die Kämpfe in Spanien gingen weiter; doch schon zu Beginn des Jahres 1809 war auch klar, dass ein neuer großer Krieg Napoleons mit Österreich bevorstand. In denselben Wochen, in denen Goethe mit der Ehrenlegion herumlief und «seinen Kaiser» apostrophierte, fasste Carl August in Briefen an seine Schwiegertochter Maria Paulowna, die in St. Petersburg verweilte, seine eigene Absetzung ins Auge. Die Franzosen verbreiten Gerüchte, schrieb der Herzog, dass sich Norddeutschland erheben wolle, und er solle angeblich an der Spitze stehen; dies sei der Beweis für ihre Absicht, ihn zu verjagen, denn sie ließen immer vorher verbreiten, was sie nachher täten.[5] Die rheinbündische Postüberwachung war so wirksam, dass die Herzogin in ihren Briefen spottete, bald schon werde man wieder in die Zeiten der Barbarei zurückfallen, weil man im Norden nicht mehr erfahren könne, was im Süden geschehe.[6] Der französische Geschäftsträger für den Rheinbund verlangte strengere Zensurmaßnahmen, und Carl August sah sich genötigt, bekanntzugeben: Jeder Zeitungsschreiber, «welcher in das von ihm redigierte öffentliche Blatt einen Artikel aufnimmt, der nicht in dem Sinne des politischen Interesses des erhabenen Protektors und der konföderierten Staaten angemessen ist», werde sein «desfallsiges Privilegium» – also die Erlaubnis zum Druck des Blattes – einbüßen.[7] Als der Krieg mit Österreich im Frühling da war, folgte die ausdrückliche Warnung, «sich aller Gespräche und Urtheile über Gegenstände des gegenwärtigen Kriegs und der Politik, insbesondere der Verbreitung unzeitiger Kriegs-Nachrichten zu enthalten».[8] Dabei wurde das Herzogtum Weimar von den Kriegshandlungen bald direkt betroffen, durch Truppendurchmärsche und Einquartierungen – bei Goethe logierte im April Napoleons Schwager Bernadotte, im Juli brauste der König von Westphalen vorüber –, durch die Furcht vor den preußischen Aufständischen des Majors Schill, die in Anhalt operierten und Carl August leicht so hätten kompromittieren können, wie er es schon im Februar befürchtet hatte, vor allem aber durch die eigenen Bündnispflichten: Prinz Bernhard musste zum Leidwesen seiner Eltern auf Seiten der Franzosen mitkämpfen, und auch das Weimarer Kontingent wurde wieder in Marsch gesetzt.

Goethes Tagebücher und Briefe – vor allem seine Korrespondenz mit Voigt – sind in diesen Monaten voll mit Kriegsnachrichten, sogar Zeitungslektüre und Landkartenstudium werden erwähnt, der Freund Reinhard wird wieder zum Gewährsmann. Hat man in Weimar begriffen, wie knapp es diesmal für den großen Kaiser wurde? Nach den ersten siegreichen Hammerschlägen Napoleons gegen die österreichische Armee in Bayern und der Besetzung Wiens fügte Erzherzog Karl der französischen Armee bei Aspern doch die erste schwere Niederlage zu, die der knappe Sieg Napoleons bei Wagram nur mühsam ausglich. Nie waren gelenkte Presse und hochtönende Bulletins nötiger als in solchen prekären Situationen. Russland übrigens tat außer ein paar Scheinmanövern an der galizischen Grenze nichts, um Napoleon zu entlasten: Der Misserfolg des Erfurter Fürstentages erwies sich also bereits ein halbes Jahr nach seinem Abschluss.

Auch 1809 war der Krieg für Goethe mehr als eine Nachricht, unter anderem von schauerlichen Bränden und Plünderungen, wie sie beispielsweise Regensburg betrafen. Er selbst sah sich genötigt, auf seinen gewohnten Sommeraufenthalt in den böhmischen Bädern zu verzichten, für den nach wie vor an Nierenkoliken Leidenden keine ganz beiläufige Einbuße. In den «Tag- und Jahresheften» schrieb Goethe später unter 1809: «Der Abmarsch unserer Jäger, den 14. März nach Tirol, war traurig und bedenklich.»[9] Hinter diesem stillen Satz verbirgt sich die fürchterlichste Katastrophe, die Weimar vor dem Russlandkrieg zu erleiden hatte. Im August nämlich wurde das gegen die Aufständischen um Andreas Hofer eingesetzte Weimarische Rheinbundkontingent in einer Schlucht nahe bei Sterzing, in der bald so genannten «Sachsenklemme», fast vollständig vernichtet. In seinem Aufsatz über Andreas Hofer hat der napoleonfreundliche Johann Peter Hebel drastisch beschrieben, wie das zuging: «Von allen Bergen herab kamen die Schützen mit ihren Stutzen. Jung und alt, Mann und Weib griff zu den Waffen. Die Bayern und Franzosen (darunter aber auch die Weimarer Sachsen, G.S.) hatten harten Stand: besonders in den engen Pässen, wenn Felsenstücke wie kleine Häuser so groß auf sie herabflogen.» Die Bilanz an Toten: 40 Offiziere, 1 Regiments-, 1 Bataillonschirurg, 946 Unteroffiziere und Gemeine. Insgesamt waren also knapp 1000 Familien betroffen, was angesichts von höchstens 20 000 wehrfähigen Männern im Weimarer Herzogtum einen Blutzoll bedeutet, der durchaus schon moderne Ausmaße hat. Als 1811 die 328 Überlebenden des ursprünglich 1000 Mann zählenden Weimarer Spanienkontingents zurückkehrten, wurden sie im Schießhaus mit einem großen Essen empfangen, das eine herzergreifenden Note dadurch erhielt, dass die Reserve der Daheimgebliebenen die Rückkehrer bediente. Verglichen mit solchen Zahlen wirken die knapp 60 Toten, die ein Unfall mit Schießpulver am 1. September 1811 in Eisenach forderte, fast geringfügig: Dort jagte ein Munitionstransport einen ganzen Straßenzug in die Luft – Schuld hatte ein Pfeife rauchender französischer Soldat. Diese Zahlen belegen für das kleine Weimar, was für die große Geschichte gilt: Die Kriege Napoleons wurden seit 1808 nicht mehr allein von französischen Rekruten geführt, sondern ebenso von den Kontingenten seiner – meist deutschen – Verbündeten. Nicht mehr erfahrene und motivierte Soldaten zogen ins Feld, sondern vielfach unwilliges Kanonenfutter. Die Tendenz der späteren Kriege Napoleons zum rein zahlenmäßigen Kräftemessen – Wagram hat man als erste Materialschlacht der Geschichte bezeichnet – erklärt sich auch daraus.

Die allgemeine Brutalisierung fand ihren Reflex auch in Goethes Tagebuch, das die Tiroler Katastrophe am 21. und 30. August 1809 notiert, aber beispielsweise am 22. September auch der «Verbreitung der Venerischen Übel durch die Kriegsläufte» Aufmerksamkeit schenkt – neben den Viehseuchen einer der übelsten Kollateralschäden von Napoleons Feldzügen. Umso gespannter verfolgte Goethe seit dem Hochsommer die Friedensverhandlungen, konnte aber erst am 6. November 1809 «das Friedensinstrument mit den Landkarten vergleichen», sich also die Gebietsverluste des besiegten Österreichs, das seine Adriaküsten abtreten musste, vor Augen führen. Eine weitere Kriegsfolge, den österreichischen Staatsbankrott, erlebte Goethe erst ein halbes Jahr später, als er wieder nach Karlsbad ging und dort mit dem wertlosen neuen Papiergeld konfrontiert wurde, das ihn an die Assignaten von 1792 erinnerte und das seinen Weg bekanntlich in den zweiten Teil des «Faust» gefunden hat. Die sensationellste politische Folge des Friedens mit Österreich zeigte sich im Frühjahr 1810. Napoleon, der Kaiser der Franzosen, heiratete Marie Luise, die Tochter des Kaisers von Österreich. Diese Verbindung heilte nicht nur ein Problem, das die Zukunft des Empire spätestens seit der Begründung einer neuen Monarchie belastet hatte: Napoleons Kin-

Kaiserin Marie-Luise von Frankreich

derlosigkeit. Sie versprach darüber hinaus, dem neuen Weltzustand definitiv jene Legitimitätsgrundlage zu geben, die nach zwei Jahrzehnten der europäischen Umwälzungen Frieden und Stabilität sichern würde. Fast musste Napoleon froh sein, dass der Zar alle Heiratssondierungen ins Leere hatte laufen lassen; eine bessere Partie als eine Habsburgerin war für den Parvenu nicht denkbar. Mit dieser Hochzeit wurde die Familie Bonaparte indirekt sogar mit den Bourbonen verwandt, und nach Marie Antoinette reiste nun wieder eine Erzherzogin über den Rhein nach Paris, um den Herrscher Frankreichs zu ehelichen. Ein Kreis schien sich zu schließen, wenn man optimistisch war: der Zyklus der Revolution.

«Es ist die Lösung der Verwicklungen der Gegenwart», so kommentierte Goethes bonapartistischer Freund Reinhard diese Ehe, «und wer will den Einfluß auf die Zukunft berechnen?»[10] Goethe wird darüber kaum anders gedacht haben; die Verbindung Bonapartes mit Habsburg muss seiner nicht gegenrevolutionären, dabei aber konservativen, auf Frieden bedachten Einstellung entgegengekommen sein. «Sein Kaiser» fügte sich in die alteuropäischen Zusammenhänge ein, auf die elementarste und verpflichtendste Weise, mit einer Ehe. Verwandtschaftliche Bande verknüpfen in Goethes Dichtungen oft das Entgegengesetzte, ob Faust und Helena oder die Brüder Prometheus und Epimetheus. Dass Napoleon seinen Sohn dann König von Rom nannte, mutet an wie ein Einfall von Goethe, so beziehungsreich ist er. Und wunderbarerweise gelang es dem Dichter gleich im darauffolgenden Sommer 1810, mit den beiden Familien dieser Traumhochzeit neue persönliche Verbindungen anzuknüpfen. Er befreundete sich mit einer habsburgischen Kaiserin und mit einem Bruder Napoleons.

Maria Ludovica, die 23 Jahre alte dritte Gemahlin Kaiser Franz' I. von Österreich, Enkelin Maria Theresias und eine Prinzessin des Goethe von Tasso vertrauten italienischen Fürstenhauses Este, eine zarte, kränkelnde, aber überaus lebhafte dunkeläugige Schönheit, war keine Freundin Napoleons. «Kerl», «Spitzbube», das waren ihre Namen für den «Teufel der Franzosen». Am 6. Juni 1810 kam sie für vierzehn Tage nach Karlsbad, um ihrer schwachen Gesundheit aufzuhelfen. Der berühmte Weimarer Gast wurde von der Bürgerschaft ersucht, ein Poem zu verfassen, das Schulkinder zur Begrüßung aufsagen sollten. Goethe folgte der Aufforderung gern und schrieb in den folgenden Wochen noch drei weitere Gedichte, die den Aufenthalt der Kaiserin begleiteten: Eines rühmte ihren Becher, ein weiteres feierte die Benennung eines Platzes nach ihr, das Letzte – von der Majestät selbst in Auftrag gegeben – drückte ihre Empfindungen beim Abschied aus. Es sind unpolitische Texte, die von dynastischer Liebe und schönen Sommerferien handeln. Doch bescherten sie Goethe die Aufmerksamkeit der von ihrem Hof sogleich über den großen Dichter belehrten Monarchin, die ihn hin und wieder bei öffentlichen Gelegenheiten ins Gespräch zog. Goethe druckte den anmutigen Zyklus von Gelegenheitsgedichten auf eigene Kosten, sie wurden der Kaiserin überreicht, die sich ein halbes Jahr später mit einer Brillantdose revanchierte, deren Schriftzug «Luise», wie Albrecht Schöne feststellt, den einzigen, unermesslich kostbaren Brief der Kaiserin an den Dichter darstellt, der sonst nur mit Persönlichkeiten an den Stufen des Throns, also mit Hofdamen und Marschällen, korrespondieren durfte.[11] Schon kurz darauf konnte Carl August seinem Freund aus Teplitz, wohin Maria Ludovica von Karlsbad gegangen war und wo sie sich mit dem Weimarer Herzog anfreundete, berichten: «Sie sagte mir viel Schönes auf deine Rechnung.»[12] Vom Fortgang der Verbindung werden wir noch hören.

Maria Ludovica von Österreich, 1810

Auch Goethe begab sich im Sommer 1810 nach Teplitz, und dort war Louis Bonaparte, der zehn Jahre jüngere Bruder Napoleons, sein Zimmernachbar. Louis war erst wenige Monate zuvor vom holländischen Thron resigniert, auf den ihn sein Bruder als «gekrönten Präfekten» und zur Wacht gegen das an dieser strategischen Stelle besonders gefährliche England gesetzt hatte. Doch Louis war nicht bereit gewesen, gegen die Interessen seines neuen Volkes, die durch die Kontinentalsperre besonders beeinträchtigt wurden, zu handeln, zerstritt sich mit seinem Bruder und dankte ab. Als Graf von St. Leu führte er fortan eine zurückgezogene, von literarischen Neigungen und empfindsamer Frömmigkeit bestimmte Existenz, als einer der vielen Überlebenden der Umbrüche um 1800. Goethe, der den ganzen Badesommer 1810 für vielerlei aktuelle

Gespräche über Politik und Kriege nutzte – das Tagebuch verzeichnet nicht zuletzt preußische Gesprächspartner wie Fichte und Marwitz –, hat sich mit keinem häufiger getroffen als mit Napoleons Bruder, nämlich mindestens sechs Mal. Leider wissen wir nicht, worüber die Herren sich unterhielten, nur dass Goethe von dem guten Verstand, den Kenntnissen und dem menschenfreundlichen Wesen des Ex-Königs beeindruckt war, außerdem aber von seiner physischen Ähnlichkeit mit Napoleon, hinter der sich jedoch ein ganz anderer Charakter verbarg. Falk referiert für den 10. November 1810 eine ausführliche Äußerung Goethes, die, sollte sie zuverlässig sein, zeigt, dass Goethe sich nicht zuletzt für diesen Kontrast interessierte, also bei aller Sympathie für Louis eben doch auch wieder für dessen Bruder: «Ludwig», habe Goethe gesagt, «ist die geborene Güte und Leutseligkeit, sowie sein Bruder Napoleon die geborene Macht und Gewalt ist. Sonderbar überhaupt sind die Eigenschaften unter diesen Brüdern gemischt und vertheilt, die doch als Zweige einer und derselben Familie angehören. Lucian z.B. verschmähte ein Königreich und beschäftigte sich zu Rom mit der Kunst. Mit dem sanften Ludwig scheint die Niederlegung eines zweiten Königreiches in so stürmischen Zeiten, wie die unsrigen, geboren zu sein. Milde und Herzensgüte bezeichnen jeden seiner Schritte. Sonach ist es keineswegs Eigensinn, wie man gemeint hat, der ihn zu dieser auffallenden Handlung, seinem Bruder gegenüber, verleitete; im Gegentheil ist Ludwig einer der sanftmüthigsten, friedfertigsten Charaktere, die ich im Laufe meines Lebens kennen lernte; nur, was freilich eben daraus folgt, daß ihn alles Ungerechte, Ungesetzmäßige, Unbarmherzige in tiefster Seele verletzt und ihm gleichsam von Natur zuwider ist.» Louis Bonaparte gehört zu den vielen politischen Bekanntschaften, aus denen Goethe nach außen hin wenig gemacht hat, obwohl er sie für seine eigene Unterrichtung intensiv nutzte. In diesem Fall wurde tatsächlich Freundschaft daraus, die noch 1823 in Marienbad erneuert werden konnte, und der Goethe 1828 in einem Porträt Louis Bonapartes ein schönes Denkmal setzte.

So nah blieb Goethe also in diesen Jahren den höchsten Sphären der Politik! Zwischen ihm und den Herrschern, die die Hunderttausende in Bewegung setzten und die Schlachtfelder füllten, war immer nur ein Handschlag. Dabei war er selbst von enormer Produktivität. 1810 wurde endlich die Farbenlehre fertig, in Goethes Augen sein wissenschaftliches Hauptwerk. Nach der «Pandora» bedeuteten die 1809 erschienenen «Wahlverwandtschaften» den nächsten Schritt in ein Alterswerk von beispielloser Kühnheit und Fruchtbarkeit. Die ersten Partien der «Wanderjahre» entstanden, darunter ein Meisterstück wie der «Mann von funfzig Jahren». In den Offiziersgestalten dieser Erzählwerke – dem rüstigen Mann von fünfzig Jahren, vor allem aber dem demobilisierten Hauptmann der «Wahlverwandtschaften», in dem man Müffling erkennen wollte – scheint der kriegerische Zeithorizont auf, allerdings nur von Ferne, wie ein grauer Poussin-Himmel über einer ländlichen Szenerie. Die von Arnim an seine Schwester Bettina berichtete Vermutung, in den «Wahlverwandtschaften» fänden sich Absichten zugunsten Napoleons[13], haben eine klare Äußerung Goethes zu Riemer gegen sich, der Roman zeige den «Zustand der Deutschen vor Einfall der Franzosen, daß jedes Individuum sich auf seine Art ausbilden konnte».[14] Eine wichtige historische Voraussetzung des Romans, das gelockerte Scheidungsrecht, ist nicht, wie man meinen könnte, erst im «Code Napoléon» mit der Zivilehe und der Möglichkeit einer einvernehmlichen Trennung nach Deutschland gekommen, sondern in Preußen bereits 1794 im Allgemeinen Landrecht Wirklichkeit geworden. Dieses fasste die Ehe als Vertragsverhältnis, zu dessen Auflösung unter Standespersonen auch die früher übliche Genehmigung durch den Landesherren stillschweigend fallengelassen wurde. Ganz zeitgemäß ist das Bild des Krieges, das im Hintergrund des Romans aufscheint. Für Eduard, der im letzten Kapitel des Ersten Teils der «Wahlverwandtschaften» sein Leben riskieren will, ist es «eine herrliche Empfindung, mit einem Feldherrn zu ziehen, von dem er sich sagen konnte: unter seiner Anführung ist der Tod wahrscheinlich und der Sieg gewiß.» Als es dann im zwölften Kapitel des Zweiten Teils heißt: «Der Hauptzweck des Feldzugs war erreicht und Eduard, mit Ehrenzeichen geschmückt, rühmlich entlassen», da sind kaum sechs Monate verstrichen; solche Raschheit war das wichtigste Merkmal der napoleonischen Kriege.

Viel bemerkenswerter ist ein anderer Bezug. Goethe, der mit gutem Grund enttäuscht war von der Aufnahme, die die «Wahlverwandtschaften» gefunden hatte, bezeichnete in einem Brief an Reinhard das Publikum, vor allem das deutsche, als eine «närrische Karikatur des δημος; es bildet sich wirklich ein, eine Art von Instanz, von Senat auszumachen, und im Leben und Lesen dieses oder jenes wegvotieren zu können, was ihm nicht gefällt.» Dagegen sei kein anderes Mittel als stilles

Ausharren. Im Übrigen werde man sich schon bald ein so apprehensives Wunderkind gefallen lassen, «wie man sich in der Geschichte nach einigen Jahren die Hinrichtung eines alten Königs und die Krönung eines neuen Kaisers gefallen lässt. Das Gedichtete behauptet sein Recht, wie das Geschehene.»[15]

Wenn man einen Begriff von Goethes Bonapartismus gewinnen will, dann an dieser Stelle. In ihr fließen ein gewisser autoritärer Zug, die Anerkennung einer moralisch indifferent gesehenen Wirklichkeit mit dem Brüderlichkeitsgefühl unter den großen Bewirkern zusammen. Der Volkssenat gegen den Täter und den Schöpfer, die Geschichte und das Gedichtete – hier sieht man zwei Ebenen, auf deren oberer Goethe und Napoleon, der Dichter und der Caesar ganz klassisch nebeneinanderstehen. So erklärte Goethe am 31. März 1810 zu Riemer, die ersten Menschen der Revolution, wie La Fayette, «waren noch eitel und wollten noch, daß die Menge etwas auf sie halten sollte, Napoleon hat ihnen gezeigt, daß gar nichts daranliege». Dazu kam eine zuweilen unverblümte Geringschätzung der eigenen Nation. Anlässlich einer Darstellung von Cortez' Eroberung von Mexiko notierte Riemer am 11. Juni 1809: «Ähnliches Verhältnis seiner» – also des Cortez – «zu den Wilden, wie Napoleons zu uns.» Und auch eine frühe Anwendung des «herrlichen» Diktums «Nihil contra Deum, nisi Deus ipse», dem in Goethes späterem Denken eine so bedeutende Karriere bevorstand, auf den Kaiser und sich selbst – wiederum im Gespräch mit Riemer, am 3. Juli 1810 – weist in diese Richtung. Zwar habe keiner Ursache, sich gegen den Größten gering zu achten, denn wenn der Größte ins Wasser falle und nicht schwimmen könne, ziehe ihn der ärmste Hallore heraus. Und «Napoleon, der den ganzen Continent erobert, findet es nicht unter sich, sich mit einem Deutschen über die Poesie und die tragische Kunst zu unterhalten.» In solcher Weltordnung erscheint Napoleon als das Prinzip einer Wirklichkeit, die sich nicht wegvotieren lässt, aber eben auch nicht poetisch oder moralisch harmonisieren. Darum konnte Goethe mit Blick auf Napoleon auch sagen, die poetische Gerechtigkeit sei eine Absurdität. «Das allein Tragische ist das injustum und das praematurum. Napoleon sehe dies ein, und daß er selbst das Fatum spiele.»[16] Eine Wirklichkeit, in der alles seinen Platz hat, der Größte und der Hallore, aber auch der Welteroberer und der Dichter, macht jenes weinerliche Moralisieren überflüssig, dem die Deutschen im Unglück sich so gern hingeben. Goethe kann ungeduldig werden, wenn er davon spricht oder schreibt. «Die Narren von Deutschen», so heißt es in einem Brief an Zelter vom 30. Oktober 1809, «schreien noch immer gegen den Egoismus, und wollte Gott, man hätte seit langer Zeit für sich und die Seinigen redlich und dann für die Nächsten und immer wieder Nächsten redlich gesorgt, so sähe vielleicht alles anders aus.» Solche Einstellungen sind der Hintergrund für Goethes politische Haltung in der napoleonischen Zeit. Der große Kaiser interessierte und faszinierte ihn ohne Zweifel. Aber wenn man Goethe nach 1806 als getreuen Rheinbunddeutschen bezeichnen kann, dann gewiss nicht in erster Linie, weil er ein Genie bewunderte. Nach wie vor akzeptierte er eine Realität, die sich nur um den Preis des Selbstbetrugs, eines kindischen Trotzes und fruchtloser Konflikte bekämpfen ließ, zum Beispiel mit nationalen Chimären, in denen das Beste des damaligen deutschen Geistes Schaden zu leiden drohte. «Jetzt wollen wir uns nicht irremachen lassen und im alten Wesen verharren», so schließt die Diatribe an Zelter.

Dazu kommt ein materieller Gesichtspunkt, der Goethe als Autor betraf und ihm größten Respekt einflößte: das napoleonische Urheberrecht. Es galt seit dem 5. Februar 1810 und machte für Nachdrucke die Genehmigung des Autors beziehungsweise von dessen Erben bis 20 Jahre nach seinem Tod verpflichtend. Im Unterschied zu der in Deutschland mit seinen zersplitterten Staatsverhältnissen grassierenden anonymen Nachdruckerei war damit das geistige Eigentum der Autoren erstmals wirkungsvoll geschützt. Und das galt natürlich auch für die an Frankreich gekommenen deutschsprachigen Gebiete links des Rheines. So erreichte Goethe am 9. November 1810 auf amtlichem Briefbogen mit gedrucktem Kopf und Registernummer aus Paris eine Anfrage des kaiserlichen Druckereidirektors Graf von Portalis, ob er einem Nachdruck der «Wahlverwandtschaften» zustimme, die ein Drucker in Köln beantragt habe. Goethe reichte den Vorgang an seinen Verleger Cotta weiter; doch er antwortete am 25. November dem kaiserlichen Beamten auch selbst, um seinen dankbaren Respekt für den Kaiser zu bekunden: «Als Literat (comme homme de lettres) habe ich mit Interesse und Bewunderung die einsichtigen Verordnungen gesehen, durch die der Heros, der das Glück von Frankreich macht, für die Eigentumsrechte der einheimischen und ausländischen Schriftsteller sorgt.» Goethe fand den Vorgang so bemerkenswert, dass er ihn noch in den «Tag- und Jahresheften» erwähnte: «So viel höher standen schon die Franzosen im Begriff von geistigem Besitz und gleichem Recht des Höhern und Niedern, wozu sich die guten Deutschen wohl nicht sobald erheben werden.» Wobei der verallgemeinernde Zusatz zum gleichen Recht von Höhern und Niedern besondere Beachtung verdient. Schon am 28. März 1809 hatte König Jérôme in Kassel, mutmaßlich auf Betreiben Reinhards, durch ein eigenes Dekret dem Dr. Cotta, Buchhändler zu Tübingen, ein Privileg für den ausschließlichen Verkauf der von ihm veranstalteten neuen Ausgabe der Werke Schillers und Goethes für das Königreich Westphalen auf 15 Jahre erteilt.[17] Bereits ein halbes Jahr zuvor hatte übrigens Goethe mit dem Gedanken gespielt, das «Nachdrucks-Unwesen» mit Hilfe Dalbergs zu einem Verhandlungsgegenstand auf dem Erfurter Kongress zu machen;[18] allein der weltpolitische Zuschnitt des Fürstentages hatte ihn davon abstehen lassen. Jedenfalls muss man die Weimarer Klassiker hier zu den bürgerlichen Nutznießern der napoleonischen Ordnung rechnen. Die fortdauernde deutsche Malaise auf diesem Gebiet zeigt die unwürdige Bettelei, mit der Goethe in den 1820er Jahren für seine «Ausgabe letzter Hand» bei 35 deutschen Bundesstaaten einzelne Privilegien erkämpfen musste.[19]

Goethe liest nach 1808, als die preußische Bewältigungspublizistik verebbt war und sein Bild von Napoleon sich fixiert hatte, kaum noch politische Literatur, zumal der von Zensur gelenkte rheinbündische Buchmarkt wenig hergab. Dagegen beschäftigen ihn welthistorische Übersichten wie Johannes von Müllers nachgelassene Weltgeschichte und die Vorlesungen Friedrich Schlegels zur neueren Geschichte, welche die Jahrhunderte vom Aufkommen des Christentums bis zum 18. Jahrhundert behandeln. Georg Sartorius schickt ihm aus Göttingen eine Preisschrift, mit der er einen Wettbewerb des Pariser *Institut de France* gewonnen hat. Die französische Wissenschaftsakademie hatte eine historische Frage mit zeitgeschichtlichem Hintergrund zur gelehrten Erörterung ausgeschrieben: «Welches war der öffentliche und privatrechtliche Zustand der Völker Italiens während der Herrschaft der Ostgothen? Welches waren die Hauptgrundsätze der Gesetzgebung Theodorichs und seiner Nachfolger? Und welches war vornehmlich der Unterschied, welchen sie zwischen den Siegern und Besiegten festsetzte?»[20] Goethe erkannte sofort den aktuellen Bezug: «Die Frage über das Verhältniß des Siegers zu den Besiegten ist freylich jetzt bedeutend genug.»[21] Das Buch, das Sartorius zur Beantwortung der Preisfrage schrieb, beschreibt einen Fall sinnlosen Fremdherrschaftshasses. Denn die Goten und ihr Herrscher Theodorich (so schreibt Sartorius den Namen) sind milde Besatzer, die die eingesessenen Römer in allen ihren Rechten und Gesetzen bestehen lassen und sich nur die Last der Landesverteidigung vorbehalten; aber sie sind keine Römer und nicht rechtgläubig. Das genügt, um unter den Römern eine teils aus altem Stolz, teils aus pöbelhaftem Hass genährte Ablehnung dieses eigentlich milden und gerechten Regimes zu nähren. «Der dumme Hochmuth und der Fanatismus des großen Haufens» arbeiten gegen die jugendfrischen Goten, die ein altes, verdorbenes Volk nach außen schützen. Zum Teil ist das sogar verständlich, denn «das Glück des gebildeten Menschen hängt nicht allein von seinem physischen Wohlseyn ab». Und ja, die byzantinischen Kaiser sind «rechtmäßige Imperatoren». Ihnen gelingt am Ende die Rückeroberung der römischen Kernlande und der Sturz der Gotenherrschaft; aber die Folge ist, dass das zuvor so wohlwollend regierte Italien zur nachlässig und ungerecht behandelten Provinz des dekadenten Hofregimes im fernen Konstantinopel wird. Der römerstolze Trotz der Besiegten hat zu nichts Gutem geführt, die verachteten Barbaren waren die besseren Herrscher und Schützer Italiens.[22] Diese Neuerzählung einer alten Geschichte – von Caroline Sartorius ins Französische übertragen – gefiel zu Paris, brachte ihrem Mann Georg trotz einigen Ärgers mit der Zensur den ersten Preis ein und gewann in der gelehrteren deutschen Fassung auch Goethes Zustimmung.

«Der Haß der Römer gegen den selbst milden Sieger, die Einbildung auf ausgestorbene Vorzüge, der Wunsch eines anderen Zustandes ohne einen besseren im Auge zu haben, Hoffnungen ohne Grund, Unternehmungen aufs gerathewohl, Verbindungen von denen kein Heil zu erwarten, und wie das unselige Gefolge solcher Zeiten nur immer heißen mag, das alles haben Sie trefflich geschildert und belegen es nun, daß das alles wirklich in jenen Zeiten so ergangen.» Das blendende Resümee, das Goethe am 4. Februar 1811 in seinem Lobbrief an Sartorius gab, liest sich wie eine Beschreibung der gleichzeitigen deutschen Stimmungen, in denen es schon unüberhörbar zu rumoren begann; dass dabei die Zwischentöne ausgeblendet wurden, mit denen Sartorius auf die unvermeidlichen Schwierigkeiten jeder Fremdherrschaft dann doch hingewiesen hatte, mag erklären, warum sein Briefwechsel mit Goethe danach für mehr als drei Jahre ruhte. Immerhin war der Göttinger Professor

Georg Sartorius

Beamter des Königreichs Westphalen und daher mit allen Unzuträglichkeiten gut vertraut. Für Goethe wurde dessen Abhandlung zum Anlass, einen seiner Lieblingsgedanken in Stellung zu bringen: «Es ist irgendwo gesagt: daß die Weltgeschichte von Zeit zu Zeit umgeschrieben werden müsse, und wann war wohl eine Epoche, die dieß so nothwendig machte als die gegenwärtige!»[23] Als Goethe diesen Satz schrieb, war er längst selbst mit solchem Umschreiben beschäftigt. Er saß an seinem wichtigsten Geschichtswerk, der Autobiographie «Dichtung und Wahrheit», die sonderbarerweise nur selten als Beitrag Goethes zur napoleonischen Zeit verstanden wird. Dabei lässt sich der große Satz im Brief an Sartorius durchaus als Leseanweisung für die Autobiographie verwenden: eine mit den Augen der Gegenwart neu aufgefasste Vergangenheit.

Mit der Niederschrift des ersten Teils von «Dichtung und Wahrheit» begann Goethe am 29. Januar 1811, eine Woche vor seinem Brief an Georg Sartorius. Vorbereitet hatte er die Arbeit wie ein professioneller Historiker, und ähnlich wie Sartorius gotische Gesetze und byzantinische Historiker exzerpiert hatte, benutzte Goethe für seine Jugendgeschichte eine Unmenge an Quellen und Literatur, Frankfurter Stadthistorien und Familiendokumente, juristische Abhandlungen und zeithistorische Darstellungen zum 18. Jahrhundert, später literaturgeschichtliche Kompendien. Darüber hinaus konnte Goethe noch lebende Zeitgenossen befragen und – über Bettina Brentano – auf die mündlichen Erinnerungen seiner verstorbenen Mutter zurückgreifen. «Dichtung und Wahrheit» war von Anfang an nicht als Werk der subjektiven Erinnerung angelegt, sondern als autobiographische Geschichtsschreibung mit gelehrten Voraussetzungen. Dass für Goethe die Biographie die natürliche Erzähleinheit der Historiographie sei, das hatte der historische Teil der «Farbenlehre», der mit einer «Konfession des Verfassers» schloss, nachdrücklich postuliert. Und die zeitgeschichtliche Dimension kündigte das Vorwort von «Dichtung und Wahrheit» ausdrücklich an: «Die ungeheuren Bewegungen des allgemeinen politischen Weltlaufs, die auf mich wie auf die ganze Masse der Gleichzeitigen den größten Einfluß gehabt, mußten vorzüglich beachtet werden.»[24] Die ersten Leser haben diesen Aspekt auch wahrgenommen, niemand schöner als Jakob Grimm, der am 1. November 1811 über den ersten Teil an Arnim schrieb: «Das Epische, Gründliche, Historische ist ja immer das Weitaufgenommene, von Farbe Himmelblaue, das in der Nähe vergeht, je ferner man davon rückt, desto duftiger wird. (…) Die ganze Krönungsfeierlichkeit ist ausnehmend erzählt und von ihr und dem Siebenjährigen Krieg ein reines historisches Bild gegeben.»[25] Ein Historiker, Karl Ludwig von Woltmann, fand in einer langen Rezension von «Dichtung und Wahrheit» vom Januar 1815 die beste Formel dafür: «Goethe und sein Jahrhundert», so nannte er, mit Anspielung auf dessen Winckelmann-Schrift, das autobiographische Werk.[26]

In diesem ersten Teil gibt es ein Thema, das Goethes «Umschreiben» eines historischen Stoffs nach aktuellen Erfahrungen besonders handgreiflich werden lässt: die Episode der Einquartierung des französischen Königsleutnant Thoranc ins Elternhaus am Hirschgraben. Einquartierung, und eben französische, war ein deutsches Massenschicksal dieser Jahre; wir haben im Lauf unserer Erzählung oft davon gehört. Es erübrigt sich fast, die Parallelen mit ausführlichen Zitaten zu belegen. Wenn Goethe im zweiten Buch schreibt: «Die unerwartete, seit vielen Jahren unerhörte Last drückte die behaglichen Bürger gewaltig», dann wusste jeder Leser von 1811, was gemeint war, und jeder verstand die Fortsetzung des Satzes: «Niemandem konnte sie beschwerlicher sein als dem Vater, der in sein kaum vollendetes Haus fremde militärische Bewohner aufnehmen, ihnen seine wohlaufgeputzten und meist verschlossenen Staatszimmer einräumen, und das was er so genau zu ordnen und zu regieren pflegte, fremder Willkür preisgeben sollte.»[27] Goethes Erzählung entwickelt eine Typologie von Verhaltensmöglichkeiten in einer solchen Situation: Auf der einen Seite stehen die gute, freundliche und aufgeschlossene Haltung der Mutter und der Kinder, die das Beste daraus machen: Sie lernen Französisch, lassen sich von dem Leutnant mit Geschenken und Eiskonfekt verwöhnen, tauchen ein in die Welt des französischen Theaters, lernen fremde Lebensart und Kultur. Der Vater verhärtet sich in Kränkung und Trotz, sieht nur das Unrecht, beharrt auf seinem politischen Parteistandpunkt und verbittert sich und den anderen das Leben – völlig unnötigerweise, denn der französische Offizier beträgt sich musterhaft, und die Familie könnte sich glücklich schätzen, einen solchen Edelmann im Haus zu haben. Wie wichtig aber Goethe die politische Moral war, die damit ausgesprochen wurde, beweist unter anderem ein Vers noch aus der Zeit um 1820, wo es heißt: «‹Gib eine Norm zur Bürgerführung!›/ Hinieden/ Im Frieden/ Kehre jeder vor seiner Türe;/ Bekriegt,/ Besiegt,/ Vertrage man sich mit der Einquartierung.»[28]

In ihrer exemplarischen Durchsichtigkeit stellt die Thoranc-Episode schon ganz am Anfang von «Dichtung und Wahrheit» ein Lesemodell dar für die höher verschlüsselten zeitgenössischen Bezüge in den späteren Partien dieses so hintergründigen Werks. Als der dritte Teil am 6. Mai 1814 – einen Monat nach der Eroberung von Paris durch die Alliierten – endlich erschienen war, hatte Goethe in staunenswert kurzer Zeit nicht nur eine Selbstdarstellung, sondern auch einen großen Kommentar zur allerjüngsten Zeitgeschichte vorgelegt. Am Ende kam er damit freilich gewissermaßen zu spät, denn die Franzosenzeit und die mit ihr verbundenen historischen Probleme waren selbst Geschichte geworden. Wie scharfsichtig Goethe dabei immer wieder auf neueste Erscheinungen reagiert hatte, mag eine kritische Bemerkung zum Patriotismus im zwölften Buch illustrieren. Dieser sei nämlich eigentlich das Bedürfnis nach Unabhängigkeit, «welches immer im Frieden enstpringt, und gerade da, wo man eigentlich nicht abhängig ist. Im Kriege erträgt man die rohe Gewalt so gut man kann, man fühlt sich wohl physisch und ökonomisch verletzt, aber nicht moralisch; der Zwang beschämt niemanden, und es ist kein schimpflicher Dienst, der Zeit zu dienen; man gewöhnt sich, von Feind und Freund zu leiden, man hat Wünsche und keine Gesinnungen.» Auch das formuliert eine alltägliche Erfahrung der napoleonischen Kriegszeit; zugleich demonstriert es Goethes auch sonst vielfach bezeugte Skepsis gegenüber nationalen Emotionen, die er für abstrakt und unglaubwürdig hielt.

Ob Goethe den erst viel später abgeschlossenen vierten Teil von «Dichtung und Wahrheit» damals liegen ließ, weil das rasche Ende Napoleons ihm den aktuellen Bezugspunkt raubte, mag dahinstehen; denn dieser Abschnitt berührte noch Lebende, vor allem Carl August, was Grund genug war, ihn zurückzuhalten. Die zeitgeschichtliche Brisanz seiner Darstellung hat Goethe jedenfalls überwiegend unter die Oberfläche gelegt, und so ist sie nie ganz zur Wirkung gelangt. Die ausführliche philologische Darlegung, die hier erfordert wäre, kann unsere historische Erzählung nicht leisten. Summarische Hinweise müssen genügen, die den Leser anregen mögen, eigene Entdeckungen zu machen. Eine der schönsten, die Mitwirkung des elfjährigen Goethe an einer «Britannicus»-Aufführung, haben wir schon erwähnt.[29]

Wovon handelt «Dichtung und Wahrheit», wenn man es einmal als Werk der Geschichtsschreibung und nicht nur als autobiographischen Bildungsroman betrachtet? Es beschreibt den Weg vom Deutschen Reich zur deutschen Literatur. Das Alte Reich geht zu Ende, es erweist sich als ausgehöhlt und handlungsunfähig, zugleich entsteht innerhalb nur einer Generation die neue, große deutsche Literatur. Die Protagonisten dieses enormen Vorgangs sind Friedrich der Große und Goethe, das Ich der Erzählung. Sie sind die überragenden Figuren dieser Historie. Friedrich steht für eine Spaltung, die das längst altersschwache Reich endgültig paralysiert. Der Streit reicht bis ins Familienleben der reichsstädtischen Frankfurter Bürger, von denen die einen «fritzisch» sind, die anderen aber kaiserlich. Damit lernt Goethe als Kind zum ersten Mal jenen elementare menschliche Zusammenhänge störenden Parteigeist kennen, der ihn später auch an der Französischen Revolution so irritierte. Im herausfordernden Verhalten des preußischen Gesandten von Plotho bei den Zeremonien der Königskrönung von 1764, die der junge Goethe miterlebt, wird Friedrichs Reichsfeindschaft auch auf der Frankfurter Bühne offenkundig. Trotz allem aber ist der große König einer der Stifter der deutschen Literatur: «Der erste wahre und höhere eigentliche Lebensgehalt kam durch Friedrich den Großen und die Taten des siebenjährigen Kriegs in die deutsche Poesie.»[30] Feierlicher kann man es nicht sagen.

Wir haben anlässlich von Johannes von Müllers Berliner Akademie-Rede vom Januar 1807 bereits feststellen können, wie die Gestalt des Preußenkönigs nicht nur für Goethe, sondern auch für andere Zeitgenossen zum Verständigungsmittel über Napoleon werden konnte. Der Vergleich der beiden Figuren war schon damals allgegenwärtig, und er gewann in der Zeit der antinapoleonischen Erhebung gerade in Preußen topischen Charakter. Wenn Goethe also in «Dichtung und Wahrheit» ein Bild von den Wirkungen Friedrichs entwirft (was nicht mit einem Porträt der Person zu verwechseln ist), dann darf man darin auch einen Diskurs über historische Größe erkennen, der neue Anwendungen erlaubte. Und hier fällt Goethes Unparteilichkeit auf. Von seiner früheren Gegnerschaft zu Friedrich aus der Zeit von dessen Schrift zur deutschen Literatur und der Fürstenbundpolitik Carl Augusts um 1780 ist nichts geblieben. Für Goethe ist die historische Größe Friedrichs ein unbestreitbares Faktum. Doch sind ihre Wirkungen durchaus zwiespältig. Neben der kulturell befruchtenden Seite, wie sie beispielswiese Lessings «Minna von Barnhelm» zeigt – ein Stück des Friedens, das doch ohne die Kriege des Königs nicht möglich gewesen wäre –, steht eine Zerstörungskraft, die Goethe als Student in Leipzig und bei Besuchen in Dresden drastisch vor Augen geführt bekommt. Das geschundene Sachsen hatte sich, drei Jahre nach dem Ende des Siebenjährigen Krieges, noch längst nicht von den materiellen Folgen erholt, nicht einmal die Verletzungen durch die «überstolzen Preußen» verwunden. Der «fritzisch» aufgewachsene Jugendliche lernte, dass man über Friedrich ganz anders denken konnte. Diese gegenüber Friedrich den Großen geübte betrachtende Objektivität macht auch Goethes Haltung zu Napoleon besser begreiflich. Dessen Gewaltsamkeit hat er ja durchaus mit Nüchternheit zur Kenntnis genommen und als Teil seines Genies verstanden. Auf eine ähnliche Ambivalenz beim Nationalheros des protestantischen Deutschland hinzuweisen, war um 1812 eine wichtige zeitgenössische Lektion.

Zugleich schreibt «Dichtung und Wahrheit» einen Nachruf auf das Alte Reich, das durch Napoleon bestenfalls aufgehoben, nicht aber zerstört worden war. Das war schon viel früher geschehen, nicht zuletzt durch Friedrich den Großen und seine Kriege. Dass in der erzählerisch so raffinierten Darstellung der Frankfurter Krönung die Ausgehöhltheit und Wesenlosigkeit der uralten Zeremonien mit den Augen eines frischverliebten angehenden Dichters – eben des fünfzehnjährigen Ich-Erzählers – gezeigt wird, konturiert den Übergang vom Deutschen Reich zur deutschen Literatur, der im Hintergrund von «Dichtung und Wahrheit» liegt. Der lässig höhnende preußische Gesandte von Plotho und der pubertierende, ein seltsames politisches Kostümfest erlebende Knabe, sie sind in dieser Szenerie Brüder im Geiste, die für die Zukunft stehen. Die Vergangenheit – der bunt-altmodische Apparat der Krönung, die Anekdoten von Maria Theresia und Kaiser Franz, die für die Frankfurter Gassen viel zu großen Staatskutschen, die über den Kopf des jungen römischen Königs herausragende mittelalterliche Krone, die ihn wie einst seinen Vater zum «Gespenst Carls des Großen» macht, die leeren Büfette beim Krönungsbankett, die derb-altmodischen Volksbelustigungen, all der karnevaleske Aufwand an Anachronismus –, sie wird mit einer so ostentativen literarischen Kunstfertigkeit beschrieben, dass man ohne Übertreibung sagen kann: Das fünfte Buch von «Dichtung und Wahrheit» inszeniert den Szenenwechsel vom sterbenden Reich zur werdenden Literatur der Deutschen direkt vor den Augen des Lesers. Und was folgt fürs Publikum der Jahre um 1812 daraus? Deutschland hatte sein Reich längst vor Napoleon verloren, und es hatte nichts Schlechteres dagegen eingetauscht: Goethe. Dass das Ende des Alten Reiches längst vorherbestimmt war, lässt ein ominöses Detail zusätzlich schicksalhaft erscheinen: In der Reihe der Kaiserbildnisse im Frankfurter Römer verbleibt nach der Krönung von 1764 nur noch ein einziger freier Platz. Hatte im Übrigen nicht der Begriff des «Kaisers» durch das Erscheinen Napoleons einen ganz neuen Inhalt und Anspruch erhalten? Goethes Kaiser war wirklich einer, er war kein «Gespenst»; gerade dieses Wort verweist kontrastierend auf die Gegenwart um 1810 mit ihrem die politische Wirklichkeit verkörpernden Universalherrscher.

Das Gegenüber von Deutschem Reich und deutscher Literatur inszenieren die Abschnitte über Wetzlar dann auf gesteigerte Weise ein zweites Mal: «Hier war nun abermals das heilige römische Reich versammelt, nicht bloß zu äußerlichen Festlichkeiten, sondern zu einem ins Allertiefste greifenden Geschäfte. Und auch hier mußte mir jener halbleere Speisesaal am Krönungstage einfallen, wo die geladenen Gäste außen blieben, weil sie zu vornehm waren.»[31] Der groteske bürokratische Leerlauf, der sich hier abspielt, bildet den Hintergrund für die Liebesgeschichte des «Werthers», die zum ersten Welterfolg der neuen deutschen

Literatur wird – jenes Romans, über den der neue Kaiser der Franzosen sich mit seinem Verfasser eingehend unterhielt.

Die politische Voraussetzung von dessen Aufstieg zum führenden Dichter der Deutschen war gerade nicht das Reich, sondern einer jener Kleinstaaten, denen man die Ohnmacht dieses Reiches anlastete. Davon handelt explizit das fünfzehnte Buch, wo von der ersten Anknüpfung an Carl August und seinem Weimarer Hof die Rede ist. Als Goethe in Frankfurt zum ersten Mal seinem künftigen Herrn aufwartet, liegen bei diesem Justus Mösers «Patriotische Phantasien» noch unaufgeschnitten auf dem Tisch. Goethe kann sich brillant einführen, weil er das Buch schon kennt und einen wichtigen Gedanken dieses Autors referiert: «Wenn man sonst dem deutschen Reiche Zersplitterung, Anarchie und Ohnmacht vorwarf, so erschien aus dem Möserschen Standpunkte gerade die Menge kleiner Staaten als höchsterwünscht zu Ausbreitung der Kultur im Einzelnen.»[32] Das aber war eine Strukturbedingung der deutschen Geistesblüte, die auch in der napoleonischen Gegenwart noch fortbestand.

Erst in dieser Konstellation gewinnt ein weiteres Zentralthema von «Dichtung und Wahrheit» seine aktuelle Bedeutung: das Verhältnis zur französischen Kultur. Nicht nur in den Abschnitten über Straßburg – mit ihrer Vorausdeutung auf ein ganz anderes modisches Motiv, die romantische Liebe zum Mittelalter –, sondern schon zuvor in den Königsleutnantkapiteln, vor allem aber im der Literaturgeschichte gewidmeten siebten Buch, beschreibt Goethe die Anziehungskraft der überlegenen Kultur und Literatur Frankreichs: «Der Deutsche, seit beinahe zwei Jahrhunderten, in einem unglücklichen, tumultuarischen Zustande verwildert, begab sich bei den Franzosen in die Schule, um lebensartig zu werden.»[33] Umso bemerkenswerter das Resultat: Goethe und seine Generation entscheiden sich gegen Frankreich, nicht zuletzt unter dem Eindruck von Shakespeare. Freilich hatte Frankreich mit der Weltrolle, die Voltaire eingenommen hatte, ein Muster geschaffen, das Goethe so schildert, als rede er von sich selbst. Das ändert jedoch nichts an der kulturellen Distanz zu den Franzosen: «Ihre Lebensweise fanden wir zu bestimmt und zu vornehm, ihre Dichtung kalt, ihre Kritik vernichtend, ihre Philosophie abstrus und doch unzulänglich.»[34] Schon das Gefühlsmuster für die Sesenheim-Episode kam aus England, aus dem «Landpriester von Wakefield» des Oliver Goldsmith und nicht aus der zeitgenössischen französischen Literatur.

Vom praktisch-sittlichen Problem der Einquartierung, dem Verhältnis der Deutschen zur französischen Kultur über das Ende des Reichs bis zur Frage nach historischer Größe mit ihren gleichermaßen zerstörerischen wie kulturstiftenden Wirkungen behandelt «Dichtung und Wahrheit» in historiographischer Umschreibung lauter Fragen der späten napoleonischen Zeit in Deutschland; und dies wunderbarerweise, Goethes Naturell und seiner Begabung für wiederholte Spiegelungen entsprechend, ganz ohne didaktische Verzerrung des Stoffes. Am Ende wird daraus eine Apotheose wahrer deutscher Größe und des eigentlichen deutschen Berufes: Literatur und Kunst, wie sie vor dem Hintergrund dieser historischen Krise erwachsen konnten. Und was folgte praktisch daraus? In politischem Licht betrachtet, enthält «Dichtung und Wahrheit» die Mahnung an die Deutschen, ihre Energien nicht auf die falschen – abstrakt patriotischen – Ziele zu verschwenden, sondern sich in Besatzung und fremde Hegemonie «in guter Art» zu fügen und sich auf die eigentlichen Stärken zu besinnen, die «Kultur im Einzelnen». Nun ist «Dichtung und Wahrheit» als Werk der Literatur viel zu spielerisch und hintersinnig – nie war Goethes Weltton urbaner als hier –, um sich auf eine aktuelle Stellungnahme reduzieren zu lassen. Dieses in seinen vielen Sinnebenen schillernde Werk führt eher eine Haltung vor, als dass es eine Botschaft verkündet. Es jongliert mit Erfahrungen, wie es einer Autobiographie zukommt. Es erzählt den aufgeregten jungen Leuten in halb warmherzigem, halb unterkühltem Humor von ähnlichen Erlebnissen aus früherer Zeit; es zeigt dabei eine Liebe zum Herkommen und zum Eigenen, die ganz ohne Fremdenhass auskommt und ihre Würde vollkommen zu wahren weiß. Ja, es geht auch um Sieger und Besiegte – aber würde man den Erzähler von «Dichtung und Wahrheit» einen Besiegten nennen? Er erhebt sich über den Moment, und er bringt ihn dabei doch ganz zur Anschauung. Subtiler, reicher ist exemplarische Geschichtsschreibung selten geübt worden als hier.

Das Meiste von dem, was in dem vielsinnigen Mobile von «Dichtung und Wahrheit» auf die unmittelbare Gegenwart Bezug hatte, kam freilich zu spät. Die napoleonische Epoche stürzte ihrem Ende zu, bei dem sie noch einmal so viele Menschenleben verschlang wie in all den Jahren zuvor. Am 27. Januar 1812 erreichte die Rheinbundfürsten ein Rundbrief des kaiserlichen Protektors, der sie aufforderte, schon am 15. Februar ihre Truppenkontingente für einen bevorstehenden Krieg mit Russland bereitzuhalten. Dass die Stimmung in Deutschland einen Tiefpunkt erreicht hatte, war schon zuvor aufmerksamen Beobachtern nicht entgangen. Man muss dafür nicht nationale Hetzer zitieren; ein Brief von Napoleons Bruder Jérôme, des Königs von Westphalen, beschrieb am 5. Dezember 1811 die aussichtslose Lage des französischen Regimes, das seine Sympathien in Deutschland weitgehend verspielt hatte. Überall gäre es, und im Kriegsfalle müsse man mit Aufständen und einer Guerilla nach spanischem Muster rechnen. Jérôme, der die Deutschen nach eigener Aussage nicht liebte, nannte doch plausible Gründe für die Unzufriedenheit: «Der Hauptgrund dieser gefährlichen Bewegungen ist nicht nur der Hass gegen die Franzosen und die Ungeduld, das fremde Joch abzuschütteln; es ist vielmehr im Unglück der Zeiten begründet, in dem völligen Ruin aller Klassen, in der Vermehrung der Steuern und Kriegsbeiträge, dem Unterhalt der Truppen, dem Durchmarsch der Soldaten und der ständigen Wiederkehr von einer Unzahl von Plackereien aller Art. Die Verzweiflung der Völker, die nichts mehr zu verlieren haben, da ihnen alles genommen ist, ist zu fürchten.»[35] Und diese Darstellung wurde noch vor dem Russlandfeldzug mit seinen Hunderttausenden deutschen Gefallenen abgefasst!

Der bevorstehende große Krieg änderte auch die Lage in Weimar. Es bekam nun einen eigenen, für alle sächsischen Herzogtümer zuständigen Gesandten aus Frankreich. Der gebildete, kunstverständige, kluge Baron Nicolas Auguste de Saint-Aignan (1770 bis 1858) sollte vor allem den durch seine Verbindung mit dem Zarenhaus verdächtigen Weimarer Hof überwachen, seine Aufmerksamkeit aber auch der deutschen Literatur widmen; Referate über deutsche Neuerscheinungen wurden vom Pariser Außenministerium ausdrücklich gewünscht. Die präzise und rasche Beobachtungsgabe Saint-Aignans beweist sich darin, dass er die persönlichen Konstellationen in Weimar sofort durchschaute: Carl August erschien ihm undurchsichtig, mutmaßlich feindlich gesinnt, zumal er sich mit verdächtigen Gestalten wie Müffling umgab; der Herzog erwarte, früher oder später abgesetzt zu werden. Loyal dagegen sei Voigt, dessen vollkommene Harmlosigkeit er entgegen vorangehenden Anschwärzungen französischer Spione sofort erkannte. «Goethe, der sich nach eigenem Wunsch von den politischen Angelegenheiten fernhält und befürchtet, dass ihn seine Vertrautheit mit dem Herzog gegen seinen Willen doch hineinzieht», so Saint-Aignans

Einschätzung, «hat sich ganz auf seine literarischen Arbeiten zurückgezogen und auf die Theaterdirektion, die ihn stark beschäftigt.»[36] Ohne Frage hat Goethe die Freundschaft des kaiserlichen Geschäftsträgers auch als möglichen Schutz für sich selbst in unsicheren Zeitläuften gepflegt; der Baron war der Repräsentant «seines» Kaisers und ein guter Nachbar in Weimar. Mehr konnte man nicht wünschen. Am Frauenplan hatte Saint-Aignan sogar noch vor seiner ersten Aufwartung am Hof vorgesprochen, und solange Goethe in Weimar war, entspann sich daraus ein enger Kontakt mit zahlreichen Zusammentreffen, gern an besinnlichen Sonntagvormittagen, an denen Goethe dem französischen Diplomaten sowie Baron Müller Kupferstiche und Medaillen aus seiner Sammlung zeigte. Den Geist dieser Zusammenkünfte benennt ein Satz aus einem Brief Goethes an den französischen Gesandten vom 22. August 1812: «Ce sont les sciences et les arts, qui reunissent les hommes, quand tant d'autres considérations ne peuvent que les diviser.» Also auch hier Goethes ewiger Vorbehalt gegen politische Diskussionen mit ihrem die Geselligkeit störenden Parteigeist. Politisch war bei diesen Konversationen aber vielleicht doch nicht nur die menschliche Sympathie, die Goethe mit seiner ostentativen Gastfreundlichkeit für Weimar insgesamt gewann. Dem Brief vom 13. Februar 1812, in dem er Reinhard die Ankunft Saint-Aignan – Goethe nennt ihn einen «angenehmen, ernst-still aufmerkenden Mann» – in Weimar mitteilte, fügt er eigenhändig und also vertraulich die Bitte um einen politischen Rat hinzu. Er glaube, so Goethe, «daß alles darauf ankommt, daß man sich mit der Truppenstellung willfährig und tätig erzeige, und dann möchte das Übrige alles gut sein. Wollten Sie mir gelegentlich einige Winke geben, so würde ich sie zum Besten benutzen. Ich habe mich zwar von den Geschäften losgesagt, aber mit einiger Kenntnis und gutem Willen läßt sich doch manches lenken und befördern.» Freilich fragt sich, welche Vorteile man noch zu erzielen hoffte, wenn das Menschenmaterial schon abgeliefert worden war. Entsprechend resigniert lautet Reinhards Antwort vom 16. Mai: «Allerdings ist, was Sie sagten, zu tun, und das Übrige der Zeit, dem Kaiser oder Gott zu überlassen, das einzige. Es gibt gar keine Politik mehr. Selbst für diejenige, die alles leitet, ist es Maxime, sich von den Umständen leiten zu lassen, aber immer weiter.» Das beschreibt schon die Dynamik der bevorstehenden Katastrophe in Russland.

Möglicherweise lässt sich aber noch eine zweite Ausnahme vom Politik-
verzicht in dem gebildeten Austausch zwischen Goethe und dem Gesandten feststellen. Zur Leipziger Ostermesse von 1812 lieferte Saint-Aignan
den ersten und einzigen der von ihm geforderten Berichte zur aktuellen
deutschen Literatur. Er konzentrierte sich auf Autoren der Romantik, namentlich Adam Müller und Friedrich Schlegel. Diese Autoren sympathi-
sieren, so Saint-Aignan, mit dem Katholizismus – Schlegels Konversion
wird ausdrücklich erwähnt –, sie leben in Wien, außerhalb der rheinbündischen Zensurgesetze, sie sind Anhänger altständischer Herrschafts-
formen; der Einfluss von Gentz vor allem auf Adam Müller sei unverkennbar. In ihren Dichtungen haben sie sich vom klassischen Regelwerk
befreit, sie setzen auf starke Erregungen und das Wunderbare. Ihre Götter
sind Shakespeare, Calderon und Dante, also unklassische Autoren. Außerdem haben sie sich der mittelalterlichen Dichtung der Deutschen und ihrer Volkslieder angenommen; das dient dem Kampf gegen die angebliche
Erniedrigung der deutschen Nation (*du prétendu avilissement de la nation
allemande et de sa nullité politique*), und deshalb werde auch die französische
Literatur gering geschätzt. Eigens erwähnt werden die auch von Goethe
geschätzten Vorlesungen Schlegels zur neueren Geschichte, wo behauptet
werde, Luthers Reformation sei die Hauptursache für den Niedergang der
kaiserlichen Gewalt in Deutschland. Diese politisch-ästhetischen Resümees – vollkommen sachgemäß für den Blick eines Diplomaten, der nach
den politischen Implikationen von Dichtung und Philosophie fragt – zeigen so viele Parallelen zu Goethes gleichzeitigen Lektüren und Urteilen,
dass man sich kaum vorstellen kann, er habe hier nicht als Stichwortgeber gewirkt. Verräterisch ist vor allem ein Detail: Diese neuen deutschen
Autoren zeigten, so Saint-Aignan, alle «das Schicksal als Hauptmotor der
Handlungen und der menschlichen Wechselfälle». Das war in Weimar
ein wichtiges Thema geworden, nicht zuletzt durch den Erfolg von Zara-
chias Werner, des Hauptvertreters romantischer Schicksalsdramatik, den
Goethe aufführen ließ und den er über längere Zeit regelmäßig bei Tisch
sah. Dass Napoleons Gesandter sich kritisch über Schicksalsdramen äußerte, ist eine höhere Ironie, hinter der man unbedingt Goethe vermuten
möchte. Vielleicht fand so Goethes damals auf den Höhepunkt gelangter
antiromantischer Affekt – gerade in diesen Wochen dichtete er die schwer
antikatholische «Diana der Epheser» – seinen Weg direkt vom Frauenplan
auf den Schreibtisch des französischen Außenministers.[37]

Im März 1812 gab es in Weimar wieder Einquartierungen, von denen auch Goethe nicht verschont blieb. Auf der Reise nach Karlsbad, die er in diesem Jahr schon am 30. April antrat, begegneten ihm allerorten die Kolonnen der riesigen Armeen, die Napoleon gegen Russland zu führen gedachte. Am 1. Mai bei Hof sind es italienische Truppen in dunkelbraunen und gelben Uniformen, die vor den weiten Horizonten von frisch gesäten Äckern ein malerisches Bild darbieten, begleitet von ungeheuren Transportkolonnen, die ein Brief an Christiane vom 2. Mai beschreibt: «150 Wagen, jeder mit zwei Ochsen bespannt, zogen vorbey; die Wagen, wie man sie in Italien sieht, die Räder und Gestelle schwer und alterthümlich; oben waren Bretterkasten, groß, aber flach aufgesetzt; die Ochsen graulich, falb, gesprenkelt; (…) es waren auch Feldschmieden dabey; das ganze wurde von den braunen Soldaten escortirt.» Zur selben Zeit muss Carl August nach Dresden, wo der Kaiser der Franzosen seine Verbündeten um sich schart, darunter auch den Kaiser von Österreich. Dort kommt es am 20. Mai zu einem langen Gespräch des Herzogs mit Napoleon, der dem Verwandten des Zaren nun mehr Höflichkeit und Aufmerksamkeit schenkt als jemals zuvor. Der Kaiser rechtfertigt sich vor allem mit Russlands fehlender Bereitschaft, die Kontinentalsperre aufrechtzuerhalten und mit Differenzen über Polen. Carl Augusts Angebot, die weimarische Erbprinzessin Maria Paulowna einen letzten Friedensversuch vermitteln zu lassen, findet kein Gehör. Die Politik von Erfurt war endgültig gescheitert. Finster sind die Drohungen Napoleons: «Wenn ich geschlagen werde, wird der Krieg lang und schrecklich sein.»[38] Vier Wochen später überschritt die *Grande Armée* den Njemen und rückte in Russland ein.

Der bevorstehende Weltkrieg zwischen dem napoleonischen Europa einerseits und dem mit England verbündeten Russland andererseits stellt den zeitgeschichtlichen Hintergrund dar für das einzige politische Gedicht, das Goethe in der napoleonischen Zeit geschrieben und auch gleich veröffentlicht hat. Es handelt sich um die Karlsbader Stanzen an die französische Kaiserin Marie-Luise, die Tochter des österreichischen Kaisers, die Napoleon 1810 geheiratet hatte. Sie sind Teil einer Trilogie, die Goethe in der zweiten Juni-Woche 1812 im Auftrag der Bürgerschaft von Karlsbad zur bevorstehenden Ankunft des österreichischen Kaisers, seiner Gemahlin Maria Ludovica und seiner Tochter Marie-Luise – sie stammte aus einer vorangehenden Ehe und war mit ihrer neuen Stiefmutter fast gleichaltrig – verfasst hat und die der Begrüßung der kaiserlichen Majestäten dienen sollten. Wir haben es also mit höfischen Gelegenheitsgedichten zu tun, mit prunkvollen Auftragswerken. Sie setzen den Zyklus fort, mit dem Goethe zwei Jahre zuvor Maria Ludovica angehimmelt hatte. Doch Ton und Stil haben sich deutlich verwandelt. Nicht eine, sondern drei Personen werden angesprochen, dafür sind die Versmaße diesmal einheitlich. Goethe wählte die achtzeilige Stanze, also die aus der italienischen Renaissance-Epik bekannte *Ottava Rima*, die er nur bei feierlichsten Gelegenheiten, beispielsweise bei den «Urworten, orphisch», einsetzte. Der gemessene jambische Schritt und die gekreuzten Reime, die sich nur in den Schlussversen der Strophen direkt paaren, sichern eine dem Anlass angemessene majestätische Tonhöhe. Das Gedicht an den Kaiser feiert erst dessen großes fruchtbares Reich, das unter seinem Herrscherblick aufblüht, dann aber die gastfreundliche Stadt Karlsbad, wo Natur und Kunst heilbringend zusammenfanden:

> *Was Gott dem Bürger in die Hand gegeben,*
> *Wenn es der Fürst begünstigt und beschützt,*
> *Dann bleibt fürwahr ein unverwüstlich Leben,*
> *In dem der Sohn dem Vater nachbesitzt.*
> *Geschlechter widerstehn der größten Plage*
> *Und blühn und wachsen bis zum spätsten Tage.*

Die letzte Strophe lautet:

> *Von Seines Auges mildem Blick entbrennet*
> *Ein heilig Feuer, das uns nie entweicht,*
> *Und wie man erst des Sommers Kräfte kennet,*
> *Wenn sich im Herbst der Trauben Fülle zeigt,*
> *So zeige sich, wenn Er von uns getrennet,*
> *Der Segen wirksam, den Er uns gereicht;*
> *Und werde so, beim glücklichsten Ereigniß,*
> *Die kleine Stadt des großen Reiches Gleichniß.*

Der Dreiklang von Landesfruchtbarkeit, herrscherlicher Gnadensonne und bürgerlicher Wohlfahrt wird im Gedicht an Maria Ludovica bereichert durch das liebliche Element einer Untertanenminne, in die die ganze Natur einstimmt:

Der starre Fels, er scheint sich noch zu neigen
Vor Ihrer Hoheit, Ihrer Majestät;
Die Stämme wiegen sich, in allen Zweigen
Von Ihrer Anmut lind und leis umweht;
Die Blumen, die ihr Haupt im Grünen beugen,
Erheben's forschend, wo vielleicht Sie geht?
Und mit den Büschen, die Ihr Blüten streuen,
Wetteifern all' die Herzen ihrer Treuen.

Solche Bilder eines gleichermaßen natürlichen wie politischen Friedens – gekrönt durch die Familieneintracht von kaiserlichem Vater, Mutter und Tochter, die für einen schönen Urlaub zusammenfinden – bereiten die Bühne für das dritte, kürzeste, aber auch weitaus bedeutendste Gedicht des Zyklus, das an die Kaiserin von Frankreich gerichtet ist, aber eigentlich von Napoleon handelt. Hans Magnus Enzensberger hat diese Stanzen «herkömmliche Hofpoesie» genannt, mit «devoten, kalten und glatten Strophen».[39] Tatsächlich kann man die fugenlos polierte Sprachgestalt glatt nennen, und die allegorisch gehobene Bildwelt mag kalt anmuten. Wer aber nicht auf Herzensinnigkeit oder expressive Dringlichkeit festgelegt ist, wird hier das glänzende Beispiel eines literarischen Empire erkennen, vielleicht das einzige Äquivalent zur napoleonischen Hofmalerei, das es in deutscher Sprache gibt; große Politik in Versen.

Das Gedicht beginnt weit oberhalb der Erde, im All, unter Sternen. Die Hochzeit Napoleons mit einer habsburgischen Prinzessin erscheint als kosmisches Ereignis:

Sieht man den schönsten Stern die Nacht erhellen,
So wird das Auge wie das Herz erquickt;
Doch wenn in seltnen, langersehnten Fällen,
Ein herrliches Gestirn zum andern rückt,
Die nahverwandten Strahlen sich gesellen,
Dann weilt ein jeder schauend, hochentzückt:
So unser Blick, wie er hinauf sich wendet,
Wird vom Verein der Majestät geblendet.

In der zweiten Strophe sinkt das Poem auf die Erde hinab, in die geschichtliche Welt. Der Weg Marie-Luises nach Frankreich wird erinnert – eine Reise über den Rhein ähnlich wie jene von Marie-Antoinette zum künftigen König Ludwig XVI., die Goethe im neunten Buch von «Dichtung und Wahrheit», an dem er genau in den Wochen der Karlsbader Gedichte intensiv arbeitete, aus eigenem Straßburger Erleben schilderte. Nur vollzieht sie sich unter glücklicheren Auspizien als die Fahrt der Tochter Maria Theresias, und so darf ein diamantschimmernder Regenbogen als biblisches Friedenszeichen die Erde mit dem Himmel, die geschichtliche Welt mit dem Kosmos, verbinden:

Wir denken noch, wie Sie hinweggezogen,
Der Eltern Lust, die holde Friedensbraut;
Schon beugten sich des Rheines edle Wogen,
Die beiden Ufer lächelten vertraut.
So freut die Erde sich am Himmelsbogen
Von farbigen Juwelen aufgebaut,
Der, wenn er schon vor uns'rem Auge schwindet,
Den Frieden sichert, den er angekündet.

Die dritte Strophe widmet sich Frankreich und seiner jüngsten Geschichte. Der «Eine», Napoleon, hat die Nacht der Revolution beendet und nun durch die Verbindung mit der Erzherzogin Sicherheit hergestellt, wie wiederum mit christlichem Ton – «denn alles ist vollbracht» – behauptet wird:

Im neuen Reich empfängt Sie *das Behagen*
Von Millionen, die aus düstrer Nacht
Aufschauen wieder zu gesunden Tagen,
Zum festen Leben abermals erwacht.
Ein jeder fühlt sein Herz gesichert schlagen,
Und staunet nun, denn alles ist vollbracht,
Die holde Braut in lebensreichem Scheine –
Was Tausende verwirrten, löst der Eine.

Den Hintergrund der vierten Strophe, die universalmonarchische Ordnung des Kontinents als Reich des festen Landes im Streit mit dem Meer, haben wir im zweiten Kapitel bereits erläutert und auf einen möglichen Einfluss zurückgeführt.

> *Worüber trüb Jahrhunderte gesonnen*
> *Er übersieht's in hellstem Geisteslicht,*
> *Das Kleinliche ist alles weggeronnen,*
> *Nur Meer und Erde haben hier Gewicht;*
> *Ist jenem erst das Ufer abgewonnen,*
> *Daß sich daran die stolze Woge bricht;*
> *So tritt durch weisen Schluß, durch Machtgefechte*
> *Das feste Land in alle seine Rechte.*

Diese welthistorische Gründung ist nun auch durch einen Erben gesichert und auf Dauer gestellt. Im Fundament des Imperiums liegt jenes Familienglück – wichtiger als alle noch so phantastischen kriegerischen Erfolge –, von dem der ganze Karlsbader Zyklus spricht.

> *Und wenn dem Helden alles zwar gelungen,*
> *Den das Geschick zum Günstling auserwählt,*
> *Und ihm vor allen alles aufgedrungen,*
> *Was die Geschichte jemals aufgezählt;*
> *Ja reichlicher, als Dichter je gesungen! –*
> *Ihm hat bis jetzt das Höchste noch gefehlt;*
> *Nun steht das Reich gesichert wie gegründet,*
> *Nun fühlt Er froh im Sohne Sich gegründet.*

Napoleons Sohn wird König von Rom, womit die Stadt des ersten großen Friedensreichs der Weltgeschichte zur Wächterin des neuen, heutigen Friedens gemacht wird. Wie Augustus schließen Vater und Sohn nach einer Epoche der Kriege den Janustempel:

> *Und daß auch Diesem eigne Hoheit gnüge,*
> *Ist Roma selbst zur Wächterin bestellt.*
> *Die Göttin, hehr an ihres Königs Wiege,*
> *Denkt abermals das Schicksal einer Welt.*
> *Was sind hier die Trophäen aller Siege,*
> *Wo sich der Vater in dem Sohn gefällt?*

Zusammen werden Sie *des Glücks genießen,*
Mit milder Hand den Janustempel schließen.

Marie-Luise erscheint als mütterliche Friedensgöttin, ja als Madonna, und der krönende Schlussvers macht den Kaiser der Franzosen zu einem Friedensstifter aus absoluter Macht. Die auffallende dreifache Erwähnung von Napoleons Sohn in den letzten Stanzen vermittelt dem prachtvollen Text einen geheimnisvollen, nämlich ebenso heidnischen wie christlichen Unterton von Eschatologie, der wieder auf die augusteische Zeit verweist: Denn es fällt schwer, hier nicht an den heilbringenden Knaben aus Vergils vierter Ekloge zu denken, der das eiserne Zeitalter der Kriege beendet und ein goldenes von Frieden und Fruchtbarkeit heraufführt. «Er wird», heißt es bei Vergil, «herrschen über einen Erdkreis, befriedet von den Kräften seines Vaters» – *pacatumque reget patriis virtutibus orbem.* Die kosmologische Bildwelt des Gedichts mündet in politische Theologie. Der Schlussvers aber ist in Wahrheit eine dringende Mahnung, die selbst in dem Moment, da dieses Gedicht zum öffentlichen Einsatz kam – am 2. Juli 1812 –, noch nicht völlig vergebens erscheinen musste: Der Feldzug in Russland dauerte erst eine Woche, und Napoleon war erst ins polnische Wilna gelangt.

Sie, *die zum Vorzug einst als Braut gelanget,*
Vermittlerin nach Götterart zu sein,
Als Mutter, die den Sohn im Arme, pranget,
Beförd're neuen, daurenden Verein;
Sie *kläre, wenn die Welt im Düstern banget,*
Den Himmel auf zu ew'gem Sonnenschein!
Uns sei durch Sie *dies letzte Glück beschieden* –
Der alles wollen kann, will auch den Frieden.[40]

Große, gewichtige Verse, und Goethes einziges direktes öffentliches Wort zu Napoleon während dessen Regierungszeit. Denn alles andere, was er über ihn gedacht und gesagt hat, blieb ja im kleinen Kreis, beschränkt auf Gesprächspartner und Briefempfänger, und es hat meist erst lange nach Goethes Tod den Weg zum Publikum gefunden. Doch die Karlsbader Stanzen hat er sogleich eifrig verbreitet, zunächst in einem Separatdruck, dann durch Abdrucke in Zeitungen, beispielsweise in

Cottas «Morgenblatt für gebildete Stände», und vier Jahre nach ihrer Entstehung, also schon nach dem Sturz Napoleons, auch in der damals wachsenden neuen Werkausgabe, wo sie mit den Gedichten an Maria Ludovica von 1810 unter dem Titel «Im Namen der Bürgerschaft von Karlsbad» zusammengestellt wurden. Das Echo der Zeitgenossen war überwiegend ablehnend. Zelter hatte die Gedichte vier Jahre später so viel schelten hören, dass er froh war, sie in der Werkausgabe endlich selbst lesen (und dann etwas übertrieben loben) zu können. Arnim, damals mit Goethe auch persönlich zerstritten, nannte ihn mit Blick auf die Verse zu Land und Meer den «Sänger des Kontinentalsystems»; Dorothea Schlegel rügte Gesinnungen und Verse gleichermaßen: «Ist er durch keine Marter zu diesen Stanzen gezwungen worden, so will ich Gott bitten, daß sie ihm verziehen werden.»[41] Liest man aber das Gedicht zusammen mit dem gleichzeitig entstehenden Geschichtswerk «Dichtung und Wahrheit», dann wird man der politischen Vision, die sich daraus ergibt, eine großartige Folgerichtigkeit nicht absprechen können. Goethes Stanzen lassen eine augusteische Ordnung für Europa aufscheinen, die nicht nur Stabilität und Frieden sichert, sondern auch der deutschen Kultur den ihr gebührenden großen Rahmen gibt. Folgt dabei nicht auf die Vergangenheitsachse Friedrich – Goethe ganz klassisch das Gegenwartspaar Goethe und Napoleon, der Augustus und der Dichter? Das wäre der kühnste, weiteste Sinn der Rede von «seinem Kaiser», die Goethe so lange im Munde führte. Fortschritt, Modernität, die Errungenschaften, mit denen Napoleon die Deutschen beispielsweise im Königreich Westphalen gewinnen wollte, spielen in dieser Sicht allerdings kaum eine Rolle. Es geht um Frieden und Kultur, nicht um den Code Napoléon und die Gleichheit vor dem Gesetz.

Goethe entschuldigte sich in einem Brief an Frau von Stein vom 14. August 1812 beinahe für die Aufgabe, die er mit den Kaisergedichten auf sich genommen hatte und der er aber auf keine Weise habe ausweichen können. «Bedenklich und schwer» sei sie gewesen, weil man «bei einer Produktion, welche die größte Freiheit verlangt, diplomatische Rücksichten nehmen soll». Heikel war vor allem das Napoleon-Lob im Angesicht des österreichischen Kaiserpaars, das sich dem französischen Diktator nur aus berechnender Politik, dabei mit innerem Groll, verbunden hatte. So musste gerade im Gedicht an Maria Ludovica jeder politische Hinweis, gar eine Anspielung auf ihre napoleonfeindlichen

Gesinnungen, selbstverständlich unterbleiben. Ohnehin war die zarte kecke Kaiserin nicht nach Karlsbald gekommen, sodass dort zunächst nur zwei der drei Poeme zum Einsatz kamen. Doch Goethe wurde von Karlsbad nach Teplitz berufen und durfte dort den ganzen Zyklus der Kaiserin selbst vortragen. Diesmal wurde er von der Monarchin in ihren persönlichen Zirkel gezogen, kam innerhalb von drei Wochen elf Mal an ihre Tafel und nahm – hin und wieder gemeinsam mit Carl August, der sich schon im Vorjahr mit Maria Ludovica angefreundet hatte – an den unschuldigen Vergnügungen ihres sommerlichen Zirkels teil. Sogar ein Liebhaberstück der Kaiserin, das Goethe überarbeitet hatte, sollte aufgeführt werden! Goethe geriet während dieser Ferientage in einen eigentümlich exaltierten, aus monarchischer Verehrung und erotischer Bezauberung zusammengesetzten Zustand. In einem Brief an Reinhard sprach er am 13. August 1812 von einem «reichen Gewinn für's ganze Leben. Ich darf nicht anfangen von ihr zu reden, weil man sonst nicht aufhört; auch sagt man in solchen Fällen eigentlich gar nichts, wenn man nicht alles sagt, und es ist nichts schwerer, als ein Individuum zu schildern, welches Verdienste in sich hegt, die dem Allgemeinen angehören. Eine solche Erscheinung gegen das Ende seiner Tage zu erleben, gibt die angenehme Empfindung, als wenn man bei Sonnenaufgang stürbe, und sich noch recht mit inneren und äußeren Sinnen überzeugte, daß die Natur ewig produktiv, bis ins Innerste göttlich, lebendig, ihren Typen getreu und keinem Alter unterworfen ist.» Das übersetzt die künstliche Empire-Ästhetik der Karlsbader Gedichte in persönliches Gefühl. Reinhard besaß die Taktlosigkeit, solche Bekenntnisse zu verbreiten, sodass der Wiener Hof Goethe durch eine Palastdame wissen ließ, man wünsche nicht das geringste, auch nur anspielungsweise Vorkommen der Kaiserin in etwaigen Dichtungen.

Während Carl August und Goethe in Böhmen galante Sommerwochen verlebten, rückte die *Grande Armée* immer tiefer nach Russland vor. In den letzten Juli-Tagen erreichte sie Witebsk und überschritt die Düna; zwei Wochen später erreichte Goethe diese Nachricht. Schon am 27. Juli hatte er sich eine Karte von Russland beschafft und wieder begonnen, politische Gespräche im Kreis der Karlsbader Kurgäste zu führen. Auch Zeitungen las er wieder. «Nachrichten von den Fortschritten Napoleons» verzeichnet das Tagebuch am 4. August. Smolensk fiel am 17. August, Goethe las am 13. September davon, aus vielleicht nicht ganz tagesaktuellen Blättern. In Weimar witzelte Voigt mit dünnem Galgenhumor, «daß die sächsischen Truppen sich mit Lorbeern bedeckt haben sollen, weil sehr viele ins Gras beißen müssen».[42] Je länger der Krieg dauert, umso rätselhafter wird er ihm: «Man versteht nicht, was eigentlich der Plan ist. Vielleicht zieht man noch Truppen an sich oder will den Fabius Cunctator machen. Man kann doch unmöglich eine Hauptstadt preisgeben wollen.» Doch, man konnte. Am 14. September zog Napoleon in Moskau ein. Vom 15. bis 19. September verbrannte die Stadt. Die erste Nachricht davon gelangte am 27. September nach Weimar. Doch erst Mitte November zeichneten sich die Umrisse der Katastrophe ab. Voigt: «Daß die große Stadt mit 9/10 untergegangen, ist wohl gewiß und am 23. Oktober wird noch die Hälfte des zehnten Zehnteils dazu gekommen sein. Wieviel Byzantinisches, Tartarisches, Chinesisches mag da verloren gegangen sein. Die Gebäude und Stiftungen der Akademie sollen auch sehr bedeutend gewesen sein. Die künftigen Geschichtsschreiber erhalten schönen Stoff zu Betrachtungen.» So etwas sei immer ein schönes Thema, sowohl für Philosophen als für Poeten, hatte Frau von Stein noch am 19. September mit Blick auf Goethes erstaunliche Vergnügtheit höhnisch notiert, nur leider nicht für die arme Großfürstin.[43] Am 29. September verzeichnet Goethe im Tagebuch die Einnahme Moskaus und setzt lapidar hinzu: «Mittag bey Hofe. War die Hoheit nicht zur Tafel gekommen.» Maria Paulowna, die russische Großfürstin und weimarische Erbprinzessin, erlitt schreckliche Tage. Ihre Heimat wurde von einem Riesenheer verwüstet, in dem 180 000 Deutsche mitkämpften. Von den 2000 thüringischen Soldaten kehrten 550 zurück, 120 nach Weimar, darunter nur ein einziger Offizier. «Von den Andern weiß man nichts», kommentierte die Herzogin Luise in einem Brief an ihren Bruder. «Welch ein schrecklicher Krieg! Seit die Welt steht, hat man keinen ähnlichen gehabt. Wenn Du mir etwa entgegenhältst, dass auch die Heere der Kreuzfahrer ebenso schlimm gelitten haben, so erwidere ich: sie starben nicht an der Kälte, noch an der Folge dieser schrecklichen Kälte, die sie verstümmelte vor dem Sterben. Und damals waren es doch barbarische Zeiten, während wir jetzt so schrecklich aufgeklärt sind.»[44] Saint-Aignan vermied alles, so erzählte es Friedrich von Müller später, «was einer russischen Prinzessin die Anwesenheit eines französischen Gesandten peinlich machen konnte».[45] Goethe, der Franzosenfreund, besuchte die Hoheit in diesen Wochen immer wieder zu Tee und Hauskonzerten.

Goethes eigene Reaktion auf den Untergang von Moskau kann man nur als Verstörtheit bezeichnen. «Und nun weiß man freilich nicht, wo man alles das Erstaunen hernehmen soll, daß uns die großen Begebenheiten abnötigen. Unsere Einbildungskraft weiß sie nicht zu fassen und unser Verstand nicht zurecht zu legen. Die Weltgeschichte sammelt auf unsere Kosten sehr große Schätze.» So setzte er an in einem Brief an Reinhard, den er an einem langen Winterabend in Jena, am 14. November 1812, schrieb. Doch er verwarf diesen Passus wieder und schrieb stattdessen: «Daß Moskau verbrannt ist, tut mir gar nichts. Die Weltgeschichte will künftig auch was zu erzählen haben. *Dehli* ging auch erst nach der Eroberung zu Grunde, aber durch die ††††† der Eroberer, Moskau geht zu Grunde, aber durch die ††††† der Eroberten. Einen solchen Gegensatz durchzuführen würde mir außerordentlichen Spaß machen, wenn ich ein Redner wäre.» Nach dem ersten Ansetzen fasst Goethe sich in einer fast gewaltsamen Geste der Souveränität und bestreitet die Beispiellosigkeit des Ereignisses, indem er auf eine Episode in der Geschichte des Mongolenherrschers Timur Lenk verweist, der 1398 Dehli niedergebrannt hatte. Noch wird nicht Napoleon mit Timur verglichen, sondern die Russen, die barbarisch wie der Mongole ihre eigene Stadt zerstört haben. Welches Wort die fünf Kreuze verbergen, die Goethe hier einsetzte, wird sich wohl nicht sicher klären lassen. Die bisherigen Vorschläge – ein Kraftausdruck für «Dummheit» oder die griechische «Hybris», die in originaler Schrift nur fünf Buchstaben benötigt – wirken wenig zwingend. «Raserei», «Gewalt» oder Sinnverwandtes könnte ebenso gut passen. Fürchtete Goethe die Postüberwachung? Dann müsste es nicht einmal ein sehr harter Ausdruck sein, den er verwenden wollte. Vielleicht vermied er einfach ein Schlüsselwort, das die eilig lesenden Zensoren misstrauisch machen konnte, wie «Armee». «Wenn wir nun aber auf uns selbst zurückkehren», so Goethe weiter, «und *Sie* in einem so ungeheuern, unübersehbaren Unglück Bruder und Schwester und *ich* auch Freunde vermisse, die mir am Herzen liegen, so fühlen wir denn freilich, in welcher Zeit wir leben und wie hoch ernst wir sein müssen, um nach alter Weise heiter sein zu können.»

Der Untergang Moskaus berührt Goethe so tief, dass er um seine persönliche Verfassung, seine «Heiterkeit», bangen muss. Einen stärkeren Ausdruck der Erschütterung kann es bei ihm kaum geben. Darum kreist sein Brief um die Frage nach der Einzigartigkeit des Geschehens.

«Schätze auf unsere Kosten» – das wären Erfahrungen, die zunächst nur die Gegenwart der Briefpartner gemacht hätte. Der Vergleich mit Timur bestreitet das, die Frage nach der Zeit, in der wir leben, neigt sich wieder auf die Seite der Beispiellosigkeit. «Hilft denn kein Beispiel der Geschichte mehr?» Diese Tasso-Frage verlangt nach der Kontinuität der Welt. Goethes Antwort bleibt an jenem 14. November 1812 verzagt: «Was mir in meinem Leben Ähnliches begegnete ist nur eine Komödie dagegen.» Und dann folgt eine kurze Übersicht zu jener «Campagne in Frankreich», die Goethe erst zehn Jahre später ausführlich darstellen sollte. «Verzeihen Sie diese Reminiszenzen», so schließt Goethe dieses Thema ab, «und geben Sie den langen Jenaischen Abenden die Schuld, daß ich Ihnen solche vorerzähle: denn was haben Sie nicht aus jenen Zeiten zu entgegnen!» – eine Anspielung auf Reinhards Schicksale in den ersten Jahren der Französischen Revolution. Goethes Erschütterung über den Moskauer Brand ist wohl kaum in erster Linie politisch-diplomatisch zu verstehen, etwa im Blick auf die Zukunft des Weimarer Herzogtums. Hat er überhaupt Napoleons Besiegbarkeit ins Auge gefasst? Da er an ihr auch in den nächsten Monaten hartnäckig zweifelte, ist das unwahrscheinlich. Nein, es muss das schiere Ausmaß dieser von Menschenhand verursachten Katastrophe gewesen sein, die ihn so aus der Fassung brachte.

Vier Wochen später kam Napoleon des Nachts durch Weimar. Er befand sich auf jener rasenden Rückfahrt von der Beresina nach Paris, bei der er inkognito, nur von seinem Hofstallmeister Caulaincourt begleitet, erst in einem Schlitten, dann in der Kutsche des Königs von Sachsen vorwärtsstürmte. Da der sächsische Wagen zerbrochen war, hatte er eine Weimarer Postkutsche besteigen müssen und Saint-Aignan nach Erfurt befohlen, um dessen Staatswagen zu übernehmen. Beim Wagenwechsel sprach er mit Auszeichnung von Maria Paulowna und erkundigte sich nach Goethe und Wieland. Goethe erreichte die Mitteilung davon, wie er im Tagebuch vermerkte, beim Ordnen seiner Münzschubladen. Carl August, der seinem Freund soeben einen Brief der Kaiserin Maria Ludovica weitergereicht hatte, in dem diese Goethes huldreich gedachte, kommentierte am 16. Dezember bestens gelaunt: «Weißt du denn schon, daß St. Aignan beauftragt ist, dir vom Kayser der Nacht schöne Grüße zu bringen? So wirst du von Himmel und Hölle beliebäugelt.»[46] Der Wiener Palastdame O'Donnel berichtete Carl August dann nicht ohne schadenfrohen Triumph von der blamablen Durchreise des «Allergefrorensten» – *le très Gelé* –, der in einer Poststation ausgerechnet bei Auerstedt die schäbigste Kalesche habe nehmen müssen, um voranzukommen und seine gute Stadt Paris zu erreichen.[47]

Während der Fahrt führte Caulaincourt mit dem Kaiser jene berühmten Schlittengespräche, in denen der redliche und loyale Diener kein Blatt vor den Mund nahm, als es darum ging, die Zukunft ins Auge zu fassen. Napoleon hoffte auf eine europäische Verbrüderung gegen den russischen Koloss. Caulaincourt widersprach: «Sie selbst sind es, Sire, den man fürchtet! Sie selbst sind die Ursache der allgemeinen Unruhe, die Ursache, die den Blick von den anderen Gefahren ablenkt. Was die Kabinette fürchten, ist die Universalmonarchie!» Und dann kam er auf Deutschland zu sprechen; seine Diagnose deckt sich mit der König Jérômes, der seinen kaiserlichen Bruder ein Jahr zuvor gewarnt hatte. «Es ist jenes seit drei Jahren eingeführte Fiskalsystem, das jedermanns Interesse in Deutschland verletzt. Es ist die durch unfähige Agenten daselbst eingeführte politische Inquisition, die jedes nationale Denken, jede Selbstachtung, jede alte Gewohnheit verletzt. Alle diese Ursachen sind es, die den Hass gegen Sie zur Nationalsache machen. Es ist das den Deutschen durch den Fürsten von Eckmühl – Davout – auferlegte Militärregime, das die Völker noch mehr als die Kabinette erbittert hat.» Ohne Empfindlichkeit, ja mit einer gewissen Gutmütigkeit habe Napoleon sich das angehört, berichtet Caulaincout, so als stände er diesen Dingen ganz fern. Nur wenn ihm etwas zu stark vorkam, zupfte er seinen Stallmeister am Ohr.[48]

In Paris angekommen, ließ Napoleon fünf Tage vor Weihnachten das berühmte 29. Bulletin der Großen Armee publizieren, an dem er seit dem 3. Dezember gearbeitet hatte. Nun wurde das Ausmaß der Katastrophe allen offenbar. In der Hauptstadt des Empire verbreitete sich zunächst lähmendes Entsetzen. Doch Staatsminister Voigt war beeindruckt: «Für alle betrübten Nachrichten aus dem Nord ist der heute angekommene Moniteur ein gar herrlicher Trost. Wie das 29. Bulletin commentirt und Caesars Commentarien nachgestellt ist! Welche Kräfte zu Gebot stehen und wie alles bald gleichgestellt ist! Wie besonders Deutschland stehen und wie alles bald genug sich erheben wird, um seinen Waffenruhm gegen die nordischen Barbaren geltend zu machen. Ja, man nimmt den von der Natur empfangenen Tort als ein Glück an, weil nun erst die großen Talente des großen Kaisers recht sich zu entwickeln Gelegenheit haben.»[49]

Das Bulletin setzte jene Legende in die Welt, die bis heute die Einschätzung des napoleonischen Russlandfeldzugs prägt: Es war der Winter. Bis zur Besetzung Moskaus waren nur Siegesnachrichten nach Mittel- und Westeuropa gedrungen; vom Zustand der Armeen verlautete nichts. Und so datiert das 29. Bulletin den Beginn der Schwierigkeiten erst vom 7. November an, als der Winter mit unvermittelter Gewalt eingebrochen sei. Daraus soll sich alles andere ergeben haben. «Die Kälte begann mit dem 7.; von diesem Tage an verloren wir jede Nacht mehrere hundert Pferde, die beim Biwak umfielen. Als wir Smolensk erreichten, hatten wir schon eine beträchtliche Menge Kavallerie- und Artilleriepferde eingebüßt.» «Die Kälte, die mit dem 7. angebrochen war, nahm plötzlich zu, und in der Nacht vom 14. auf den 15. und den 16. zeigte das Thermometer 16 bis 18 Grad unter dem Gefrierpunkt. Die Wege waren mit Glatteis überdeckt; die Kavallerie-, Artillerie- und Trainpferde fielen jede Nacht in Menge um, nicht bei Hunderten, sondern bei Tausenden; vor allem die deutschen und französischen Pferde. Über dreißigtausend Pferde kamen in wenigen Tagen um; unsere meiste Kavallerie war unberitten, unsere Artillerie und Transportwagen waren ohne Bespannung. Wir mussten einen großen Teil unserer Kanonen im Stich lassen und zerstören sowie einen Teil unseres Krieg- und Mundvorrats.» Daraus folgt alles andere: ohne Kavallerie kann das Heer sich nicht ausbreiten, es muss dicht gedrängt auf der Straße bleiben; ohne Artillerie ist keine Schlacht mehr möglich. «Wir mussten, mit einem Worte, im Marsch bleiben, um nicht zu einer Schlacht gezwungen zu werden, welche wir aus Mangel an Munition nicht wünschen durften.» Das hätte man auch einfach «Flucht» nennen können. Aber das Bulletin blieb in der militärischen Fachsprache. Es zählte einzelne Operationen und die Leistungen der verschiedenen Heerführer auf. Der Übergang über die Beresina wurde als taktische Meisterleistung geschildert, nicht als jene qualvolle Katastrophe, die für unsere modernen Augen eher an Stalingrad als an frühere Kriege erinnert. Die Stillage dieses Textes lehnt sich tatsächlich an die gemeißelte Sachlichkeit von Caesars Kriegsberichten an, die damals jeder gebildete Europäer auf der Schulbank kennengelernt hatte, ganz gleich, ob er Schöngeist, Jurist oder Militär war. Am Ende des Rapports zeigt sich inmitten seiner Armee der Kaiser, unerschüttert: «Während der ganzen Bewegung der Armee marschierte der Kaiser beständig im Mittelpunkt seiner Garde ... Se. Majestät sind mit dem guten Geiste zufrieden gewesen, der die Garde beseelt hat ...» Die Reste der übriggebliebenen Kavallerie seien zu einer «heiligen Schar» vereint worden, die den Kaiser nie aus den Augen verloren haben. Dann der Schlusssatz: «Die Gesundheit seiner Majestät war nie besser.»

Eine halbe Million Menschen hatte ihr Leben verloren; zwar nannte Napoleons Bulletin keine Zahlen, doch ging der fast vollständige Untergang seines Heeres unmissverständlich daraus hervor. Viele der wenigen überlebenden Heimkehrer waren zu Krüppeln ohne Nasen, Ohren und Zehen geworden. Sie stanken so entsetzlich, dass die Menschen vor diesen Untoten zurückwichen. Alle vorangehenden Schwierigkeiten des Feldzugs, die zu viel früherer Umkehr hätten zwingen sollen, verschwieg der Bericht des Kaisers: Die gewaltigen Verluste schon vor der Eroberung Moskaus, erst durch den Regen und die Hitze des russischen Sommers, dann durch die überlang gewordenen Versorgungswege, verbunden mit dem Versagen des Requisitionssystems in einem steppenhaft armen, fast leeren Land; schließlich die Hekatomben Gefallener und Verwundeter in der Materialschlacht von Borodino, bei der am Ende mehr Tote als Lebende übrig blieben. Nichts auch vom unvermittelten Zusammenbruch jeder Disziplin in Moskau, wo die ausgezehrte Armee sich mit Plünderungen wiederherstellte und vor dem Hintergrund rauchender Ruinen ein paar Wochen im Luxus einer über Nacht aufgegebenen Kapitale schwelgte, bevor die übriggebliebenen Reste mühsam gesammelt und auf den Rückweg gezwungen wurden; auf dem dann die Kälte «plötzlich» einbrach. Aber was konnte man gegen umfallende Pferde unternehmen?

Auch Goethe wird das Bulletin gelesen haben, und wenn nicht, dann muss ihn dessen Echo erreicht haben. Es klingt noch weiter in dem fast auf den Tag zwei Jahre nach dem 29. Bulletin im Dezember 1814 entstandenen Gedicht «Timur und der Winter» des «West-östlichen Divan». Ausdrücklich hatte Goethe in seiner «Morgenblatt»-Ankündigung des «Divan» von ihm gesagt, es fasse «ungeheure Weltbegebenheiten, wie in einem Spiegel auf, worin wir, zu Trost und Untrost, den Wiederschein eigner Schicksale erblicken».[50] Und Sulpiz Boisserée notierte nach einer Lesung Goethes: «Timurs Winter-Feldzug – Parallelstück zu Napoleons Moskowitischem Feldzug.» Zwar bearbeitet dieser in vierhebigen Trochäen reimlos hämmernde, chronikalisch berichtende Text eine arabische Quelle des 15. Jahrhunderts, die Goethe in lateinischer Übersetzung bekannt wurde und die er teilweise wörtlich übernahm; auch ist der Vergleich zwischen den Ereignissen von 1812 mit dem Wüten des Mongolenfürsten Timur Leng am Ende des 14. Jahrhunderts schon aus Goethes Brief zum Brand von Moskau an Reinhard bekannt; aber erst das Gedicht gibt der Parallele Stringenz und Wucht. Diesmal wird auf Timurs letzten Feldzug gegen das chinesische Reich von 1404/05 angespielt und damit die Situation – Eroberer gegen Großreich – präzise exponiert. Entscheidend ist die sachliche Übereinstimmung: Nicht ein Kriegsgegner hat Timur überwunden, sondern der Winter, die Elementarkraft der Kälte, aber auch der mitleidlosen, bösartigen Verhärtung, begabt mit greisenhaftem Hass und personifiziert wie eine weißbärtige Schreckensgestalt von William Blake.

So umgab sie nun der Winter
Mit gewalt'gem Grimme. Streuend
Seinen Eishauch zwischen alle,
Hetzt er die verschiednen Winde
Widerwärtig auf sie ein.
Über sie gab er Gewaltkraft
Seinen frostgespitzten Stürmen,
Stieg in Timurs Rath hernieder,
Schrie ihn drohend an und sprach so:
Leise, langsam, Unglücksel'ger!
Wandle du Tyrann des Unrechts;
Sollen länger noch die Herzen
Sengen, brennen deinen Flammen?
Bist du der verdammten Geister
Einer, wohl! ich bin der andre.
Du bist Greis, ich auch, erstarren
Machen wir so Land als Menschen.
Mars! Du bist's! ich bin Saturnus,
Übelthätige Gestirne,
Im Verein der Schrecklichsten.
Tödtest du die Seele, kältest
Du den Luftkreis; meine Lüfte
Sind noch kälter als du seyn kannst.

Quälen deine wilden Heere
Gläubige mit tausend Martern;
Wohl, in meinen Tagen soll sich,
Geb es Gott! was schlimmres finden.
Und bey Gott! Dir schenk' ich nichts
Hör' es Gott was ich dir biete!
Ja bey Gott! von Todeskälte
Nicht, o Greis, vertheid'gen soll dich
Breite Kohlenglut vom Heerde,
Keine Flamme des Decembers.

Dem «très Gelé», dem «Kaiser der Nacht», aus Carl Augusts Brief trat hier ein noch Gefrorenerer entgegen. Zugleich erhebt der Winter den Feldherrn Timur zu seinesgleichen, er macht ihn zu einer Elementarkraft, ja zu einem Gestirn. Saturn überwindet Mars, die Kälte das Feuer des Krieges. Timur erscheint dabei als Feldherr, dessen Flammen brennen und sengen, der also das Element des Feuers verkörpert; zugleich aber tötet er die Seele und «kältet» den Luftkreis. So ist er heiß und eisig zugleich. Daß außerordentliche Menschen wie Napoleon aus der Moralität heraustreten und zuletzt wie physische Ursachen, «wie Feuer und Wasser» wirken, hatte Goethe, wie wir wissen, zu Riemer schon Anfang 1807 gesagt. Im Timur-Gedicht wird dieser Gedanke nun dramatisiert und verschärft. «Timur, Dschingis-Chan, Naturkräften ähnlich, in einem Menschen erscheinend», so hat Sulpiz Boisserée nach einem Gespräch mit Goethe den Gedanken noch einmal am 3. August 1815 in seinem Tagebuch referiert. Man kann also nicht sagen, dass Goethes Bild von Napoleon sich im Kern gewandelt hätte; es trug von Anfang an auch jene Züge des Bösen und Schreckerregenden, die im Timur-Spiegel so titanisch hervortreten. Dies sollte man als Hintergrund von Goethes rheinbündischer, mit dem Stern der Ehrenlegion geschmückter Politesse immer mit im Blick behalten. Dass solche Illusionslosigkeit dann auch noch eine Selbstdeutung Napoleons, eben das Bulletin zum Russlandfeldzug, aufgreifen kann, darf man als abgründige Ironie zur Kenntnis nehmen. Wie nahe Goethe auch dessen im 29. Bulletin bekundete caesarische Haltung zur eigenen Gesundheit blieb, verrät ein Brief an Zelter vom 3. Mai 1816. Da berichtet Goethe, dass ihn ein rheumatisches Übel beinahe davon abgehalten hatte, zur weimarischen Ständeversammlung zu kommen, auf der die neue Verfassung des Großherzogtums verkündet werden sollte. «Da fiel mir glücklicherweise ein Napoleontischer Spruch ins Gedächtnis: ‹L'Empereur ne connoit autre maladie que la mort.›»

Als das Timur-Gedicht enstand, war in Deutschland die napoleonische Zeit schon ein Jahr lang vorbei. In der dreitägigen Völkerschlacht bei Leipzig (16. bis 19. Oktober 1813), der größten Kriegshandlung der bisherigen Weltgeschichte, war Napoleon entscheidend besiegt und danach über den Rhein zurückgedrängt worden. Am 30. März 1814 eroberten die Alliierten Paris. Der Kaiser dankte am 4. April ab. Seine Rückkehr von Elba und der letzte napoleonische Krieg mit dem Sieg bei Waterloo im Frühjahr 1815 berührten keine deutschen Gebiete mehr. In seinem Neujahrsgruß an Carl August vom 1. Januar 1814 sprach Goethe von einem «traurigen und schreckenvollen Jahre». Die nationale Historiographie hat ihm die geringe Anteilnahme an Befreiungskrieg und «deutscher Erhebung» übel genommen, aber die Nahsicht gibt Goethe recht. 1813 war das schlimmste aller Kriegsjahre für das Herzogtum Weimar. Von April bis November waren die Landstriche an der Elbe bis Dresden sowie das nördliche Sachsen und Thüringen Kriegsgebiet. Erfurt blieb französische Festung, von der anderen Seite drohten Preußen und Russen. Von Mitte April bis Mitte August musste Weimar 6108 französische Offiziere und 203 617 Soldaten verpflegen. Allein Charlotte von Schiller hatte in diesen Wochen für über 100 Mann Einquartierung zu sorgen. Die Zahlen am Frauenplan werden nicht geringer gewesen sein. Frau von Stein resümierte die Erfahrungen voller Bitterkeit: «Daß wir jetzt in der Wirklichkeit leben von Dem, was die Geschichte künftig wird zu erzählen haben, macht mir eigentlich alle Geschichte zuwider. (…) Wo man hingeht, stößt man auf Kanonen, Trommeln und Soldaten.»[51] Durch das Herzogtum führten zwei wichtige Heerstraßen mit drei Rastplätzen, woraus sich drückende Vorspann- und Verpflegungsdienste ergaben; außerdem drohte Seuchengefahr von den durchmarschierenden Armeen. Die Ansteckungsfurcht wuchs zu einer kollektiven Neurose. Jena wurde wieder Lazarettstadt. Die Lasten waren ungeheuer, die Unsicherheit nervenzehrend. Die Ereignisse von 1806 hätten sich wiederholen können, mit weniger gnädigem Ausgang. Vom 11. bis zum 18. April wurde Weimar von einer preußischen Truppe besetzt; Saint-Aignan sah sich genötigt, nach Gotha auszuweichen, wo er von preußischen Freiwilligen überfallen und beraubt wurde. Ein Weimarer Kontingent ließ sich in denselben Tagen von einer unterlegenen preußischen Einheit so willig entwaffnen, dass der Vorgang wie Verrat wirkte. Jena sah zum ersten Mal in seiner Geschiche asiatische Völker auf seinen Straßen kampieren. Danach kehrten die Franzosen zurück. Am 16. April verließ Goethe überstürzt Weimar und wich über Dresden nach Teplitz aus, wo er sich bis zum 10. August aufhielt. Christiane und August blieben am Frauenplan und mussten den mühsamen und gefährlichen Alltag bewältigen. Goethes Tagebuch zeigt in diesen Wochen einen nervösen Nachrichtenhunger wie sonst nie in seinem Leben. Die Ankunft Napoleons, der wieder zu den deutschen Kriegsschauplätzen eilte, erst in Erfurt (25. April), am Tag darauf in Weimar, notiert sein Tagebuch auch aus der Ferne.

Da Carl August sich in den kurzen Tagen der preußischen Besatzung als voreilig unzuverlässig erwiesen hatte – die feindlichen Husaren wurden sogar im Schloss bewirtet –, setzte es zunächst ein Donnerwetter vom Kaiser: Er sei der unruhigste Fürst Europas. Doch in den Tagen danach wurde die Stimmung milder; Napoleon wusste, dass er nun gewinnender auftreten musste. Erstmals gelang es ihm, bei Carl August so etwas wie Sympathie zu erwecken. Nach einem gemeinsam verbrachten Tag erklärte dieser zu Saint-Aignan: «Das ist kein europäischer Geist, sondern ein orientalisches Genie. Er wirkte auf mich wie ein Geistbegabter *(comme un inspiré)*. So stelle ich mir Mahomet vor.»[52] Seit 1806 geisterte dieser Vergleich durch Weimar.

Goethe sah sich auf seiner Reise nach Böhmen in die wechselnden Parteistimmungen gezogen. Am 20. April traf er in Meißen auf patriotische Freiwillige, darunter ein Student, der gern mit seiner Frau getanzt hatte und ihn erkannte; die jungen Leute baten ihn darum, ihre Waffen zu segnen. Goethe fügte sich, legte seine Hand auf Büchse und Hirschfänger und sprach: «Zieht mit Gott, und alles Gute sei eurem frischen deutschen Mute gegönnt.»[53] Wie er wirklich dachte, das brach zwei Tage später im Hause der Körners in Dresden aus ihm heraus. Ernst Moritz Arndt, der Goethe verehrende Franzosenfresser, musste eine schreckliche Szene erleben: «Der große Mann machte keinen erfreulichen Eindruck; ihm war's beklommen, und er hatte weder Hoffnung, noch Freude an den neuen Dingen. Der junge Körner war da, freiwilliger Jäger bei den Lützowern. Der Vater sprach sich begeistert und hoffnungsreich aus. Da erwiderte Goethe ihm gleichsam erzürnt: ‹Schüttelt nur an euren

Ketten! *Der* Mann ist euch zu groß! Ihr werdet sie nicht zerbrechen!»»[54]
Noch immer glaubte Goethe an die Überlegenheit Napoleons, und so
blieb es bis zur Leipziger Schlacht. Zwar sah er, dass dieser nun «wie ein
gehetzter Hirsch» sei, erklärte er am 10. August; «das macht ihm aber
Spaß.»[55] Vor allem hoffte er auf Frieden. Noch am 15. August wettete er
mit einem Freund in Dresden, dass Napoleon ihn schließen und auf die
ihm von den Alliierten angebotenen Bedingungen eingehen werde. Am
25. Juli hatte das Tagebuch notiert: «Untröstliches militarisch politisches
Gespräch.» Eines dieser Gespräche hat ein Offizier überliefert, der Goethe in Teplitz besuchte. «Sie sind Kriegsmänner», habe dieser zu ihm
gesagt, «oder noch Höhergestellte im Staatsleben, und die Welt bildet
sich nach dem Ergebniß Ihrer Thaten, allein wenn ich des Morgens so
erwache und mit der dampfenden Sonne auf meinen schönen Schloßberg
gehe, und mir denke, daß in diesem gottgesegneten stillen Thale nur
allein die Herzen der Kinder noch ruhig schlagen, während die Cultur
von Jahrhunderten, möchte ich sagen, sowie die Ruhe und der Friede
aller anderen Bewohner schon jetzt bedroht und gestört sind, so möchte
ich gerne dem gigantischen Helden unseres Säculums, um ihm Friedens-
gedanken einzuhauchen, auch nur den hundertsten Theil jener Empfindungen eingeben können, welche mich jeden Morgen für die Menschen
in diesem Paradiese durchströmen.»[56] Klagen über die Zeitläufte häufen
sich in diesem Teplitzer Sommer. Wenn er in einem Brief an Christiane vom 1. Juli von seiner Friedenssehnsucht spricht, dann muss er bitter
hinzufügen, laut dürfe man mit solchen Gesinnungen nicht sein. Und
den Freund Meyer beglückwünscht er drei Wochen später am 21. Juli
zu seinem Entschluss, in die Schweizer Heimat zu fahren: «Wer es jetzt
möglich machen kann, soll sich ja aus der Gegenwart retten, weil es unmöglich ist, in der Nähe von so manchen Ereignissen nur leidend zu leben, ohne zuletzt aus Sorge, Verwirrung und Verbitterung wahnsinnig zu
werden.»

Wie nah Goethe in all diesen Krisenmonaten Napoleon blieb, verrät ein winziger Zug in seinem Tagebuch, den leider nur die Weimarer
Ausgabe erwähnt, während die soeben erschienene große kritische Edition der Weimarer Klassikstiftung dazu schweigt: Goethe habe in dem
Eintrag am 8. Mai 1813 die Ankunft von «Napoleon in Dresden» auf
dem Durchschussblatt eigenhändig nachgetragen, und zwar «mit dem
Bestreben Napoleons Handschrift nachzumachen»![57] Das ist bei einem

passionierten Autographensammler wie Goethe keineswegs ausgeschlossen. Den gigantischen Helden sah Goethe zum letzten Mal in seinem Leben auf der Rückreise von Teplitz nach Weimar am 14. August 1813 in Dresden. Im Tagebuch notierte er: «Am Brühlischen Palais dem Kayser begegnet welcher von einem kleinen Gefolge begleitet die Schanzarbeiten besehen hatte.» Napoleon tat das, was er zu tun gewohnt war: Krieg führen. Da Goethe, wie wir mehrfach feststellen konnten, bloße Sichtkontakte zu Napoleon in seinen Tagebüchern nicht erwähnte, und ihm dort sogar die Unterredung von 1808 nur wenige Worte wert war, darf man für diesen 14. August 1813 durchaus mit mehr als nur stummer Beobachtung rechnen: Mindestens zum Austausch von Höflichkeiten wird es gekommen sein.

Goethe arbeitete in all diesen unruhigen Monaten kontinuierlich weiter an «Dichtung und Wahrheit». 1813 entstand der dritte Teil. Als die Deutschen gegen die Franzosen aufstanden, reflektierte ihr Nationaldichter über die Option seiner Jugendzeit, sich in Straßburg zu einem französischen Beamten ausbilden zu lassen. Danach folgten die Abschnitte über Wetzlar, den «Werther» und die Anfänge seiner literarischen Laufbahn. Sogar erste Fragmente des vierten Teils, namentlich von dessen Ende, die Erörterung über das Dämonische, entstanden schon im April 1813 noch in Weimar. Erst 1831 knüpfte Goethe daran wieder an. Ende August 1813 versuchte Goethe noch einmal dem Krieg auszuweichen; er ging für eine Woche von Weimar ins abgeschiedene Ilmenau, wo er seinen 64. Geburtstag feierte und einen Roman von Napoleons Bruder Louis Bonaparte las.

Am 2. September war er wieder zu Hause, und nun begann die gefährlichste Phase des Kriegs. Noch einmal wurden französische Offiziere, darunter ein polnischer Obrist, bei Goethes einquartiert. Durch Weimar zogen unentwegt Truppen, im Oktober kam es zu vereinzelten Straßenkämpfen. In der Nacht vom 18. zum 19. Oktober, während die Völkerschlacht noch tobte, waren plötzlich die Kosaken da, die den französischen Gesandten Saint-Aignan, um den sich Goethe in diesen Tagen wieder freundlich gekümmert hatte, gefangennahmen. Als Diplomat wurde er freigelassen, musste das Herzogtum Weimar aber endgültig verlassen. Goethe war nicht glücklich über die neue Lage. «Wir sehen endlich wieder Kosaken;/ Die haben uns vom Tyrannen befreit,/ Sie befreien uns wohl auch von der Freiheit», dichtete er. Immerhin, er bekam eine Schildwache vors Haus gestellt und bedankte sich bei dem zuständigen russischen Obristleutnant Bock mit einigen zierlichen Versen:

Von allen Dingen die geschehn
Wenn ich es redlich sagen sollte,
So wars, Cosaken hier zu sehn
Nicht eben was ich wünschen wollte
Doch als die heilig große Flut
Den Damm zerriß der uns verengte,
Und Well auf Welle mich bedrängte,
War Dein Kosak mir lieb und gut.[58]

Goethe war stolz darauf, dass er während der bedrohlichen Oktobertage – der Ausgang der großen Schlacht bei Leipzig war ganz ungewiss, und leicht hätte sich die Kriegsfurie wie 1806 auch nach Weimar wenden können – Nerven bewahrt hatte. «Wie sich in der politischen Welt irgendein ungeheures Bedrohliches hervortat, so warf ich mich eigensinnig auf das Entfernteste», schrieb er später in den «Tag- und Jahresheften». «Dahin ist denn zu rechnen, daß ich von meiner Rückkehr aus Karlsbad [richtig: Teplitz] an mich mit ernstlichstem Studium dem chinesischen Reich widmete.»[59] Das ist der Beginn jener «Hegire» in die Ferne, fort vom nationalen Schauplatz, die bald zum «West-östlichen Divan» führte, Goethes großem nachnapoleonischen Zeitbuch. Während der Tage von Leipzig aber verfasste Goethe einen prachtvollen Epilog zu einem mittelmäßigen Trauerspiel, das die Liebe Elisabeths I. zum Grafen Essex behandelte. Diese wenig bekannten, nur einer Schauerspielerin zuliebe geschriebenen Verse hielt Goethe als Zeugnis ihrer Entstehungszeit sein Leben lang in hohen Ehren. Sie sind ein Bravourstück in pathetischem Stoizismus:

Der Mensch erfährt, er sei auch wer er mag,
Ein letztes Glück und einen letzten Tag.

...wohlan
Hier ist der Abschluß! Alles ist getan
Und nichts kann mehr geschehn! Das Land, das Meer,
Das Reich, die Kirche, das Gericht, das Heer,

Sie sind verschwunden, alles ist nicht mehr!
Und über dieses Nichts du Herrscherin!
Hier zeige sich zuletzt dein fester Sinn,
Regiere noch, weil es die Not gebeut,
Regiere noch, da es dich nicht mehr freut!
Dich so zu sehen, ist die Welt gewöhnt,
So unerschüttert zeige dich am Licht,
Wenn dir's im Busen morsch zusammenbricht.[60]

Nun kam die Einquartierung von der anderen Seite. Der österreichische Quartiermeister Reichsgraf Hieronymus II. Colloredo bezog vom 23. Oktober an für vier Tage die vorderen Räume von Goethes Haus. Dort ließ er täglich für 24 Personen auftischen, auf Kosten des Hauses. Das Kommen und Gehen von Gästen und Ordonnanzen ließ den Boden so verdrecken, dass nicht einmal das SALVE auf der Türschwelle noch zu lesen war. «Coloredo ab. Das Haus gereiniget», vermerkte Goethe am 26. Oktober im Tagebuch. Er selbst sah sich in seine hinteren Zimmer verdrängt, wo ihn Friedrich de la Motte-Fouqué antraf. Erst dieser Dichter und Soldat vermochte Goethe davon zu überzeugen, dass Napoleon besiegt war und sich über den Rhein zurückziehen werde. «Goethe sah nachdenklich eine Zeitlang vor sich nieder und sprach dann mit tiefernstem Blicke: ‹So wäre er denn wirklich schon geschehen, der entscheidende Schlag? Desto besser.›»[61]

Zwei politische Nachspiele hatte die napoleonische Ära im Hause Goethes noch, ein halb komisches und ein tragisches. Es ging im ersten um den Orden der Ehrenlegion, beim zweiten um Goethes Sohn August.

Als Graf Colloredo sich zur Einquartierung vorstellte, begrüßte ihn Goethe nach seiner Art im «Staatskleide» (Marwitz) mit den beiden Orden angetan, die er 1808 erhalten hatte: dem russischen Sankt-Annen-Stern und dem Kreuz der Ehrenlegion. Colloredo, kriegerisch gestimmt, fand das äußerst unpassend und rief aus: «Pfui Teufel, wie kann man so etwas tragen!» Das berichtet Wilhelm von Humboldt, Colloredos Nachfolger als Quartiersgast in Goethes Haus. Überhaupt, so Humboldt, habe die Befreiung Deutschlands bei Goethe keine tiefe Wurzel geschlagen. «Er glaubt zwar daran, aber stellt mit vielen Umschweifen, unbestimmten Phrasen und Gebärden vor, daß er sich an den vorigen

Zustand einmal gewöhnt habe, daß da alles schon in Ordnung und Gleis gewesen sei und der neue nun hart falle. Die Verheerungen der Kosaken, die wirklich arg sind, nehmen ihm alle Freude an dem Spaß.» Wegen der Ordensfrage konsultierte Goethe seinen weltgewandten Freund dann eigens. «Man könne doch einen Orden, durch den einen ein Kaiser ausgezeichnet hat, nicht ablegen, weil er eine Schlacht verloren hat. Ich dachte bei mir, daß es freilich schlimm ist, wenn man für das Ablegen der Legion keine besseren Gründe hat.»[62] Weniges zeigt so klar, wie der Geist der Zeit sich gedreht hatte. Selbst der Weltbürger Humboldt missbilligte das Anlegen der Legion. Napoleon war der Feind, kein Mitglied jener europäischen Gesellschaft, in der legitime Monarchen und ihre Vertreter auch nach Niederlagen selbstverständlich geachtet blieben. Goethe hatte noch wenige Tage, bevor die Österreicher kamen, vertrauten gesellschaftlichen Umgang mit Saint-Aignan gepflogen, sich also ebenso unbefangen zwischen den Kriegsparteien bewegt wie 1806. Wie hätte er in solchen menschlichen Nahverhältnissen plötzlich Feindeshass entwickeln sollen? Colloredo aber verhielt sich mit seiner Patzigkeit, übrigens auch mit den überzogenen materiellen Ansprüchen an Goethes Haushalt, ganz anders als jener französische Königsleutnant von 1759, dem Goethe in «Dichtung und Wahrheit» das Denkmal gesetzt hatte. Bis nach Berlin drang die Diskussion um Goethes Verhalten. Hier seien vornehme Leute *für* Goethe, erklärte Rahel Varnhagen; sie würden es kriecherisch gefunden haben, wenn er den Orden zu diesem Zeitpunkt abgelegt hätte. Humboldt bemühte sich dann bei Metternich um einen österreichischen Orden, damit Goethe nach Napoleons Untergang würdig ausgestattet bleibe. Dieser kam auch, aber Goethe wurde trotzdem auch später noch mit Napoleons Stern gesehen. «Das Pentagramma macht Dir Pein?», soll er Ende Juli 1814 in Wiesbaden gesagt haben, als er deswegen verstimmt angeredet wurde; und dann steckte der den Orden in die Tasche.

Das andere, durchaus traurige Nachspiel kennt jeder Leser von Thomas Manns Roman «Lotte in Weimar». Goethe verhinderte, dass sein Sohn August als Freiwilliger mit einem Weimarer Corps in den Krieg zog. Carl August hatte einen entsprechenden Aufruf nach preußischem Vorbild am 22. November 1813 erlassen. Zur Weimarer Freischar hatte sich August wie seine vorwiegend adeligen Beamten-Kollegen gemeldet, was Goethe in höchste Unruhe versetzte. Er war dem Freiwilligenwesen an sich schon nicht hold, weil er Pfuscherei und Selbsthelfertum in solcher demokratischen Soldatenspielerei sah. «Die Freiwilligen betragen sich unartig und nehmen nicht für sich ein», lautet ein knappes Verdikt zum Jahr 1813 in den «Tag- und Jahresheften».[63] Völlig verkehrt fand er, dass Gebildete, die anderswo gebraucht würden – beispielsweise als Ärzte –, ihr Leben aufs Spiel setzten und Strapazen auf sich nähmen, für die sie nicht geübt waren.

Aber hinter Goethes Unwillen über Augusts Meldung stand vermutlich noch eine andere Erfahrung, eine der schlimmsten Geschichten jener schlimmen Zeit. Sein Kollege Geheimrat Voigt hatte im Frühjahr seinen einzigen Sohn verloren. Und zwar hatte dieser in den Tagen der ersten preußischen Besetzung Weimars zu Anfang April 1813 zusammen mit dem Kammerherren von Spiegel einen chiffrierten Briefwechsel mit Friedrich von Müller unterhalten, der damals in Jena weilte, das noch französisch war. Ein solcher Briefwechsel über die Linien hinweg ist immer bedenklich, aber die jungen Leute hatten dazu noch den unseligen Einfall, höchst durchschaubare Chiffren zu wählen: Die Franzosen figurierten als *la maladie* (die Krankheit), die Preußen aber als *les médécins* (die Ärzte). Als französische Postspione einen solchen Brief auffingen, fiel der Verdacht der Sabotage auf die Absender des verfänglichen Schreibens, und so wurden beide – Voigt junior und Spiegel – in der Erfurter Festung eingekerkert. Es bedurfte langwieriger Begütigungen bei dem wutschäumenden Napoleon, der wenige Wochen später nach Weimar kam, um die eigentlich harmlosen Gefangenen vor der Erschießung zu retten und sie freizubekommen. Doch der junge Voigt überlebte die Haft nicht lange; er hatte sich mit Typhus angesteckt und starb am 19. Mai. Für den weichherzigen, ängstlichen Voigt, der nur diesen Sohn hatte, war das ein furchtbarer Schlag, von dem er sich nie mehr erholte. Das Schicksal des gebeugten Elternpaars, das mit einer gemütskranken Tochter zurückblieb – sie saß mit einem Vogel auf dem Schoß und einer Uhr, deren Minutenzeiger sie mit den Augen verfolgte, teilnahmslos in einer Ecke –, erregte allgemeines Mitleid. Goethe aber sah sich nicht im Stande, seinem ältesten und treuesten Amtskollegen auch nur zu kondolieren. Die dazu gehörigen Briefe lesen sich noch heute beklemmend. «Ich habe wohl unrecht gehabt, mich nicht in meinem Schmerz vor Ew. Exzellenz sehen zu lassen; vielleicht hätte ihn eines Ihrer Worte früher besänftiget, wenn er schon in diesem Leben nicht heilen kann. Aber ich wollte Ihnen eine traurige Stunde ersparen, Sie durch meine Klagen nicht stören.»

So Voigt an Goethe am 24. Juli 1813. In seiner Antwort zwei Tage später aus Teplitz wand dieser sich in flauen Entschuldigungen und schrieb: «So bewahrheitet sich denn abermals der paradox aufgestellte Satz: daß der eigentliche Trost nur von dem Leidenden, die Fassung nur von dem Beschädigten ausgehen kann.»[64]

Vermutlich war Goethe einfach verärgert über die Eselei, die zu diesem tragischen Ende geführt hatte. Auch hier hatte man Krieg gespielt und sich ohne Not in Gefahr gebracht. Goethe nun hatte wie Voigt – dessen Hilfe hier wieder gefragt war – nur einen Sohn, und den wollte er auf keinen Fall verlieren. Also blieb August zwar in den Listen der Freiwilligen, trug auch ihre Uniform, bekam aber vom Herzog einen Posten als Schreiber in der Etappe zugewiesen, in Frankfurt am Main, und später als Adjutant des Erbprinzen Carl Friedrich. Carl August nutzte den Anlass aber, seinen Freund darauf hinzuweisen, dass «das erste Gesetz der jetzigen revolution ausspricht, denen jungen Leuten ihren Willen zu laßen.» Ganz Weimar bedauerte oder verhöhnte den verhinderten Helden – nie hätte sie ihren eigenen Sohn abgehalten, schrieb Charlotte von Schiller, denn «sein ganzes Wesen wäre zerknickt gewesen»; dabei kam die Weimarer Freischar, die nach Holland abkommandiert war, dort gar nicht zum Einsatz, weil der Krieg schneller als gedacht zu Ende war. Das änderte nichts daran, dass sich August von einem der Heimkehrenden, dem er zur Begrüßung in Uniform entgegengetreten war, sogar mit einer Duellforderung konfrontiert sah, die von Goethe nur mühsam aus der Welt geschafft werden konnte. August war so oder so blamiert und kehrte in halb verzweifeltem Trotz zu einer ostentativen Napoleon-Verehrung zurück, die ihn schon früher eine Sammlung mit Devotionalien des Kaisers hatte anlegen lassen. Der gesellschaftlich wegen seiner Mutter ohnehin nie ganz Akzeptierte blieb Außenseiter, gefesselt an seinen titanischen Vater. So hinterließ die Epoche Napoleons im Hause Goethe einen ihrer vielen Verlierer.[65]

War auch Goethe selbst einer? Jedenfalls blieb ihm die Leipziger Schlacht mit ihren mehr als hunderttausend Gefallenen lange Zeit ein «Unglückstag». Dass die Epoche der Kriege sich dem Ende zuneigte, mochte er lange nicht glauben, und erst ein Gespräch mit Metternich, der Goethe am Tag von Colloredos Auszug in seinem Haus besuchte, konnte ihn über die Zukunft beruhigen; der österreichische Staatsmann hatte lange auf einen Ausgleich mit Napoleon gehofft, und er wird Goethe auch über die fehlende Friedensbereitschaft des Kaisers ins Bild gesetzt haben. Auch Voigt vollzog nun den Schwenk ins napoleonfeindliche Lager: «Hätten die Franzosen es nur nicht gar zu toll gemacht mit ihrer Universalmonarchie», schrieb er am 15. Januar 1814 an Goethe, «hätten sie nur nicht die Verzweiflung des gemeinen Untertans geweckt, so sollten wohl alle Proklamationen nichts geholfen haben.»[66] Dass Goethe es dem national erregten Historiker Luden in diesen Wochen auszureden versuchte, eine Zeitschrift mit dem Titel «Nemesis» herauszubringen, kann nicht überraschen. Vor allem warnte er ihn, übrigens ganz im Geiste Metternichs, vor den neuen Bedrohungen aus dem Osten: «Es ist wahr: Franzosen sehe ich nicht mehr und nicht mehr Italiener, dafür aber sehe ich Kosaken, Baschkiren, Kroaten, Magyaren, Kassuben, Samländer, braune und andere Husaren. Wir haben uns seit einer langen Zeit gewöhnt, unsern Blick nur nach Westen zu richten und alle Gefahr nur von dorther zu erwarten, aber die Erde dehnt sich auch noch weithin nach Morgen.»[67] Der junge, moderne Gelehrte hatte sich ganz zutraulich an Goethe gewandt und war von dem Gespräch bitter enttäuscht. Das zeigt, ebenso wie die Szene mit dem Waffensegen vom April, wie wenig Goethes Vorbehalte gegen den nationalen Aufstand in der Öffentlichkeit bewusst waren. Als über seine Ordensfrage diskutiert wurde, bemerkte August Varnhagen in einem Brief an Rahel nicht ohne Scharfsinn, dass Goethe trotz seiner unpatriotischen Gesinnung diesen Krieg mitbereitet habe wie keiner: «Ohne ihn und den tiefdringenden Einfluß seines Geistes wäre ein großer Teil unserer Jugend nicht *so* für die Waffen entflammt, stünde unser Sinn und Willen nicht so erhöht für Besseres.»[68]

Literarische Größe als Quelle patriotischen Stolzes konnte für Goethe selbst, der mit der Rezeption seiner letzten Werke so unzufrieden war, allerdings nur wenig plausibel erscheinen. So blieb seine Haltung im Winter 1813 auf 1814 zwiespältig schwankend. «Que dira donc Göthe de son dieu tutélaire?», fragte Carl August spöttisch in einem Brief, den er aus dem Felde in Frankreich an die Herzogin Luise schrieb. Er war verstimmt, weil er keine Briefe von seinem Freund erhielt, und als man ihn in Paris auf Goethes notorische Napoleonverehrung ansprach, mit der es nun wohl vorbei sei, da erwiderte er nicht ohne Bitterkeit: «O ganz und gar nicht, da kennen Sie Goethe nicht.»[69] Dem in alle Richtungen vernetzten Varnhagen wurde in derselben Zeit der Goethesche Ausruf zugetragen: «Lasst mir meinen Kaiser in Ruh!» Während alles im Befreiungsglück schwelgte, haderte Goethe in langen Briefen mit der individualistischen Zerfallenheit, dem Parteigeist und der mangelnden Einheit der Deutschen in ihrer Literatur, vor allem dem periodisch wiederkehrenden Streit zwischen den Generationen: Seufzer eines Großmeisters, der sich von der Jugend abgehängt fühlte. Dieser Gebrechen wegen hielt es Goethe für den größten Verdienst, den er seinem Vaterlande leisten könne, mit seiner autobiographischen Geschichtsschreibung fortzufahren «und zu zeigen, wie immer eine Folgezeit die vorhergehende zu verdrängen und aufzuheben suchte, anstatt ihr für Anregung, Mitteilung und Überlieferung zu danken».[70] Und voller Hohn berichtete er am 7. März seinem Ästhetikfreund Meyer in die Schweiz: «Von Seiten der Kunst bedroht uns hier ein Schrecknis. Kügelgen (…) malt abermals das gute und böse Prinzip; aber nicht, wie früher, jedes einzeln für sich, sondern beide im Streit begriffen. Wem das böse ähnlich sehen wird, ist leicht zu erraten; das gute hingegen gleicht, ich wette, auf ein Haar, den Gebrüder Kügelgen.» Das Böse sah nun aus wie der Kaiser der Franzosen, das Gute wie brave deutsche Kunstmaler. Am 9. April, eine gute Woche nach der Einnahme von Paris, notierte Goethe, man ahnt, mit wie gemischten Gefühlen, im Tagebuch: «Freudenschießen den ganzen Tag.»

Trotz seiner unverblümt bekundeten Zeitferne schlug er selbst seinem Verleger Cotta schon zehn Tage nach der Schlacht von Leipzig vor, für die patriotische Stunde eine wohlfeile Taschenausgabe von «Hermann und Dorothea» zu veranstalten. Ja, er dachte sogar an Fortsetzung: «Ich bin aufgefordert einen zweyten Theil zu schreiben, weiß aber kaum ob ich ihn zu Stande bringe. Auf alle Fälle würde jenes Werkchen jetzt von guter Wirkung seyn.»[71] Die «Aufforderung» könnte auf Gespräche mit Metternich oder Humboldt zurückgehen, die Goethe in diesen Tagen besucht hatten. Auf solche Ideen kamen damals viele, beispielsweise auch Goethes napoleonfeindliche kaiserliche Freundin Maria Ludovica. Diese schrieb am 20. November 1813 an Herzog Carl August, die nun nach so viel Truppendurchmärschen einkehrende Ruhe werde gewiss Goethes Einbildungskraft wieder befeuern, «und er wird den Ruhm der Retter Deutschlands singen», darunter den des Herzogs.[72] Carl August wird nicht versäumt haben, dies Goethe wissen zu lassen. Der einst so napoleonfromme Cotta griff Goethes Vorschlag begeistert auf, nicht ohne auf bessere Zeiten zu hoffen, «die zu bewirken ganz in der Macht Napoleons gestanden hätte, ohne daß sie mit so vielen Blut und Kummer zu erkämpfen nötig gewesen wäre! Diß scheint sein größter Vorwurf zu seyn, denn von ihm hing es ab, ein Heiland der Welt zu werden.» Das war damals die Haltung vieler enttäuschter Anhänger des Kaisers; warum nicht auch die Goethes?

Die Volksausgabe von «Hermann und Dorothea» fand eine interessante Aufnahme in der «Jenaischen Allgemeinen Literatur-Zeitung», wo der Redakteur Abraham Eichstädt in enger Abstimmung mit Goethe im März 1814 eine Rezension des Historikers Karl Ludwig von Woltmann platzierte, und zwar in der Rubrik «Schriften über die Tagesgeschichte in Deutschland». Woltmann strich die Aktualität vor allem der Figur des Hermann heraus, der den Rhein gegen die Angriffe der revolutionären Franzosen verteidigen will; scharfsinnig erkannte er, dass das Bild einer wehrhaften Nation, das Goethes Epos zeichnete, selbst ein Produkt des französischen Vorbildes war. Und so kam er zu dem Schluss, Goethe zu einem neuen deutschen Nationalepos aufzufordern, und zwar gerade weil dieser dem nun besiegten Kaiser so gehuldigt hatte. «Der Stoff zu einem großen deutschen Nationalepos ist da», schrieb Woltmann. «Zu schauen ist, wie ihn Gottes Hand unmittelbar in Rußland bereitete. Welche Einleitung zu jenem Epos, dessen Aufgabe der Sieg der deutschen Nation über die ungeheure, stets bewundernswürdige Persönlichkeit eines Einzigen wäre, welcher die Armee desjenigen Volks, das immer ihr Gegensatz war, wider sie richtete. Wer kann zu einem solchen Epos berufen sein, als wer *so* die deutsche Nation aufrief, und zugleich der Riesenkraft, bey welcher zuletzt nur Erde und Meer noch Gewicht hatten, ohne Scheu und ohne Schmeicheley huldigte?»[73]

Also gerade die Stanzen an die Kaiserin Marie-Luise, Goethes einziges öffentliches Bekenntnis zur napoleonischen Ordnung, sollten ihn zum aktuellen Nationalepiker qualifizieren! So hatte Goethe einerseits dafür gesorgt, dass die Anregung der Wiener Kaiserin in die Öffentlichkeit kam; und andererseits, dass sie mit seiner napoleonischen Vergangenheit harmonisiert wurde. Die Konstellation der Gedichte von 1812, die beiden Kaiserinnen, der Österreichs und der Frankreichs, gegolten hatten, fand ihr fernes Echo in dieser publizistischen Posse. Behaglich schrieb Goethe schon am 12. März unmittelbar nach dem Erscheinen der Rezension an Eichstädt: «Ew. Wohlgeboren haben mich durch das übersendete Zeitungsblatt sehr angenehm überrascht. (...) Danken Sie dem Verfasser auf's schönste; ich lasse keines seiner Worte weder jetzt noch künftig unbeachtet.» Auch der Freund Knebel war von diesem politischen Debattenbeitrag im literarischen Feuilleton höchst angetan, und so lobte er am 25. März in einem Brief an Goethe Woltmanns Artikel in zeitgemäßer Orthographie: Es sei das erste Mal, «daß ein Teutscher Schriftsteller einem Teutschen Gedichte eine Stimme in politischen Angelegenheiten ertheilt».

Der zweite Teil von «Hermann und Dorothea» kam aber, wenig überraschend, nicht zustande. Durch Goethes Briefe geistern gerade in diesen Wochen immer wieder Überlegungen, in denen er sich von aktuell angeregter literarischer Produktion distanziert: «Alles, was auf den Augenblick anspielt und so die Gemüther stoffartig erregt, habe ich immer vermieden, nicht weil ich es im Ganzen für unzulässig halte, sondern weil ich gefunden habe, daß der Enthusiasmus eigentlich nur die große Masse kleidet», schrieb er beispielsweise am 22. Februar 1814 an Arnim. Immerhin zeigen solche Äußerungen, dass ihn die Frage beschäftigte. Goethes poetische Antworten auf die Zeit entstanden dann seit Mitte 1814, zuerst im Festspiel vom «Epimenides» und dann im fernen historischen Spiegel des Timur-Gedichts.

Als unbezweifelbarer Gewinner kam am Ende Herzog Carl August aus der napoleonischen Zeit. Zwar hatten sich allerlei hochfliegende Pläne zu Gebietserweiterungen für Weimar oder Hoffnungen auf den Thron des wegen seiner allzulangen Napoleon-Treue angefochtenen sächsischen Königs nicht erfüllt. Trotzdem lohnte sich die geduldige Lobbyarbeit, die der Herzog auf dem Wiener Kongress leistete: Sachsen-Weimar-Eisenach wuchs von 36 auf 66 Quadratmeilen und von 112 000 auf 190 000 Einwohner. Der kleine Souverän, der jahrelang um seine politische Existenz gebangt hatte und beim französischen Kaiser als unsicherer Kantonist beargwöhnt worden war, fuhr nun den Erfolg dafür ein, dass er sich, anders als seine Staatsdiener Voigt, Müller und Goethe, nicht allzu ostentativ aufs napoleonische Gleis begeben hatte: Er wurde Großherzog. Das Glückwunschschreiben, in dem Goethe Carl August zum ersten Mal mit «Durchlauchtigster Großherzog» und als nunmehr «königliche Hoheit» anredete, begräbt auch eine politische Spannung, die den Dichter mehrfach bis hart an den Rand der Illoyalität geführt hatte und die der Herzog mit viel Großmut ertragen hatte. Goethe konnte es sich allerdings nicht versagen, vor allem die kulturellen Leistungen Carl Augusts als Grund für die Standeserhöhung herauszustreichen: «Ereignet sich's nun, daß Höchstdenenselben, für so vielfaches redliches inneres Bemühen, auch von außen ein gebührendes Beywort ertheilt wird; so benutzen wir mit Freude, wenn die Hof- und Canzleysprache uns nunmehr erlaubt dasjenige als ein Anerkanntes auszusprechen, was sonst bey aller Wahrheit als Schmeicheley hätte erscheinen können.»[74]

Dass es Goethe doch noch vergönnt war, zum Abschluss der napoleonischen Epoche, der ihn so weit von den Gefühlen und politischen Leidenschaften großer Teile der Nation entfernt hatte, ein versöhnliches Wort an die deutsche Öffentlichkeit zu richten, war das Verdienst von August Wilhelm Iffland, des Generaldirektors der königlichen Schauspiele in Berlin. Er bat den größten Dichter der Deutschen im Mai 1814 um ein Festspiel zur Feier des bevorstehenden Einzugs von König und Zar in der preußischen Hauptstadt. Die Rückkehr der Monarchen aus Paris sollte ein triumphales Siegesfest mit Eintritt durchs Brandenburger Tor und Gala-Aufführung im Schauspielhaus werden. Dass Iffland ausgerechnet von Goethe ein Vorspiel für diesen Abend haben wollte, beweist nicht nur den Ehrgeiz des Intendanten, der zum großen Anlass einen großen Autor gewinnen wollte, sondern auch politische Besonnenheit. Denn dass Goethe nicht in übermütigen Siegesjubel oder gar billigen Hass auf die jetzt besiegten, einst gegen Preußen so harten Feinde ausbrechen würde, hatte ja selbst Woltmanns patriotische Zeitungsintervention – von der Iffland durchaus Kenntnis gehabt haben kann – vorausgesetzt. Von Goethe war ein Wort der Übersicht und der Versöhnung zu erwarten. Ifflands Berliner Entscheidung für ihn ist eine Parallele zu den erstaunlich milden Bedingungen, die Frankreich im ersten Pariser Frieden eingeräumt wurden; es sollte zunächst sogar die aus ganz Europa geraubten Kunstschätze behalten dürfen, eine Bedingung, die erst im zweiten Frieden nach Waterloo aufgehoben wurde. Europa, das bewies bald auch der Wiener Kongress, besaß damals die Kraft, Frieden zu machen, und Goethe war in seiner Funktion dabei.

Bei der Berliner Goethe-Verehrerin Rahel Levin löste Ifflands Idee eine beglückte Begeisterung aus, die zeigt, wie eng in diesem Moment Patriotismus und Goethe-Kult zusammengehen konnten: der Dichter als Einiger der Nation. Rahel hatte gehört, das zu erwartende Stück solle künftig jedes Jahr in ganz Deutschland gleichzeitig am 18. Oktober, dem

Tag der Schlacht von Leipzig, aufgeführt werden. «Mir schauderten gleich die Backen und Tränen standen mir in den Augen», schrieb sie am 24. Juni ihrer Freundin Sara von Grotthuß. «Liebe Grotta, rede ihm zu, daß er's tue, daß er's nicht abschlage! (…) Denke dir, geliebte Freundin, wenn ganz Deutschland denkt: Jetzt hört ganz Deutschland dieses Stück, schaudert, bebt, horcht und klatscht und jubelt und weint mit uns! Ich falle auf die Erde und weine!»[75]

Damals war Goethe schon mitten in der Arbeit; trotz des schreckenden Zeitdrucks hatte er sich nur einen Tag besonnen und dann zugesagt. «Vor allen Dingen muß ich Ihnen, verehrter Mann», schrieb er am 15. Juni 1814 an Iffland, «den aufrichtigsten Dank abstatten, daß Sie mir Gelegenheit geben, und zwar eine so würdige, der Nation auszudrücken, wie ich in Leid und Freude mit ihr empfunden habe und empfinde.» Innerhalb von vier Wochen brachte Goethe 1000 prunkende, gelegentlich auch etwas hohl tönende Verse für ein allegorisches Mysterienspiel zu Papier. Halb Oper, halb deklamatorisches Verkündigungsdrama sollte das Festspiel alle Mittel der Bühne, Musik, flackernde Lichtwechsel, teure Kostüme, zauberisch wechselnde Dekorationen, Arien, Monologe, Massenszenen einsetzen; sogar Pferde ritten am Ende über die Bretter, und echte Soldaten wirkten als Komparsen mit. Gerade für den Schluss sparten Goethes Bühnenvorschläge nicht mit massiven Effekten: Die Marschlieder der Sieger sollten sich, so die Anweisung an den Komponisten, an in Berlin populäre Melodien anlehnen, und im Dekor wurden an prominenter Stelle das Eiserne Kreuz und die Quadriga vom Brandenburger Tor eingeplant; gerade sie, die Napoleon einst nach Paris gebracht hatte, war nun vom preußischen König als einziges Beute-Kunstwerk eigens für seine Heimkehr sofort auf den Weg nach Berlin geschickt worden. Eine der von Goethe auf die Bühne gestellten Figuren, die Allegorie der Hoffnung, könne, so regte er an, die Gestalt der verstorbenen Königin Luise annehmen.

Trotz solcher Tribute ans Berliner Publikum schuf Goethe in seinem Stück «Des Epimenides Erwachen» ein hintersinniges Spiel mit zeitgenössischen Erfahrungen, das am Ende alles in der Schwebe ließ. Es wurde als so komplex empfunden, dass zur Aufführung eigens ein die Allegorien patriotisch aufschlüsselnder Programmtext des Berliner Professors Levezow angeboten werden musste; der Berliner Volksmund war schnell fertig damit: «Eh-wie-meenen-Sie-dieß» nannte er das Stück, berichtete

Zelter nach Weimar. Kaum zu übersehen allerdings war, dass sich unter den symbolisch kostümierten Personen des Stücks auch Goethe und Napoleon befanden.

Der titelgebende Held, ein weiser kretischer Hirt, wird am Anfang zu Bett geschickt. In einem früheren Schlaf schenkten ihm die Götter einst Einsicht in die Gesetze der Natur, also dessen, was ist. Nun, in der neuen Ruhe, ist die geschichtliche Welt dran: «fremde Zeiten» soll Epimenides nach dem Aufwachen erkennen können. Einschlafen und Erwachen des Epimenides sind die Rahmenhandlung von Goethes Festspiel, und es ist unverkennbar, dass er in dem entrückten Schläfer sich selbst darstellt. Als weiser Mann überschläft er Krieg, Zerstörung, Unterdrückung und Befreiung, also die geschichtliche Störung der kosmischen Ordnung. Nach dem Erwachen entschuldigt er sich für sein Fernbleiben: «Doch schäm' ich mich der Ruhestunden,/ Mit euch zu leiden war Gewinn:/ Denn für den Schmerz, den ihr empfunden,/ Seid ihr auch größer als ich bin.» Doch ein Priester entgegnet auf diese Verbeugung vor dem Publikum: «Tadle nicht der Götter Willen/ Wenn du manches Jahr gewannst:/ Sie bewahrten dich im Stillen,/ Daß du rein empfinden kannst.» Die Distanz des Sehers, sein Fernbleiben von Leiden und Kämpfen, ist von den Göttern gewollt und dient höherer Erkenntnis, vor allem einer reinen, nicht von den Leidenschaften des Tages verzerrten Empfindung. Das ist Goethes Bestimmung seiner Rolle nicht in, sondern über den Kämpfen seiner Zeit.

Dieser die Wahrnehmung klärende Abstand lässt ihn die geschichtliche Welt in großen begrifflichen Figuren erkennen, den Allegorien der eigentlichen Bühnenhandlung, die gleich nach dem Einschlafen des Epimenides mit Donnergrollen und rotem Brandlicht einsetzt. Der «Dämon des Krieges» tritt auf, kostümiert wie ein römischer Imperator, begleitet von barbarischen Hilfstruppen. Der Krieg nun spricht wie Napoleon. Ähnlich dem Prometheus der «Pandora» verhält sich der Krieg im «Epimenides» zu Napoleon wie der allgemeine Begriff zum besonderen Fall; aber anders als der Prometheus ist der «Krieg» durch sein Sprechen auch physiognomisch an den gestürzten Kaiser herangerückt. Er zitiert ihn sogar: «Des Höchsten bin ich mir bewusst,/ Dem Wunderbarsten widm' ich mich mit Lust:/ Denn wer Gefahr und Tod nicht scheut/ Ist Herr der Erde, Herr der Geister;/ Was auch sich gegensetzt und dräut,/ Er bleibt zuletzt allein der Meister./ Kein Widerspruch! kein Widerstreben!/ Ich kenne keine Schwierigkeit,/ Und wenn umher die Länder beben,/ Dann erst ist meine Wonnezeit.» Diese Verse gehen direkt auf eine Mitteilung zurück, welche die Herzogin Luise Goethe während der Arbeit am «Epimenides» am 9. Juni hatte zukommen lassen. Napoleon habe zu einem österreichischen General gesagt: «Ich habe immer das Wunderbare gesucht; ich hatte die Leidenschaft, alle Schwierigkeiten zu übersteigen, und jeder Widerspruch forderte meinen Starrsinn heraus.»[76] Das hatte Goethe so interessant gefunden, dass er der Herzogin umgehend dankte: «Die Worte Napoleons sind merkwürdig genug, er legt sich die entgegengesetztesten Eigenschaften bey. Die Liebe zum Wunderbaren gehört eigentlich dem Poeten und die Lust Schwierigkeiten zu überwinden dem Mathematiker.» Am Ende seines Auftrittsmonologs resümiert der «Krieg» auch noch einmal die Politik der Kontinentalsperre: «Am Ufer schließet mir des Zwanges ehrnen Bogen:/ Denn wie euch sonst das Meer umgürtet,/ Umgürtet ihr die kühnen Wogen.»

Dass Goethe gleichwohl nicht einfach zeitgenössische Ereignisse abspiegeln wollte, verdeutlichen die nächsten Auftritte und die für sie vorgesehenen Kostüme. Der Krieg kann die Welt nur zerstören, weil die Dämonen der «List» sie «unterminiert» haben. Damit ist das Schlüsselwort für Goethes Verständnis der Französischen Revolution gefallen.[77] Diese Dämonen, Diplomaten, Pfarrer, Juristen tragen Gewänder des 16. Jahrhunderts, der Zeit von «Faust» und «Götz». Ihre Ränke haben den Zusammenhang der Gesellschaft so gestört, dass der Krieg sie mit wenigen Tritten zum Einsturz bringen kann. Es siegt danach der dritte Dämon, die «Unterdrückung», wiederum überzeitlich als «orientalischer Despot» vorgestellt; allerdings war auch hier wieder ein Hinweis auf Napoleon enthalten: nicht nur Goethe und Riemer, auch Carl August und viele andere hatten Napoleon immer wieder mit dem Urbild des orientalischen Despoten, dem Welteroberer Mahomet, verglichen. Das Licht auf der Bühne ist inzwischen bläulich-violett, die Tempellandschaft, in der Epimenides sich zum Schlaf eingeschlossen hat, ist zu einem von giftigem Grün überwucherten Ruinengelände geworden. Ein schönes Mädchen, die «Liebe», tritt seufzend auf, begleitet von einer jungen Frau, dem «Glauben». Nun folgt die erschreckendste Szene: Dem Despoten gelingt es mit nur geringer Überredung und ein paar Juwelengeschenken, «Liebe» und «Glauben» in Ketten zu legen und zu versklaven. Die Welt scheint endgültig unterworfen. Krieg, List und Sklaverei triumphierten über Liebe und Glauben. Doch hier tritt rettend die «Hoffnung» auf den Plan, eine wehrhafte Dame in Gestalt der Minerva und – womöglich – mit den Zügen der Königin Luise. Sie allein vermag es, der Despotie entgegenzutreten und die Heere zur Befreiung zu mobilisieren. In diesem kritischen Moment erwacht auch Epimenides, entschuldigt sich feierlich für sein langes Schlafen und rechtfertigt sich dafür. Jetzt erst verwandelt sich das Dekor ins Zeitgenössische, Ostvölker wie Baschkiren und Kosaken, Schweden und Preußen, Kroaten und Österreicher, also die Koalitionäre von 1813 (die von Goethe ebenfalls vorgeschlagenen Polen wurden strikt abgelehnt), strömen auf die Bühne, Siegesmärsche ertönen, und ein Chor schmettert die patriotischsten Verse, die Goethe je gedichtet hat; fast möchte man sie parodistisch nennen: «Nun sind wir Deutsche wiederum/ Von fremden Banden los./ Nun sind wir wieder groß./ So waren wir und sind es auch/ Das edelste Geschlecht,/ Von biederm Sinn und reinen Hauch/ Und in der Taten Recht.»

Wie zwiespältig Goethe die Befreiung allerdings sah, verleugnet auch der «Epimenides» keineswegs. Denn auch sie bedeutete ja Krieg, und auch sie musste im Geheimen, also mit unterirdischen Ränken, vorbereitet werden, zum Beispiel in dem preußischen Tugendbund, einer patriotischen Geheimgesellschaft, auf die der Festspieltext anspielt: «So hat die Tugend still ein Reich gegründet/ Und sich zu Trutz und Schutz, geheim verbündet./ Im Tiefsten, hohl, das Erdreich untergraben,/ Auf welchem jene schrecklichen Gewalten/ Nun offenbar ihr wildes Wesen haben ...». Die schrecklichen Gewalten können nur von ihresgleichen besiegt werden, und das taucht die Freiheit in ein blutiges und flammendrotes Licht. Ausgerechnet der sanfte «Glaube» spricht es aus: «Zum Ungeheuren war ich aufgerufen,/ Mir dienten selbst Zerstörung, Blut und Tod;/ So flammte denn an meines Thrones Stufen/ Der Freiheit furchtbar Morgenrot.» Selbstgerechtigkeit sieht anders aus, und selbst der kleinste Hinweis auf die besiegten französischen Feinde fehlt. Nur Napoleon erscheint in wuchtigen, für jedes zeitgenössische Ohr unmissverständlichen Versen: «Doch, was dem Abgrund kühn entstiegen/ Kann durch ein ehernes Geschick,/ Den halben Weltkreis übersiegen,/ Zum Abgrund muß es doch zurück.» Aber auch hier ist nicht von einer Person die Rede, sondern von den Mächten, die den kosmischen Zusammenhang zerbrochen haben. Und so behält auch nicht die Freiheit, jene revolutionäre Parole, die immer noch Teil der dämonischen Erschütterung war, das letzte Wort, sondern die «Einigkeit», die letzte Figur im Allegorienreigen. «Nachgiebigkeit bei großem Willen» lautet ihre Weisheit, und mit ihr könnte sich ein Zyklus schließen, der Kreis der Revolution, von der Napoleon ebenso ein Teil war wie jene Erhebungen, die ihn am Ende überwanden. So bleibt Goethe bis zum Schluss des großen, 1789 begonnenen Weltdramas seiner revolutionsskeptischen Haltung treu. Die Revolution bedeutete die Störung einer natürlichen Ordnung, und erst sie zwang den Naturbetrachter Epimenides/Goethe nun auch zum Geschichtsbetrachter zu werden.

Dieses grüblerisch verwickelte, persönliche Fragen auf öffentlicher Bühne verhandelnde Festspiel wurde kein Erfolg; Rahels gerührte Vision von patriotischen Goethe-Nächten in ganz Deutschland verwirklichte sich nicht. Erst musste es verschoben werden – der Komponist wurde nicht fertig, der Zar kam nicht nach Berlin, der König wollte nicht ins Theater, Iffland starb –, dann fand die Uraufführung am 30. März 1815 zu einem denkbar ungünstigen Zeitpunkt statt: Man feierte den ersten Jahrestag der Einnahme von Paris, in das zehn Tage zuvor Napoleon, aus Elba entwichen, eingerückt war! Goethes Geschichtsrelativismus bekam angesichts neuer Kriegsgefahr eine ungut verschärfte Aktualität. Das Publikum spürte die politische Lauheit, und die multimediale Opulenz auf der Bühne zündete nicht. Zelter musste aus den Kulissen von handwerklichen Unsicherheiten berichten. Auch die Weimarer Aufführung zum Herzogingeburtstag am 30. Januar 1816 wurde nur verhalten beklatscht.

Goethe aber hing an diesem Gedankenmobile, und es gab ihm Gelegenheit, für eine öffentliche Begradigung seines Verhältnisses zu Napoleon, unmittelbar nachdem dieser durch die Verbannung nach Sankt Helena endgültig unschädlich gemacht worden war. 1816 publizierte Goethe «Des Epimenides Erwachen» im achten Band seiner dritten, bei Cotta publizierten Werkausgabe, und er platzierte ihn unmittelbar im Anschluss an die Karlsbader Stanzen auf die Kaiserin Marie-Luise. Von ihnen distanzierte sich Goethe also nicht, sie sollten ihren Anlass überleben. Sie hatten mit den Worten geschlossen: «Der alles wollen kann, will auch den Frieden.» Das war, auch als Appell, widerlegt. Napoleon hatte den Frieden nicht gewollt, nicht einmal 1813 als er gehetzt wurde wie ein Hirsch. Also schrieb Goethe am 15. Februar 1816 zwei neue Stanzen als

Übergang vom Marie-Luise-Gedicht zum «Epimenides». Die Erste, in direkter Fortsetzung des Schlussverses von 1812, lautet:

Den Frieden *kann das Wollen nicht bereiten:*
Wer alles will will sich vor allen mächtig,
Indem er siegt, lehrt er die andern streiten;
Bedenkend macht er seinen Feind bedächtig;
So wachsen Kraft und List nach allen Seiten,
Der Weltkreis ruht von Ungeheuern trächtig,
Und der Geburten zahlenlose Plage
Droht jeden Tag als mit dem jüngsten Tage.[78]

Das ist der unaufhaltsame Mechanismus der Revolution, denn auch die Gegenrevolution ist Revolution. Worin hatte Napoleon, ganz am Ende und ganz von Ferne gesehen, versagt? Gefangen in der Maßlosigkeit seines Wollens hatte er die Revolution doch nicht beendet und den Frieden nicht gegründet. Das ist der eine entscheidende Vorwurf, den Goethe ihm macht; ein politischer Vorwurf. Mit ihm ist Goethe bei der Diagnose angelangt, die Friedrich von Gentz im Frühjahr 1806, fünf Kriege und eine Million Tote früher, gestellt hatte. Der diktatorische Usurpator war habituell, ja strukturell friedensunfähig.

Die Rolle des Dichters, Goethes eigene Aufgabe, benennt die zweite Stanze:

Der Dichter *sucht das Schicksal zu entbinden,*
Das, wogenhaft und schrecklich ungestaltet,
Nicht Maß, noch Ziel, noch Richte weiß zu finden
Und brausend webt, zerstört und knirschend waltet.
Da faßt die Kunst, in liebendem Entzünden,
Der Masse Wust, die ist sogleich entfaltet,
Durch Mitverdienst gemeinsamen Erregens.
Gesang und Rede, sinnigen Bewegens.

Das war, wie auch das folgende Stück offenlegte, nicht die ganze Wahrheit. Das «Mitverdienst gemeinsamen Erregens» hatte Goethe nur sehr vermittelt auf sich genommen, in der Parallelgeschichtsschreibung von «Dichtung und Wahrheit» und als Dichter des Empire. Auch bedeutete

das politische Verdikt gegen Napoleon keineswegs das Ende der persönlichen Faszination, die er auf Goethe ausübte. Da blieb er seinem Kaiser
für den Rest seines Lebens treu. Im Sommer 1815 begann er gesprächsweise die beiden wichtigsten Herrscherfiguren seines Lebens, Herzog
Carl August und Napoleon, in eine Parallele zu rücken, und zwar unter dem Signum der «Entschiedenheit». In einem Gespräch, das Sulpiz
Boisserée am 5. Oktober 1815 aufzeichnete, entwickelte Goethe einen
Gedanken, den wir als Formulierung der geheimnisvollen Vorstellung
vom «Dämonischen» erkennen können; der Herzog und der Kaiser
kommen dabei in die Nähe fataler Stürmer und Dränger, aber als po-
sitive Gegenfiguren: «Er lasse sich ohnehin leicht bestimmen, und vom
Herzog gern; denn der bestimme ihn immer zu etwas Gutem und Glück-
lichem, aber einige Personen seien, die einen ganz unheilbringenden
Einfluß auf ihn hätten. Lange habe er es nicht gemerkt; immer, wenn
sie ihm erschienen, sei ihm auch ganz unabhängig von ihnen irgend etwas Trauriges oder Unglückliches begegnet. Alle entschiedenen Naturen
seien ihm Glück bringend, so auch Napoleon.» Aber worin unterschied
sich eigentlich solche für Goethe persönlich heilbringende Entschiedenheit von jenem grenzenlosen Wollen, das Napoleon am Ende in den Abgrund geführt hatte?

Dieses Kompendium der Welt

Erhöhtes Anschauen: Napoleon-Gedenken beim alten Goethe

Am 1. März 1815 entwich Napoleon aus dem Miniatur-Kaiserreich, das seine alliierten Feinde ihm auf der Insel Elba eingerichtet hatten. Zwei Wochen später war die Nachricht in Weimar, und Goethe glaubte, wie Voigt an Eichstädt berichtete, «daß eine neue Revolution in Paris sehr wahrscheinlich sei».[1] Die von Gentz formulierte Achtserklärung der Wiener Kongressmächte gegen «Bonaparte», der sich «außerhalb der zivilen und gesellschaftlichen Verhältnisse gestellt und sich als Feind und Ruhestörer der Welt der öffentlichen Bestrafung ausgeliefert» habe, beeindruckte Goethe wenig. «Ein paar diplomatischer Phrasen tun's freilich nicht ab. Ein unübersehbares Unglück scheint sich wieder zu entfalten.»[2] Die Episode der hundert Tage verfolgte er mit gereizter, zuweilen sogar verzweifelter Anspannung. Er war der ewigen Aufregungen und Ungewissheiten müde, des Lebens von Tag zu Tag – Zeitunglesen, Kartenstudium, Kannegießern – und schrieb am 22. April erschöpft an Knebel: «Man weiß wahrlich nicht, woran man besser tut, ob sich über die Zustände aufzuklären, oder sich darüber zu verdüstern.» Selbst Epimenides würde diesmal nicht in einem heilsamen Schlummer verharren können! Genau in den Tagen, als die Nachricht von Napoleons Flucht in Weimar eintraf, nämlich am 17. März, entstand ein «Divan»-Gedicht, in dem ein ungewohnt bitterer Ton erklingt. «Aber frag' einmal den Kaiser», ruft Hafis seiner geliebten Suleika zu, «Ob er dir die Städte gibt? / Er ist herrlicher und weiser; / Doch er weiß nicht, wie man liebt.»

Geisterhaft ist die Geschichte, die Goethe im Sommer 1815 Sulpiz Boisserée anvertraute: «Geschichte von Goethes Ring mit dem Serapis-Kopf – unten INI – er hat ihm lange nachgestellt, konnte ihn lange nicht haben, im März ist er unwohl, ein Freund kömmt, ‹raten Sie ein Ungeheueres› – Der Jüngste Tag – ‹Nein› – Napoleon ist entflohen – ‹Ja› – den andern Tag kam der Ring: *Felix omen:* ‹Napoleon interiit›.» Also eine Buchstabenfolge, das von zwei I eingerahmte N, auf dem begehrten, zur rechten Zeit erworbenen Ring, weissagt Napoleons Untergang.[3] Wie das gesamte sich restaurierende Europa erlebte Goethe die Rückkehr seines Kaisers auf die Bühne nur noch als Störung eines gerade erst errungenen Friedens und noch fragiler Stabilität. Von Waterloo und den zunächst widersprüchlichen Meldungen über den Verlauf der Schlacht erfuhr er auf seiner zweiten Reise zu Rhein und Main in Wiesbaden, wo sich kaum zu Atem gekommene Bürger wieder in einen Zustand versetzt sahen, «dem ihre physischen Kräfte nicht gewachsen und ihre sittlichen nicht einstimmig waren», wie er ein paar Jahre später in den «Tag- und Jahresheften» zusammenfasste.[4]

In diesem Sommer war Goethe zu Gast beim Freiherrn vom Stein in Nassau. Von ihm wurde er auch zum Kölner Dom begleitet, der sich damals durch das Wirken von Goethes neuen katholischen Freunden, den Brüdern Boisserée, gerade zur romantischen Nationalbaustelle Deutschlands verwandelte. Und hier, am Rhein, ergriff Goethe das erste und einzige Mal in den langen Jahren seit der Revolution so etwas wie Wut auf die Franzosen: «Denn was für Übel den Franzosen begegnen mag; so gönnt man es ihnen von Grund des Herzens, wenn man die Übel mit Augen sieht, mit welchen sie seit zwanzig Jahren diese Gegend quälten und verderbten, ja auf ewig entstellten und zerrütteten.» So am 1. August 1815 an Voigt. Diese Briefstelle wurde zum Lieblingszitat einer nationalistischen Goethe-Philologie, doch der Ausbruch blieb ganz punktuell. Goethes eigentliches Wort zum neuen, nachnapoleonischen Weltzustand findet sich in seiner Darstellung des Rochus-Festes in Bingen: In ihr triumphiert die *longue durée* altväterlicher katholischer Volksfrömmigkeit über die jüngstvergangene Revolutionsgeschichte. Nicht der moderne Begriff der Nation, sondern die lokalen Lebensformen in einer auch geologisch erfassten Kulturlandschaft finden Goethes Sympathie. Über alles «deutsch-politische Gerede» wollte er im Sommer 1815 nur den Fluch des Ernulphus aus Lawrence Sternes «Tristram Shandy» ausstoßen.[5] Auf der Heimfahrt nach Weimar begegnete Goethe noch einmal der Weltgeschichte in Gestalt von Donkosaken, die verschüchterte Hasen über weite Stoppelfelder hetzten. Da war Napoleon schon auf Sankt Helena, und Europa hatte endlich Frieden. An einem Denkmal für den Fürsten Blücher, nun «von Wahlstadt» genannt, einen von Napoleons Besiegern, arbeitete Goethe ein Jahr später eifrig mit und steuerte sogar die Inschrift bei: «In Harren und Krieg,/ In Sturz und Sieg/ Bewußt und groß!/ So riß er uns/ Von Feinden los.»

All das – die Verdammung von Napoleons Rückkehr, die Sehnsucht nach Frieden und Stabilität, der ästhetische Friedensschluss mit dem lange so gehassten Katholizismus, der Tribut an den Befreiungskrieger, nicht zuletzt der dichterische Aufbruch in den Orient, der sich damals mit Macht vollzog – vermochte freilich nichts an der persönlichen Faszination zu ändern, die Napoleon und sein Schicksal nach wie vor auf Goethe ausübten und die bis zu seinem Lebensende anhielt. In demselben Sommer 1815, in dem Goethe sich von Stein und den Boisserées einspinnen ließ, sich von den Kriegsschäden am Rhein ein eigenes Bild machte und gewissermaßen drei Kreuze über den endlich besiegten Welterschütterer schlug, gedachte er gerade in Gesprächen mit Sulpiz Boisserée des gestürzten Kaisers mit unvermindertem Respekt. Am 8. August 1815 referierte er dem jungen Freund seine Unterredung mit Napoleon, was hier in voller Länge zitiert sei, weil es zeigt, dass schon Jahre vor der Niederschrift die Erinnerung fixiert war und bis in die Formulierungen feststand: «Napoleon habe ihm imponiert der größte Verstand den je die Welt gesehen – Daru habe ihn präsentiert in demselben Saal der Statthalterei zu Erfurt, wo er in seiner Jugend mit Schiller, dem Herzog, Koadjutor Dalberg usw. soviel Späße getrieben und frohe Stunden verlebt. Da sei noch Berthier gewesen, Soult und andere, denen allen Audienz gegeben worden; habe mehr als eine Stunde, ja 2 gedauert; immer abwechselnd mit jenen, dann wieder mit ihm gesprochen.»

An dieser Stelle erlaubt sich der Tagebuchschreiber Boisserée einen eigenen Kommentar: «Scheint nicht gemerkt zu haben, oder nicht bemerken zu wollen, daß dies alles angelegt gewesen, um ihm zu imponieren (wie ich es mir auslege). – Daru habe ihn präsentiert mit dem Bemerken, er habe ‹Mahomet› übersetzt – da habe Napoleon gesagt: ‹Mahomet est une mauvaise pièce›; dann habe er es entwickelt, und so richtig als nur zu verlangen, ‹ei er der ein anderer Mahomet war, mußte sich wohl darauf verstehen›.» Höchst aufschlussreich ist, was nun folgt, denn in dem vertraulichen Zwiegespräch rühmt sich Goethe eines Sonderverhältnisses zu dem Kaiser, das sich von der Bezauberung, der Johannes von Müller erlag, abhebt: «Ich sprach von Ostentation», so Boisserée, «und wie er den armen Müller betört. – Die Ostentation warf er [Goethe] weg, und mit Müller, das war ein anderes Verhältnis, weil er eben der arme Müller war. Napoleon habe sehr viel und trefflich über Tragödie mit ihm gesprochen; wo der Refrain immer gewesen: ‹Qu'en dit Mr. Goeth?› Napoleon habe ihn, was doch etwas sagen wolle – zum Lachen gebracht, so daß er sich darob entschuldigen zu müssen geglaubt; wisse nun aber nicht mehr zu sagen, was es denn eigentlich betroffen.» Also wieder die geheimnisvolle Intimität unter den Großen!

Politische Zustimmung und persönliche Bewunderung haben sich spätestens seit Napoleons Rückkehr aus Elba getrennt. Goethe liest von Anfang an die Literatur, die schon bald nach Napoleons Verbannung nach Sankt Helena zu erscheinen beginnt; eines dieser Bücher, ein obskures «Manuscrit venu de St. Hélène», das als Werk des Gestürzten selbst daherkam, erwähnt er sogar in den «Tag- und Jahresheften» von 1817, wenn auch nur als Sensationsfall literarischer Mystifikation: «Daß man dem Heroen gar manches abgelauscht hatte, blieb offenbar und unzweifelhaft.»[6] Das ändert aber nichts an der Ablehnung jeder bonapartischen Option, wie sie gerade in diesem Werk propagiert wurde. An Zelter schrieb Goethe am 19. März 1818 mit einem witzigen Vergleich: «Von den hundert Hexametern mag ich ebenso wenig wissen als von den hundert Tagen der letzten Bonapartischen Regierung. Gott behüte mich vor deutscher Rhythmik wie vor französischem Thronwechsel!»

Unterdessen waren im Weimarer Staat die widersprüchlichen Erbschaften der napoleonischen Epoche sichtbar geworden. 1816 erhielt das Großherzogtum eine geschriebene Verfassung, die erste im Deutschen Bund, wenn auch nicht auf deutschem Boden (die hatte es 1807 im napoleonischen Königreich Westphalen gegeben); in diesem halb landständischen, halb schon repräsentativen Weimarischen Grundgesetz wurde auch Pressefreiheit eingeräumt, nicht zu Goethes ungetrübter Freude. Und 1817 wurden an der Wartburg der Reformationstag und die Leipziger Völkerschlacht zusammen gefeiert, mit einem Fest der national gesinnten studentischen Jugend, dem zunächst Goethes Unterstützung nicht fehlte. Feuer brannten: Hier landeten nicht nur die Zöpfe und Korporalstöcke der restaurierten absolutistischen Regime, sondern, nach lutherischem Vorbild, auch Bücher sogenannter Reaktionäre wie Kotzebue. Solche Demütigung eines begabten literarischen Erzfeindes fand Goethe spaßig: «Sankt Peter freut sich dieser Flammen.» Als aber Besorgnisse aus Wien und Berlin, den Vorsitzenden des Bundes, über das Demagogentreiben laut wurden, redete Goethe nur noch von dem «garstigen Wartburger Feuerstank».[7] Die junge Weimarer Pressefreiheit musste auf Druck der Großmächte eingeschränkt werden. Im Feuer unter der Wartburg landeten im Übrigen auch Bücher, die sich für die Emanzipation der Juden einsetzten. Heute erkennen wir im Wartburgfest einen der Marksteine am modern-antimodernen deutschen Sonderweg, zu dem Napoleon so viel beigetragen hat. 1819 wurde Kotzebue ausgerechnet von einem Jenaer Burschenschaftler erstochen, und nun wurde das Klima in Deutschland wirklich reaktionär. Napoleon war das Feindbild beider deutschen Parteien: für die nationalen Studenten ohnehin, aber auch für ihre Unterdrücker, die 1819 in Goethes Badeort Karlsbad die berüchtigten antiterroristischen Beschlüsse zur Demagogenverfolgung verabschiedeten.

In diesen Jahren wurde der «West-östliche Divan» für Goethe zum Gefäß abstandnehmender Reflexion zur gerade durchlebten Epoche. Die gewaltig tönende «Hegire» – «Nord und West und Süd zersplittern/ Throne bersten, Reiche zittern/ Flüchte du, im reinen Osten/ Patriarchenluft zu kosten» – bedeutet jedoch keineswegs Flucht allein. Der Fliehende dreht sich um und blickt zurück. So entstand für den zeitgenössischen Leser ein Spiegel der Zeit, der weit genug entfernt steht, um ihm die eigene Welt als Bild zu vorzuführen. Ein napoleonischer Strang durchzieht dieses kühne Alterswerk. Im Abschnitt «Künftiger Divan» der «Noten und Abhandlungen», die Goethe seiner orientalisierenden Gedichtsammlung «Zum besseren Verständnis» beifügte, gibt er nicht zufällig anhand der Timur-Gestalt eine Leseanweisung. Vielleicht müssten, so heißt es da, «ein paar Jahre hingehen, damit uns die allzunah liegende Deutung ein erhöhtes Anschaun ungeheurer Weltereignisse nicht mehr verkümmerte.»[8] Wie Goethe nach dem Schock des Brands von Moskau in der Figur des Mongolenfürsten ein Beispiel fand, das ihm zeigte, «in welcher Zeit wir leben und wie hoch ernst wir sein müssen, um nach alter Weise heiter sein zu können» – um die Formulierung im Brief an Reinhard vom 14. November 1812 noch einmal aufzugreifen –, ist schon entwickelt worden.

Diese Verbindung von Ernst und Heiterkeit charakterisiert den «Divan» insgesamt, am verwegensten im zweiten Gedicht des «Buches Timur», wo das Duftöl für Suleika besungen wird, das den Tod von tausend Rosen verlangt: «Sollte jene Qual uns quälen,/ Da sie unsere Lust vermehrt?/ Hat nicht Myriaden Seelen/ Timurs Herrschaft aufgezehrt?» Das ist, drei Jahre nach einem Weltkrieg publiziert, fast provozierend, aber wie spricht Timur? «Was? Ihr mißbilliget den kräftigen Sturm/ Des Übermuts, verlogene Pfaffen?/ Hätt Allah mich bestimmt zum Wurm,

/So hätt' er mich als Wurm geschaffen.» Hafis aber, der seinen deutschen Nachfolger zu immer neuer «Nachbildung» anregt, gleicht darin dem Funken, «fähig zu entzünden / Die Kaiserstadt, wenn Flammen grimmig wallen» – das poetische Brillantfeuerwerk des «Divan» wird mit dem Brand von Moskau verglichen! Möglich sind diese Gewagtheiten, weil der «Divan» den noch nicht erreichten zeitgenössischen Abstand von der Gegenwart durch räumliche und historische Entfernung wettmacht. Solches «erhöhtes Anschaun» spiegelt die napoleonische Epoche nicht abbildlich, sondern verallgemeinernd typologisch, vor allem in den «Noten und Abhandlungen».

So heißt es im Abschnitt «Regiment», dass alle Herrschaft sich ableiten lasse «von dem Rechte Krieg zu erklären». Und dieses komme aus der «Fähigkeit den Krieg zu führen». Das ist der Urgrund von Herrschaft im Orient, aber auch, wie Goethe konstatiert, jenseits der Prinzipien des Natur-, Völker- und Staatsrechts in menschlichen Verhältnissen und Verbindungen von jeher.[9] Wie konkret-gegenwärtig Goethe diesen Gedanken verstand, zeigt ein Gespräch mit Eckermann vom 25. Februar 1824, in dem er die Bourbonen für ihren soeben abgeschlossenen Feldzug in Spanien lobt: «Erst dadurch gewinnen sie ihren Thron, indem sie die Armee gewinnen. (…) Die Armee hat den alten Ruhm behauptet, und an den Tag gelegt, daß sie fortwährend in sich selber brav sei und daß sie auch ohne Napoleon zu siegen vermöge.» Solcher Gewaltgrund tritt zwangsläufig nach einer revolutionären Umwälzung überkommener Rechtsverhältnisse besonders deutlich an die Sichtbarkeit; so musste der Kaiser der Franzosen seine Herrschaft zunächst auf kriegerischen Erfolg statt auf Legitimität gründen. «Napoleon, ohne Soldat zu sein, hätte nie zur höchsten Gewalt aufsteigen können», erklärte Goethe fünf Jahre später, am 2. April 1829, wiederum zu Eckermann.

Aber nicht um Politik und Krieg geht es vorrangig im «Divan», sondern um das viel weitere Feld von Prophetie, Despotie und Poesie. Der Name «Mahomet» war zu oft im Zusammenhang mit Napoleon gebraucht worden, um nicht jeden zeitgenössischen Leser hellhörig zu machen. Goethe beginnt mit elementaren Unterscheidungen. Der Prophet ist kein Poet, sein Koran kein menschliches Buch zum Unterricht und zum Vergnügen, sondern ein göttliches Gesetz, das mit einfachsten Mitteln einem einzigen bestimmten Zweck dient: Der Prophet will eine Standarte aufrichten, um die sich die Völker versammeln.[10] Auch Napoleon war der

Verfasser eines solchen Buches gewesen, wenn auch kein Prophet. Und weiter heißt es, die Despotie schaffe «große Charaktere; kluge, ruhige Übersicht, strenge Thätigkeit, Festigkeit, Entschlossenheit, alles Eigenschaften, die man braucht um den Despoten zu dienen, entwicklen sich in fähigen Geistern und verschaffen ihnen die ersten Stellen des Staats, wo sie sich zu Herrschern ausbilden. Solche erwuchsen unter Alexander dem Großen, nach dessen frühzeitigem Tode seine Generäle sogleich als Könige dastanden.»[11] Es fällt schwer, nicht an die Marschälle zu denken, die Goethe immer wieder auch in seinem Haus beherbergen musste, an all die großen Soldaten mit ihren Herzogs- und Königstiteln, die gegenüber den Besiegten wie Statthalter oder Kalifen auftraten. Als Goethe 1824 vom Tod Eugènes, des Stiefsohnes von Napoleon, erfuhr, dessen letztes Projekt als bayerischer Herzog von Leuchtenberg ein Rhein-Donau-Kanal – also eine fast faustische Aufgabe – gewesen war, sagte er zu Eckermann (29. Februar): «Ein riesenhaftes Unternehmen, wenn man die widerstrebende Localität bedenkt. Aber jemandem, der unter Napoleon gedient und mit ihm die Welt erschüttert hat, erscheint nichts unmöglich.»

Längere Erörterungen zur Despotie benennen besonderes Östliches und gemeinsam Menschliches, vor allem die Polarität (um nicht «Dialektik» zu sagen) von Freiheit und Knechtschaft: «Steht die Gewalt bei Einem, so ist die Menge unterwürfig, ist die Gewalt bei der Menge, so steht der Einzelne im Nachtheil.» «Wie man nie mehr von Freiheit reden hört, als wenn eine Partei die andere unterjochen will und es auf weiter nichts angesehen ist, als daß Gewalt, Einfluß und Vermögen aus einer Hand in die andere gehen soll.» Ja, zum Losungswort der Despotie selbst könne die Freiheit werden, «wenn sie ihre unterjochte Masse gegen den Feind selbst anführt, und ihr von auswärtigem Druck Erlösung auf alle Zeiten verspricht.»[12] Das war nun von kaum noch verhüllter Aktualität, sodass auch das unmittelbar Folgende sich recht beziehungsreich liest. Da ist zunächst davon die Rede, dass am Ende immer der «Frei- und Eigensinn der einzelnen sich gegen die Allgewalt des Einen ins Gleichgewicht stellt». Dem Kaiser von Persien habe man bei Gastmahlen unverschämt widersprechen dürfen, allerdings auf die Gefahr, danach abgeführt und zusammengehauen oder aber begnadigt zu werden: «Der Monarch ist wie das Schicksal, unerbittlich, aber man trotzt ihm. Heftige Naturen verfallen darüber in eine Art Wahnsinn, wovon die wunderlichsten Beispiele vorgelegt werden können.»

Erstaunliche Überparteilichkeit: Unerbittliches Schicksal hier, Wahnsinn dort. Aber es gibt noch ein Drittes, und der Leser wird nicht im Unklaren gelassen, wohin der Verfasser selbst sich stellt: «Der obersten Gewalt jedoch, von der alles herfließt, Wohlthat und Pein, unterwerfen sich mäßige, feste, folgerechte Naturen, um nach ihrer Weise zu leben und zu wirken. Der Dichter aber hat am ersten Ursache sich dem Höchsten, der sein Talent schätzt, zu widmen. Am Hof im Umgange mit Großen, eröffnet sich ihm eine Weltübersicht, derer er bedarf um zum Reichtum aller Stoffe zu gelangen. Hier liegt nicht nur Entschuldigung, sondern Berechtigung zu schmeicheln.»[13] Panegyrik ist eine große Gattung nicht nur im Orient, wie jeder Leser wusste, der die Karlsbader Stanzen noch ihm Ohr hatte. «Übermacht, Ihr könnt es spüren», fasst das «Buch des Unmuts» im «Divan» zusammen, «Ist nicht aus der Welt zu bannen;/ Mir gefällt zu conversiren/ Mit Gescheiten, mit Tyrannen.» An einer späteren Stelle sprechen die «Noten und Abhandlungen» dann aber doch auch hinreichend deutlich von den grausamen und exzesshaften Seiten der Despotie, und hier erinnern die Formulierungen auf einmal wieder an die napoleonkritischen Bücher von Schlabrendorf und Gentz, die Goethe vor der Jenaer Schlacht gelesen hatte: «Da eine Alleinherrschaft allen Einfluß ablehnet und die Persönlichkeit des Regenten in größter Sicherheit zu bewahren hat, so folgt hieraus, daß der Despot immerfort Verrat argwöhnen, auch Gewalt von allen Seiten befürchten müsse, weil er ja selbst nur durch Gewalt seinen erhabenen Posten behauptet.» «Ein uneingeschränkter Wille steigert sich selbst und muß, von außen nicht gewarnt, nach dem völlig Gränzenlosen streben.»[14]

Das waren kühle, sachliche, gelegentlich spielerische Resümees, deren erhöhter Gesichtspunkt und generalisierende Methode die emotionale Erhitztheit der Naherfahrung absichtsvoll unterliefen. Moralische Überheblichkeit und Völkerfeindschaft bekamen hier keinen Raum. Der Name des gestürzten Kaisers fiel nicht, und niemand war, wenn er es partout nicht wollte, gezwungen, dessen Umriss hinter den welthistorischen Erörterungen der «Divan»-Noten wahrzunehmen. Überhaupt fällt auf, dass sich direkte Bezugnahmen auf Napoleon in den ersten Jahren nach dessen Verbannung bei Goethe kaum finden. Das änderte sich erst durch den Tod des Kaisers am 5. Mai 1821.

Die Nachricht, dass Napoleon auf Sankt Helena gestorben sei, stand Anfang Juli in den europäischen Zeitungen. Unmittelbar danach warf der damals 36 Jahre alte italienische Dichter Alessandro Manzoni eine Ode von 18 sechszeiligen Strophen aufs Papier, die zu den Kronjuwelen der italienischen Lyrik zählt und deren genial verknappte Formulierungen mit ihren prunkvollen Wortklängen noch heute zum Kernbestand des italienischen Sprachgedächtnisses zählen. Klangvoll vertont Manzonis Gedicht den atemberaubenden Siegeslauf Napoleons durch alle Teile Europas – man muss nicht einmal Italienisch können, um die aus Namen steigende Wortmusik zu verstehen:

Dall' Alpi alle Pirámidi
Dal Manzanarre al Reno,
Di quel sicuro fulmine
Tenea dietro al baleno;
Scoppiò da Scilla al Tanai,
Dall' uno all' altro mar.

Die 108 Verse der Ode erreichten Goethe im Januar 1822, und zwar durch seinen Herzog Carl August. Zwischen Weimar und Mailand, wo Manzoni damals lebte, bestand seit einigen Jahren reger Austausch in Kunstfragen, und Goethe war dabei auf den größten italienischen Schriftsteller des 19. Jahrhunderts aufmerksam geworden, obwohl von diesem damals nicht mehr vorlag als eine Sammlung geistlicher Gedichte und die Tragödie «Der Graf von Carmagnola», heute wenig bekannte Nebenwerke des Verfassers; erst wenige Jahre später errang er durch den auch von Goethe enthusiastisch begrüßten Roman «Die Verlobten» *(I promessi sposi)* Weltruhm. Alessandro Manzoni wurde von Goethe recht eigentlich entdeckt, was dessen kritischem Urteil ein kaum zu übertreffendes Zeugnis ausstellt.

Goethe war von der Ode, deren Titel «Il cinque Maggio» (Der fünfte Mai) Napoleons Todestag anzeigte, so beeindruckt, dass er sich unverzüglich an die Übersetzung machte. Dieser doppelte schöpferische Raptus – Manzonis nach der Todesnachricht, Goethes nach dem Eintreffen der Ode – hat etwas von napoleonischer Energie. Goethe dürfte nicht nur der stoffliche Vorwurf gereizt haben, sondern auch die Herausforderung seiner poetischen Virtuosität. Die großen Diagonalen von Napoleons Wirkungsfeld zwischen Spanien und Russland, den Alpen und Ägypten, versetzte er mit diesen Worten in die eigene Sprache:

Zu Pyramiden von Alpen her,
Vom Manzanar zum Rheine,
Des sichern Blitzes Wetterschlag
Aus leuchtenden Donnerwolken,
Er traf von Scylla zum Tanais
Von einem zum andern Meere.

Die Literaturwissenschaft spricht zu Recht von dem «einmalig kühnen Versuch», Manzonis Ode «mit allen Idiomatismen ins Deutsche herüberzuholen».[15] Zuweilen bietet Goethe kaum mehr als eine Interlinearversion, aber mit welcher sprachschöpferischen Konsequenz! Den Beginn von Manzonis Gedicht mit seinem abrupten, an die Es-Dur-Akkorde der «Eroica» erinnernden Einsatz übersetzte er so:

Ei fu. Siccome immobile	*Er war – und wie, bewegungslos*
Dato il mortal sospiro	*Nach letztem Hauche-Seufzer*
Stette la spoglia immemore	*Die Hülle lag, uneingedenk,*
Orba di tanto spiro	*Verwaist von solchem Geiste:*
Così percossa, attonita	*So tief getroffen, starr erstaunt,*
La terra al nunzio sta	*Die Erde steht der Botschaft.*

«Er war»: Die Ode lässt nach der Todesnachricht die Zeit stillstehen und blickt auf das ganze Leben des verschiedenen Titanen, «sinnend nach der letztesten/ Stunde des Schreckensmannes». Dass Goethe den *uom fatale*, den «Mann des Schicksals», verschärfend so übersetzt und damit in die Nähe revolutionären Terrors rückt, ist ein beiläufig daherkommendes, in Wahrheit höchst bedeutungsvolles Signal. Kühl wird die Größe des Gestorbenen bis in die Zone des moralisch Anstößigen verfolgt. «Keiner Schmeichelei,/ noch frevler Schmähung schuldig» will die Muse mit die Bilanz dieses enormen Lebens ziehen, das Gott selbst der Welt als Beispiel der Größe eingeprägt hat: «Wir beugen uns/ Die Stirne tief, dem Mächtigsten,/ Erschaffenden, der sich einmal/ Von allgewalt'ger Geisteskraft/ Grenzlose Spur beliebte.» Und so sieht sie aus, diese von Gott geschaffene menschliche Größe, so klingt sie:

Das stürmische, doch bebende
Erfreun an großen Planen,

Die Angst des Herzens das ungezähmt,
Dienend nach dem Reiche gelüstet
Und es erlangt, zum höchsten Lohn.
Den's törig war zu hoffen (ch'era follia sperar)

Das ward ihm all: der Ehrenruhm,
Vergrößert nach Gefahren,
Sodann die Flucht, und wieder Sieg,
Kaiserpalast, Verbannung;
Zweimal zum Staub zurückgedrängt,
Und zweimal auf dem Altar.

Größe ist hier eine Qualität jenseits von Sieg oder Erfolg; auch Napoleons Niederlagen, sein zweifacher Sturz haben das außerordentliche Maß, das diese Verse abbilden wollen. «Das bebende Erfreun an großen Planen» ist an sich schön, denn was die Pläne wollen, ist nichts Bestimmtes, nur die Lust nach dem Reiche, nach der Herrschaft. Fast mühelos überwindet Napoleon seine Gegner: «Gebietend Schweigen, Schiedesmann/ Setzt' er sich mitten inne» – so hatte ihn Goethe in Erfurt und Weimar selbst gesehen. Groß ist er noch in der erzwungenen Untätigkeit und Einsamkeit des Exils auf seiner Meeresklippe:

O! wie so oft bei'm schweigsamen
Sterben des Tags, des leeren,
Gesenkt den blitzenden Augenstrahl,
Die Arme übergefaltet,
Stand er, von Tagen vergangnen
Bestürmt ihn die Erinnrung.

Alles tut Goethes Übersetzung, um den hohen Ton der Vorlage nicht abzuschwächen, ja die Übersetzung steigert ihn zuweilen durch Wortsperrungen und -nachstellungen, die im Italienischen weniger auffallen als im Deutschen, und durch den Verzicht auf die Reime. Hier wird kein politisches Programm entworfen, sondern eine kosmische Gestalt vermessen. Goethe hat Manzonis Gedicht geliebt und gewiss auch die eigene Übersetzung. Immer wieder hat er die Ode hochdramatisch deklamiert, wie sein Karlsbader Mineralogie-Freund Joseph Sebastian Grüner es für den 8. Mai 1822 beschrieben hat: «Er war wie in einem verklärten Zustande, dabei ganz ergriffen, das Feuer blitzte aus seinen Augen», und am Ende fragte Goethe seinen Zuhörer: «Nicht wahr, Manzoni ist ein großer Dichter?» Und zu Eckermann sagte er am 15. Juli 1827: «Die Ode ist vortrefflich. Aber finden Sie, daß in Deutschland einer davon redet? Es ist so gut, als ob sie gar nicht da wäre, und doch ist sie das beste Gedicht, was über diesen Gegenstand gemacht worden.» Man darf diese gehämmerten Verse also fast wie eine Äußerung Goethes verstehen, er hat sie sich buchstäblich zu eigen gemacht, ähnlich wie einst die lateinische Vorlage des Timur-Gedichtes. Das Urteil, das Goethe über die Ode fällte und das auch durch den beachtlichen Eindruck von Victor Hugos *Les deux îsles* nicht relativiert werden konnte, wurde von keinem Geringeren als Stendhal geteilt, der 1830 sagte, sie sichere ihrem Verfasser die Unsterblichkeit, und seit Jahren sei nicht so Schönes in diesem Genre geschrieben worden: *Tout est grave et l'on peut dire céleste dans l'ode de Manzoni.*[16]

Im Januar 1823 erschien die Übertragung in Heft IV,1 von «Über Kunst und Altertum», Goethes Alterszeitschrift über Kunst, Gott und die Welt. Für Manzonis Gedicht bedeutete dies überhaupt die europäische Erstpublikation, denn im österreichisch beherrschten Oberitalien waren öffentliche Äußerungen über Napoleon welcher Art auch immer untersagt. Vielleicht verrät es ein Bewusstsein von politischer Bedenklichkeit, dass Goethe neben dem Titelblatt desselben Hefts ausgerechnet «Wellingtons Schild», das Wappen von Napoleons Besieger, abbilden ließ. Jedenfalls signalisierten die Weimarer Kunstfreunde damit ihre Überparteilichkeit.

Dass der gestorbene Kaiser ihm persönlich nahe blieb, zeigen mehr als manche ausführliche Äußerungen die Einträge in den Tagebüchern am 15. August 1822 und 1828, die an dessen Geburtstag erinnern. Karikaturen und sonstige Herabsetzungen Napoleons waren ihm zuwider, er wollte davon nichts wissen. Und über die Ankläger des Toten hinterließ er ein Gedicht, das so blasphemisch ist, dass man sich noch ein Vierteljahrhundert nach Goethes Tod für den bloßen Abdruck eine Anklage wegen Gotteslästerung einhandeln konnte:

Am Jüngsten Tag vor Gottes Thron
Stand endlich Held Napoleon.

Der Teufel hielt ein großes Register
Gegen denselben und seine Geschwister,
War ein wundersam verruchtes Wesen:
Satan fing an, es abzulesen.

Gott Vater oder Gott der Sohn,
Einer von beiden sprach vom Thron,
Wenn nicht etwa gar der Heilige Geist
Das Wort genommen allermeist:
«Wiederhol's nicht vor göttlichen Ohren!
Du sprichst wie die deutschen Professoren.
Wir wissen alles, mach es kurz!
Am Jüngsten Tag ists nur ein …
Getraust du dich, ihn anzugreifen,
So magst du ihn nach der Hölle schleifen.»[17]

Den *creator spirito*, den Schöpfer der Welt, hatte immerhin schon der fromme Manzoni ins Napoleon-Gedenken eingeführt, da bedeutete Goethes Herbeizitieren von Gott Vater und Sohn kaum eine Steigerung. Riemer, der klassische Philologe, brachte in einem Gespräch vom 8. März 1826 einen damals schon allgegenwärtigen mythologischen Vergleich auf, nicht ohne Bezug auf eine frühe Hymne Goethes: «Wir sprachen über Napoleon, der auf dem Felsen von Helena mir vorkomme wie Prometheus, und daß er von den übrigen Dynasten behandelt worden wie Prometheus von Zeus.» Er habe die Menschheit über ihre politischen Verhältnisse aufgeklärt, dem Volk gezeigt, was das Volk könne, darum müsse er jetzt büßen.

Auch in Goethes Alltag blieb sein Kaiser sprichwörtlich präsent. Wenn ein Kutscher den Schlaglöchern am Weg nicht auswich, sondern geschickt durch sie hindurchfuhr, dann lobte ihn Goethe: Napoleon würde ihn zu seinem Leibkutscher gemacht haben. Wenn er krank war, forderte er den Arzt auf, «napoleontisch» zu Werke zu gehen, also: mit aller Entschiedenheit. Befand er sich übel, sagte Goethe immerhin, es gehe ihm «nicht ganz so schlecht als Napoleon auf seiner Insel».[18] Und dass Napoleon frechen Lieferanten seiner Gemahlin auf ihre Geld-Forderungen nur mit stummen Drohblicken antwortete, wurde am Frauenplan auch mit den Damen behaglich erörtert. Die eigentümliche Stimmung von Brüderlichkeit schimmert immer wieder durch, wenn Goethe an den großen Kaiser denkt oder sich gar mit ihm vergleicht. Eine weichliche sentimentale Melodie, die ihm selbst gar nicht gefällt, bringt ihn darauf, dass Napoleon, der ein Tyrann war, sanfte Musik geliebt haben soll: «Der Mensch sehnt sich ewig nach dem, was er nicht ist.»[19] Dass der Abgesetzte auf Sankt Helena seine Uniform wenden lassen muss, weil der seit je getragene grüne Stoff nicht greifbar ist – Napoleon müsste sonst auf sein ikonisch gewordenes Gewand verzichten –, veranlasst ihn zu einem regelrechten Gefühlsausbruch: «Was sagen Sie dazu?», so am 10. Februar 1830 zu Eckermann, «Ist es nicht ein vollkommen tragischer Zug? Ist es nicht rührend, den Herrn der Könige zuletzt soweit reducirt zu sehen, daß er eine gewendete Uniform tragen muß? Und doch, wenn man bedenkt, daß ein solches Ende einen Mann traf, der das Leben und Glück von Millionen mit Füßen getreten hatte, so ist das Schicksal das ihm widerfuhr, immer noch sehr milde.» So lakonisch und nüchtern hatte Goethe über die Folgen von Napoleons Politik früher nie gesprochen; das Bild vom Schreckensmann hatte mittlerweile durch historische Lektüren viele Farben gewonnen. Was Eckermann dann anschließt – Napoleon sei ein Beispiel, wie gefährlich es sei, sich ins Absolute zu erheben und alles der Ausführung einer Idee zu opfern –, wirkt allerdings nicht ganz zuverlässig. Denn in den «Maximen und Reflexionen» erklärt Goethe ausdrücklich: «Napoleon, der ganz in der Idee lebte, konnte sie doch im Bewußtsein nicht erfassen; er leugnet alles Ideelle durchaus und spricht ihm jede Wirklichkeit ab, indessen er es eifrig zu verwirklichen trachtet.»[20] Das klingt fast wie Hegel. Schon am 26. Februar 1826 hatte Goethe ihn einfach «dieses Compendium der Welt» genannt.

In diesen Jahren wurde Goethe «sich selbst historisch», wie der öfters gebrauchte Ausdruck lautete.[21] Im Frühjahr 1822 schloss er «Auch ich in der Champagne!» und die «Belagerung von Mainz» ab, die autobiographischen Schriften zu den Revolutionskriegen 1792 und 1793, mit denen eine zwanzigjährige Epoche begonnen hatte, die Goethe längst als Einheit verstand. In denselben Zusammenhang gehört auch die Niederschrift der Skizze zur «Unterredung mit Napoleon», die wir bereits behandelt haben. Kurz danach setzte er sich im Gespräch mit Eckermann selbst als einen der großen Männer in die Gesellschaft Napoleons: «Um Epoche in der Welt zu machen, dazu gehören bekanntlich zwei Dinge: erstens daß man ein guter Kopf sei, und zweitens daß man eine große

Erbschaft thue. Napoleon erbte die französische Revolution, Friedrich der Große den schlesischen Krieg, Luther die Finsternis der Pfaffen, und mir ist der Irrtum der Newton'schen Lehre zuteil geworden.»[22] Auch hier also wieder eine Reflexion über das Zusammentreffen von Individuum und Allgemeinem, die an Geschichtsphilosophie erinnern könnte, wenn solches Denken Goethe nicht so fern läge.

Dieses Sich-selbst-historisch-Werden, das schon «Dichtung und Wahrheit» zu einem Geschichtsbuch gemacht hatte, ließ für Goethe umgekehrt die Geschichte seiner eigenen Zeit zum persönlichen Erlebnisraum werden. Das Haus am Frauenplan füllte sich mit Erinnerungsstücken auch an den großen Kaiser. 1821 bemerkte Carl Gustav Carus auf Goethes Münzschrank einen kleinen goldenen Napoleon. Der Bestandskatalog von Goethes Medaillen verzeichnet fünfzig Stücke zu Napoleon, seiner Familie und Umgebung.[23] Im Arbeitszimmer hängt bis heute ein bronzenes Bildnismedaillon von 1815, und im Gartenzimmer fanden Gipse von Rauchs Berliner Blücher-Denkmal mit Szenen aus den Befreiungskriegen Platz. Dass am Tag nach der Leipziger Schlacht 1813 in seinem Haus ein Napoleonbild vom Nagel gefallen sei, erzählte Goethe dem böhmischen Freund Grüner im Sommer 1821. Briefe und Unterschriften des Kaisers und einiger seiner Marschälle suchte Goethe für seine Autographensammlung so dringend, dass ihm die Lieferung durch die Frau Generalin Rapp am 28. Januar 1828 eine eigene Meldung an Reinhard wert war: Endlich hatte er den «deutlich und klar unterschriebenen Namen Napoleons»! Am 7. März 1830 freute man sich, wie Eckermann berichtet, im Hause Goethe besonders über eine Sendung von David mit dem Hute Napoleons in den verschiedensten Stellungen. «‹Das ist etwas für meinen Sohn› sagte Goethe und sendete das Blatt schnell hinauf. Es verfehlte auch seine Wirkung nicht, in dem der junge Goethe sehr bald herunterkam und voller Freude diese Hüte seines Helden für das Nonplusultra seiner Sammlung erklärte.»

Man entsetze sich seit seinem traurigen, vielleicht schmählichen Ende nicht mehr vor dem bedeutenden Mann, der die Welt so lange in Furcht und Schrecken gesetzt, heißt es in einem Paralipomenon.[24] So konnten Bilderserien das Andenken an seine Zeit erneuern. Über solche Produkte der «immer geschäftigen Lithographie» hat Goethe zweimal für «Über Kunst und Altertum» geschrieben. Das erste Mal, in unmittelbarer zeitlicher Nachbarschaft zur Niederschrift der «Unterredung mit Napoleon», über eine Folge von Steinschnitten nach einem inzwischen beseitigten Chiaroscuro-Fries aus dem Mailänder Königspalast, auf dem Napoleons italienischer Hofmaler Andrea Appiani dessen Siege in Oberitalien dargestellt hatte. Sie seien, so der große Rezensent, «mit fertiger Kunst und ganzer Seele gemalt, von der Macht und Kraft ihres Helden durchdrungen».[25] Noch bewegender sind die Beschreibungen von Lithographien nach Bildern eines anderen Hofmalers Napoleons, François Gérard, die unter dem Titel «Collection des Portraits historiques» 1826 in Paris herausgebracht worden waren.[26] So sehr Goethe Gérards Kunst rühmt, geht es ihm doch viel mehr um die dargestellten Figuren der Zeitgeschichte, die er größtenteils selbst gekannt und erlebt hatte, und die ihm diese Bilder wieder nahe brachten. Man sieht förmlich, wie ein alter Mann sich über seine eigenen Erinnerungen beugt, indem er diese Blätter Stück für Stück durchsieht und in Worte übersetzt. Aus gemalten Porträts werden geschriebene, und nun treten sie alle wieder auf: die «majestätische Person» Alexanders I., Louis Bonaparte «mit einem wohlgebildeten, treuen, redlichen Gesichte», dessen Goethe als Freund gedenkt, Marschall Lannes, sein Hausgast von 1806 – «große Mäßigung bezeichnet den Helden» –, vor allem aber «Carl Moritz von Talleyrand, Prinz von Benevent etc., gemalt 1808», genau in dem Jahr, in dem Goethe ihn kennengelernt hat.

Zu dieser Hauptfigur seiner Zeit hat Goethe erst hier das endgültige Wort gefunden. Er erscheint ihm «vollkommen impassibel. Wir erwehrten uns nicht des Andenkens an die epikureischen Gottheiten, welche da wohnen ‹wo es nicht regnet noch schneiet noch irgend ein Sturm weht›; so ruhig sitzt hier der Mann, unangefochten von allen Stürmen, die um ihn her sausen. Begreifen läßt sich, daß er so aussieht, aber nicht wie er es aushält. Sein Blick ist der Unerforschlichste; er sieht vor sich hin, ob er aber den Beschauer ansieht ist zweifelhaft. Sein Blick geht nicht in sich hinein wie der des Denkenden, auch nicht vorwärts, wie der eines Beschauenden; das Auge ruht in und auf sich, wie die ganze Gestalt, welche, man kann nicht sagen ein Selbstgenügen, aber doch einen Mangel an irgend einem Bezug nach außen andeutet. Genug», so schließt Goethe, «wir mögen hier physiognomieren und deuten wie wir wollen, so finden wir unsere Einsicht zu kurz, unsre Erfahrung zu arm, unsre Vorstellung zu beschränkt, als daß wir uns von einem solchen Wesen einen hinlänglichen Begriff machen könnten.» Hier saß, in gelassener

Haltung, der eine Mann, vielmehr «das Wesen», das seinem Kaiser gewachsen gewesen war.

Was es für Goethe hieß, sich selbst historisch geworden zu sein, lässt sich auch einem Gespräch mit Eckermann entnehmen, zu dem er am 25. Februar 1824 sagte: «Ich habe den großen Vorteil, daß ich zu einer Zeit geboren wurde, wo die größten Weltbegebenheiten an die Tagesordnung kamen und sich durch mein langes Leben fortsetzten, sodaß ich vom Siebenjährigen Krieg, sodann von der Trennung Amerikas von England, ferner von der Französischen Revolution und endlich von der Napoleonischen Zeit bis zum Untergange des Helden und den folgenden Ereignissen lebendiger Zeuge war. Hierdurch bin ich zu ganz anderen Resultaten und Einsichten gekommen, als allen denen möglich sein wird, die jetzt geboren werden und die sich die großen Begebenheiten durch Bücher aneignen müssen, die sie nicht verstehen.» Das ewige Argument der Zeitzeugen: Wer nicht dabei war, kann die Vergangenheit nicht verstehen! Goethe behandelte die Zeitgeschichte wie einen Teil des eigenen Lebens, und wenn er Literatur dazu las – was er vor allem in den späten zwanziger Jahren unentwegt tat –, dann nicht zuletzt, um seinen eigenen Erinnerungen auf die Spur zu kommen.

Der wichtigste Anlass solcher zeithistorischen Autobiographik wurde in Goethes letzten Jahren «Das Leben von Napoleon Buonaparte» des großen englischen Romanciers Sir Walter Scott (1771 bis 1832), eines der Erfolgsautoren der Epoche, der den historischen Roman, das literarische Leitgenre des 19. Jahrhunderts, recht eigentlich begründet hat. Auch Goethe schätzte dessen minutiös ausgepinselte Vergangenheitsgemälde, die bis heute ihre Leser finden; umso neugieriger war er auf dessen mehrere tausend Seiten zählende Darstellung der napoleonischen Epoche, die mit einem ausführlichen Präludium zur Geschichte der Französischen Revolution einsetzte. Scott, ein Verehrer Goethes, hatte ihm im Sommer 1827 persönlich die Übersendung des Werkes angekündigt; als es auf sich warten ließ, mahnte dieser den Verleger in einem eigenen Brief, mit einer neugierigen Ungeduld, die Goethe nicht oft bei zeitgenössischer Literatur zeigte.

Am 19. November lag die neunbändige englische Originalausgabe endlich auf Goethes Schreibtisch, und schon zwei Tage später diktierte er ein Arbeitsprogramm, das die Gesichtspunkte einer ausführlichen Rezension festhielt.[27] Wir haben hier den einzigartigen Fall, Goethes Lektüremethode und vor allem seine Erwartungen von ihm selbst erläutert

zu bekommen. Er hofft, so das Schema, nicht nur auf die großen Fähigkeiten des Schriftstellers, deutliche Auffassung, «höchstmögliche Facili-
tät», Erkennen des Gehalts, sondern auch auf poetische Leistungen, «indem er durch fingierte Motive das Historisch-Wahre näher aneinander
rückt und zu einem Faßlichen vereinigt, da es sonst in der Geschichte
weit aus einander steht, und sich kaum dem Geist am wenigsten aber dem
Gemüt ergreiflich darstellt». Also Wahrheit durch Fiktion! Ein heute
wieder zu Ehren gekommener Gesichtspunkt, der aber gerade zu dieser
Zeit im Zuge der Professionalisierung der historischen Wissenschaften
delegitimiert wurde: Roman und Historie sollten sich trennen. Goethes
Poetik verlangt statt Methodenzwang Offenlegung der Erzählerposition:
«Walter Scott ist 1771 geboren, also fällt seine Kindheit gerade in den
lebhafteren Ausbruch des nordamerikanischen Krieges. Er war 17 bis 18
Jahr alt bei dem Ausbruche der französischen Revolution. Was hat er in
solcher Weise nicht in solcher Zeit zu erleben? Jetzo, da er stark in den
Funfzigern steht, und durchaus nah genug von der Weltgeschichte berührt worden, tritt er mit obgemeldeten Eigenschaften auf, um öffentlich
über das Vergangene Wichtige sich mit uns zu unterhalten.»

Diese Unterhaltung gedachte Goethe fortzusetzen, und zwar öffentlich, also markiert er auch seine eigene Stellung: «Welche Erwartungen
dies in mir erregen mußte wird derjenige leicht abnehmen, der sich
vergegenwärtigt, daß ich, zwanzig Jahr älter als er, gerade zwanzig Jahr
alt persönlich vor Paoli[28] stand und im 60. vor Napoleon.» Also nimmt
Goethe für Scott wie für sich selbst jene autobiographische Sehweise auf
die Geschichte in Anspruch, die er bereits im Gespräch mit Eckermann
entwickelt hatte: «Mir ist also die Weltgeschichte um so viel aus eigenem Mitleben bekannt geworden. Diese langen Jahre durch versäumte
ich nicht, ferner und näher mit den Weltereignissen in Berührung kom-
mend, darüber zu denken und nach einer individuellen Weise die Gegenstände mir zu ordnen und einen Zusammenhang auszubilden.» Dass
Scott in seiner Weise dasselbe leisten würde, dass er also auch seinen
britischen Parteistandpunkt nicht verleugnen würde, setzt Goethe schon
in diesem Diktat voraus. Nachdem Franzosen und Deutsche mannigfaltig und widersprüchlich über die Revolution gesprochen haben, müsse es
«höchst interessant sein, einen Engländer und zwar einen höchst nam-
haften zu vernehmen». Dazu, so schließt Goethe, werde er sich äußern,
um ins Klare zu bringen, «wer denn eigentlich spricht und zu wem».

Von November 1827 bis Januar 1828 las Goethe an Scotts Darstellung, und sein Tagebuch hält alle Lektüreschritte minutiös fest. Auch dem Freund Zelter entwickelt er seine Gesichtspunkte, über Carlyle lässt er im gleichen Sinne schöne Grüße an Scott ausrichten. Keine langweiligen Geselligkeiten, keine Hoffeste, sondern Nacherleben der eigenen Lebenszeitgeschichte, das wurde der Inhalt Goethescher Abende in diesem Winter. Das letzte Resümee an Zelter vom 20. Februar 1828 ist gewichtig: «Genug mir ist der lange, immer bedeutende und mitunter beschwerliche Zeitraum von 1789 an, wo, nach meiner Rückkunft aus Italien, der revolutionäre Alp mich zu drücken anfing, bis jetzt ganz klar, deutlich und zusammenhängend geworden; ich mag auch die Einzelheiten dieser Epoche jetzt wieder leiden, weil ich sie in einer gewissen Folge sehe.» Große Worte, und sie heben Goethes Scott-Lektüre über die viele andere zeithistorische Literatur hinaus, die seine letzten Jahre begleiten, die Bücher von Bourienne, Norvins, Constant, von denen vor allem die Kommentare zu den Gesprächen mit Eckermann zu berichten wissen.

Umso auffälliger ist, dass Goethe sich zu einer Ausarbeitung seiner Eindrücke dann doch nicht durchringen konnte. Am offenherzigsten hat er sich dazu am 28. Januar 1828 in einem Brief an Reinhard, den alten politischen Freund und Diener Napoleons, geäußert: «Denn daß er (Scott) die große Symphonie des wundersamsten aller Heldenleben durchaus mit Sordinen abspielt, thut nicht wohl, wenn man nicht belehrt seyn will, wie diese großen Angelegenheiten über den Canal herüber angeschaut worden oder wie man dort will daß sie angeschaut werden sollen.» Immerhin aber: «Ich habe das Werk als ein wohlgestricktes Netz betrachtet, womit ich die Schattenfische meiner eignen Lebenstage aus den anspülenden Wellen des letheischen Sees wieder herauszufischen in den Stand gesetzt ward, und wirklich mehr Interesse an denen sich anschließenden und entwickelnden Weltbegebenheiten gewann.»

Also störte Goethe nun doch der einseitige Blick, den er von Anfang an erwartet hatte! Dass Napoleons Leben mit Dämpfern – *con sordino* – gespielt wurde, beeinträchtigte die Sache selbst so, dass für ihn nur noch der Parteistandpunkt erkennbar blieb. Und so sieht sich die Nachwelt um die einzigartige Chance einer einlässlichen, rückblickenden Erörtung Goethes zu seinem Kaiser und dessen Geschichte betrogen. Wer sich heute die Mühe macht, in das Scottsche Werk zu blicken, wird allerdings schon verstehen, dass es zu der angekündigten Besprechung nicht kam. Scott bietet eine detailreiche, wenig romanhafte, eher nüchterne Nahsicht, in der Napoleons Genie regelrecht zerbröselt. Geschwindigkeit und Fortune von Napoleons Kriegen kommen durchaus zur Geltung; aber ebenso die Gewaltsamkeit einer Herrschaft, die auf Dauer nicht bestehen kann, weil sie so rechtlos verfährt. Britisch war an diesem Parteistandpunkt die kühle Frage, mit welchen Mitteln sich Imperien überhaupt aufrechterhalten lassen. Scotts Antwort: bestimmt nicht mit Gewalt und offenkundiger Ungerechtigkeit.

Die Befreiungsbewegungen in Spanien und vor allem Deutschland erscheinen als vollkommen berechtigte Reaktionen eigentlich sanftmütiger Völker. «Das Verschwinden verschiedener kleiner Staaten, denen die schonungslose Gewalt der französischen Usurpation ein Ende gemacht hatte, und das allgemeine Unterdrückungssystem, durch welches das ganze Land mehr oder weniger litt», so Scott im 3. Kapitel des 18. Teils, «hatten die Scheidewand, die zwischen den verschiedenen Volksstämmen bestand, niedergerissen.» Übrigens erschienen auch die deutschen Klassiker, namentlich Schiller und Goethe, als Stichwortgeber einer patriotisch erregten akademischen Jugend. Hätte Goethe sich mit Scotts Werk im Einzelnen auseinandergesetzt, wäre er auch kaum um die schaurige Nachtszene herumgekommen, die der Brite, hier ganz auf der Höhe seiner erzählerischen Kunstfertigkeit, bei der Erschießung des Herzogs von Enghien entwirft: Wie man dem armen Bourbonenprinzen vor seinem offenen Grab in der nebligen Mordnacht eine Laterne um den Hals hängen musste, damit der Hinrichtungs-Peloton ihn überhaupt treffen könne. Goethe tat sein Leben lang so, als sei der Herzog von Enghien, den Napoleon aus badischem Staatsgebiet hatte entführen lassen und dann im Eilverfahren niederschießen ließ, ein gegenrevolutionärer Zündler gewesen. So wurde noch am 5. Juli 1827 mit Eckermann über «den Herzog von Enghien und sein unvorsichtiges revolutionäres Betragen viel geredet». Bei Scott war nun zu lesen, dass davon gar keine Rede sein konnte; sondern dass Napoleon sich schlicht bei der Auswahl des Opfers für seine exemplarische Strafaktion getäuscht hatte. Scott stellte hier weniger ein Verbrechen dar als, ganz im Sinne von Talleyrands zu diesem Gewaltakt geprägten Diktum, einen Fehler, der Napoleons Ansehen in der ganzen Welt unermesslich schadete.

Das Napoleon-Werk Scotts ist im Übrigen ein Markstein des historischen Wissens, denn es geht über den Themenkreis einer Biographie weit hinaus und berücksichtigt soziale und kulturelle Entwicklungen, Gesetzgebung und Finanzen, das Ausbildungswesen und alle anderen inneren Verhältnisse im Empire gleichrangig neben den Taten des Kaisers. Die Darstellung ist so ruhig, breit und detailreich – Heine monierte in seiner erbarmungslosen Rezension in den «Reisebildern» bekanntlich vor allem die Langweiligkeit der Darstellung –, dass die britische Sicht kaum noch ins Gewicht fällt; nur der große Mann geht unter. War vielleicht Scotts Werk das große Sündenregister, das Goethe den Satan am Jüngsten Tag vor Gottes Thron bringen lässt, und das die heilige Dreifaltigkeit nur als «Furz» abfertigt? Zeitlich würde es passen, denn Goethes derbes Spottgedicht stammt von 1828.

Für Goethes ganz eigenes, persönliches Verhältnis zu Napoleon wäre da jedenfalls kein Platz gewesen. So blieb die ausführlichste bekannt gewordene Äußerung, die Goethe je über den großen Mann gemacht hat, einem Gespräch mit Eckermann am 11. März 1828 vorbehalten, wenige Wochen nach der Scott-Lektüre, offensichtlich unter dem frischen Eindruck der dort ausgebreiteten Empirie.[29] Hier fallen berühmte, immer wieder zitierte Sätze, die ganz auf die Figur des Kaisers und ihre titanischen Fähigkeiten konzentriert sind und nur wenige Lichter auf die historischen Kontexte werfen: «Da war Napoleon ein Kerl! – Immer erleuchtet, immer klar und entschieden, und zu jeder Stunde mit der hinreichenden Energie begabt, um das, was er als vorteilhaft und notwendig erkannt hatte, sogleich ins Werk zu setzen. Sein Leben war das Schreiten eines Halbgottes von Schlacht zu Schlacht und von Sieg zu Sieg. Von ihm könnte man sehr wohl sagen, daß er sich im Zustande einer fortwährenden Erleuchtung befunden, weshalb auch sein Geschick ein so glänzendes war, wie es die Welt vor ihm nicht sah und vielleicht auch nach ihm nicht sehen wird.» Einwürfe Eckermanns werden mit «ja, ja, mein Guter» abgefertigt, und Goethe, der etwas später im Gespräch sagt, das Gleiche könne nur vom Gleichen erkannt werden, spricht natürlich auch von sich selbst: «Was wollt ihr! Ich habe auch meine Liebeslieder und meinen ‚Werther' nicht zum zweiten Mal gemacht. Jene göttliche Erleuchtung, wodurch das Außerordentliche entsteht, werden wir immer mit der Jugend und der *Produktivität* im Bunde finden, wie denn Napoleon einer der produktivsten Menschen war, die je gelebt haben. Ja, ja, mein Guter, man braucht nicht bloß Gedichte und Schauspiele zu machen, um productiv zu sein, es gibt auch eine *Produktivität der Taten.*» Das sei das eigentliche Merkmal des Genies, die produktive Kraft, ganz unabhängig von Fach und Metier, übrigens auch unberührt von der Masse der Produktionen. So weitet sich die Erörterung zu einer Phänomenologie des Genies, wozu auch ein «gehöriger Körper» gehöre. «Wenn man von Napoleon gesagt hat, er sei ein Mensch aus Granit, so gilt dieses besonders auch von seinem Körper. Was hat er sich nicht alles zugemutet und zumuten können!» Mit manzonianischem Schwung fährt Goethe fort: «Von dem brennenden Sande der Syrischen Wüste bis zu den Schneefeldern von Moskau, welche Unsumme von Märschen, Schlachten und nächtlichen Bivouacs liegt da nicht in der Mitte! – und welche Strapazen und körperliche Entbehrungen hat er dabei nicht aus halten müssen! Wenig Schlaf, wenig Nahrung, und dabei immer in der höchsten geistigen Tätigkeit!»

So lässt Goethe noch mehreres aus Napoleons Leben Revue passieren, vor allem den Glanz seiner Jugend, seine Fähigkeit, Begabungen an sich zu ziehen, freie Bahn für Talente zu schaffen. Sucht man nach gleichzeitigen Parallelen zu dieser Sehweise, kommt man unweigerlich auf Stendhals Roman «Rot und Schwarz», der in ganz ähnlicher Weise die energetische Wirkung der großen Person auf eine ganze Gesellschaft verhandelt. Ein Jahr später, am 6. April 1829, verglich Goethe diese Menschenführungsgabe mit den Fähigkeiten eines guten Regisseurs und Theaterleiters – ein Vergleich, den wir schon aus dem Oktober 1808 kennen –, der die Menschen gewiss macht, dass sie ihre Zwecke unter ihm erreichen. Auch zu anderen Zeitpunkten kam Goethe immer wieder auf diese Wirkung zu sprechen, so am 21. März 1831, wo er, wiederum gegenüber Eckermann, vom «Egoismus» redete, den Napoleon unter den jungen Leuten in Frankreich aufgeregt habe, die nicht ruhen würden, «als bis wieder ein großer Despot unter ihnen aufsteht, in welchem sie das auf der höchsten Stufe sehen, was sie selber zu sein wünschen».

In dem großen Gespräch vom 11. März 1828 war Eckermann von Goethes Feuer tief berührt: «Das Edelste seiner Natur schien in ihm rege zu sein; dabei war der Klang seiner Stimme und das Feuer seiner Augen von solcher Kraft, als wäre er von einem frischen Auflodern seiner besten Jugend durchglüht.» Seinen Helden als jung imaginierend, wird Goethe selbst jung, und so verkündet er: «Solche Männer und ihresgleichen sind geniale Naturen, mit denen es eine eigene Bewandtnis hat; sie erleben eine wiederholte Pubertät, während andere Leute nur einmal jung sind.»

Spätestens hier wird deutlich, dass es in diesem Gespräch nicht um das geht, was man später «die historische Größe» nannte; eine solche war Napoleon zwar auch, auch in Goethes Augen, als Erbe der Revolution, als Bahnbrecher des Talents, als gewaltsamer Aufstörer des gesellschaftlichen «Egoismus». Aber er war mehr: erleuchtet, produktiv, aus Granit – und von Dämonen begleitet. Sie rahmen diesen merkwürdigen Diskurs. Zu Beginn, als Eckermann über Unwohlsein klagt, und Goethe ihn aufmuntert, tut er es mit diesen Worten: «*Des Menschen Verdüsterungen und Erleuchtungen machen sein Schicksal!* Es täte uns not, daß der Dämon uns täglich am Gängelbande führte und uns sagte und triebe, was immer zu tun sei. Aber der gute Geist verläßt uns, und wir sind schlaff und tappen im Dunkeln.» An dieser Stelle kommt mit dem Ausruf «Da war Napoleon ein Kerl!» der große Vortrag in Gang. Er endet wieder mit Dämonen: «*Der Mensch muß wieder ruiniert werden!* – Jeder außerordentliche Mensch hat eine gewisse Sendung, die er zu vollführen berufen ist. Hat er sie vollbracht, so ist er auf Erden in dieser Gestalt nicht weiter von nöthen, und die Vorsehung verwendet ihn wieder zu etwas anderm. Da aber hienieden alles auf natürlichem Wege geschieht, so stellen ihm die Dämonen ein Bein nach dem andern, bis er zuletzt unterliegt. So ging es Napoleon und vielen Anderen. Mozart starb in seinem sechs und dreißigsten Jahre, Raphael in gleichem Alter, Byron nur um Weniges älter.» Später hat Goethe klargestellt, dass diese großen Geister – wozu er auch den Großherzog Carl August rechnete – nicht nur den Dämonen unterliegen, sondern selbst dämonisch sind, und zwar «durch das Naturell, das große Angeborene der Natur».[30]

Das Dämonische, das große Angeborene der Natur! Damit ist ein Begriff aus Goethes Weltauffassung berührt, der jenseits der geschichtlichen Welt liegt. Der Historiker steht hier an einer Grenze, über die er nur noch hinausdeuten darf, ohne sie überschreiten zu müssen. Er darf es sich auch versagen, die immer wieder zitierten, möglicherweise schon 1813 konzipierten Passagen zum Dämonischen aus dem 20. Buch von «Dichtung und Wahrheit» noch einmal in voller Länge aufzurufen, die vor allem von Widersprüchen handeln: «Es war nicht göttlich, denn es schien unvernünftig, nicht menschlich, denn es hatte keinen Verstand, nicht teuflisch, denn es war wohltätig, nicht englisch, denn es ließ oft Schadenfreude erkennen.»[31] Das ist keine Definition, sondern teils mystische, teils naturreligiöse Rätselrede. Napoleon gehörte zu jenen Gestalten einer nicht mehr vernunftgemäß zu fassenden «Entschiedenheit», die Goethe nicht selten als heilsam, manchmal auch als zerstörerisch in seinem Leben empfunden hat; die überlegene Naturkraft solcher Figuren lebt in einem Assoziationsfeld, das von der Geisterwelt bis zur pantheistischen Gottnatur, ja zum Sternenglauben reicht. Wie wörtlich die Sache mit dem Geisterglauben, überhaupt das Koboldhafte zu verstehen ist, das in der zitierten Passage aus «Dichtung und Wahrheit» aufscheint, zeigt gerade das Beispiel Napoleon: Wenn der Kaiser eine Schlacht verliert, fällt in Goethes Arbeitszimmer ein Bild von der Wand, und wenn er seinen Platz in Elba verlässt, verkünden Initialen auf einem Ring schon seinen Untergang, fast als wär's ein Stück von Zacharias Werner, jedenfalls mehr Schicksalsdramatik als Politik.

Der «Daimon», innere Stimme und Wesenskern der Person, die geprägte Form, die lebend sich entwickelt, das auch von Sibyllen und Propheten und von Sternenmacht vorgezeichnete Schicksal, steht im Zentrum solcher Lebenskraft. Ihren höchsten Grad erreicht sie durch bestimmende Ausstrahlung auf weichere, empfänglichere Naturen. Zu diesen zählte Goethe sich selbst. Er bestritt gegenüber Eckermann, dämonisch zu sein: «In meiner Natur liegt es nicht, aber ich bin ihm unterworfen.»[32] Mit solcher teils geschriebenen, teils ungeschriebenen Lehre kommt man auf ein Feld von Unterscheidungen, die nicht einmal hypothetisch nachprüfbar sind und bei der Literaturwissenschaft besser aufgehoben scheinen.[33] Wichtig für uns bleibt aber, dass Goethe hier die allgemeinste und kühnste Formel für sein Verhältnis zu Napoleon gefunden hat. Dieses ist nicht politisch, wie lange Goethe dem Kaiser auch in diesem Feld angehangen hat; eigentlich aber beruht es auf der schöpferischen Empfänglichkeit für die dämonische Kraft einer außergewöhnlichen Menschennatur. So erscheint Goethes Begegnung mit Napoleon am Ende nicht als historisch-politische Konjunktur, sondern als schicksalhafter Zufall, ja als Geschenk des Himmels.

Der Historiker darf einen einzigen Hinweis beisteuern: Goethes Begriff persönlicher Größe, den seine Kasuistik des Dämonischen und hier vor allem sein Verhältnis zu Napoleon erkennen lässt, unterscheidet sich trotz einzelner Berührungen fundamental von Hegels gleichzeitiger Konzeption der «welthistorischen Individuen». Diese nämlich vollbringen dadurch, dass sie ihre eigenen Zwecke verfolgen, auch das, was an der Zeit ist, und so werden sie zu «Geschäftsführern des Weltgeistes».

Zwar gehen auch bei ihnen Einsicht und Trieb eine irrationale Verbindung ein; Hegel spricht von der «unwiderstehlichen Gewalt des eigenen inneren Geistes» solcher «Seelenführer» sowie vom Unglück in ihrem Leben; aber entscheidend bleibt der Bezug auf die Geschichte: «Es sind große Menschen, eben weil sie ein Großes, und zwar nicht Eingebildetes, Vermeintes, sondern ein Richtiges und Notwendiges gewollt und vollbracht haben.» Diese Betrachtungsweise aber schließe, so Hegel, auch die psychologische Betrachtung aus, also den Blick der Kammerdiener auf die empirische Person.[34] Napoleons weltgeschichtliche Aufgabe war die Wiederherstellung des einigen Willens an der französischen Staatsspitze und die Verbreitung der liberalen Einrichtungen, die in der Revolution erkämpft worden waren, über Europa. Freilich waren seine Siege am Ende ohnmächtig, weil er die Nationen zur Freiheit zwingen wollte. Genau auf solche Erörterungen zu dem, was sein Kaiser politisch gewollt, getan und verfehlt hat, mochte Goethe sich, vor allem am Ende seines Lebens, so gut wie gar nicht einlassen. Ordnung, Friede durch Hegemonie, das war es, was Goethe politisch bewegte, dazu kam noch ein Nebengesichtspunkt wie das Urheberrecht; all das ist weit entfernt vom Gang der Menschheit insgesamt. Goethes eigentliches Thema bleibt die geradezu widervernünftige Wirkung der Person.

Trotzdem ist es einem dritten Denker gelungen, Hegels und Goethes logisch so weit voneinander entfernte Konzeptionen von historischer Größe zu verschmelzen: Jacob Burckhardt. Im Abschnitt über das Individuum und das Allgemeine in seinen Vorlesungen zum Studium der Geschichte, den später so genannten «Weltgeschichtlichen Betrachtungen», setzt er ganz hegelianisch ein mit der «in einzelnen Individuen konzentrierten Weltbewegung»; aber er kommt sogleich auch auf die irrationalen Aspekte der Erfahrung von Größe. Diese sei ein «Mysterium», eher nach einem dunklen Gefühle anerkannt, durch ein Übereinkommen Vieler, als durch Urteile aus den Akten. Es sei «das Ganze der Persönlichkeit», die uns groß erscheine und über Völker und Jahrhunderte hinaus «magisch» auf uns nachwirke. Wie Goethe bezieht Burckhardt nicht nur die geschichtlichen Täter, sondern auch die Künstler in seine Betrachtung ein, spricht von Einzigkeit und Unersetzlichkeit, von Seelenstärke, von untrüglichem Realitätssinn und von Willenskraft, «welche magischen Zwang um sich verbreitet und alle Elemente der Macht und Herrschaft an sich zieht und sich unterwirft». Burckhardt, der Napoleon nicht mochte – die «Garantielosigkeit in Person» nennt er ihn –, kommt doch nicht umhin, den Begriff der Größe nach dem Umriss des Kaisers zu zeichnen und hier dessen beiden antagonistischen Bewunderern Hegel und Goethe zu folgen.[35]

So hat Goethe in der Gestalt, die Eckermann ihm gegeben hat, einen der wichtigsten Beiträge zu dem historisch-ästhetischen Titanismus hinterlassen, der seit der Mitte des neunzehnten Jahrhunderts in Deutschland zu herrschen begann, und der eins der Heilmittel gegen die «historische Krankheit», das Alleswissen und Allesgeltenlassen, wurde, die Nietzsche diagnostizierte. Die Frage, die sich am Ende aufdrängt, lautet: Wie viel Napoleon steckt im «Faust»? Goethe selbst hat hier eine Spur gelegt, als er im Sommer 1815, lange vor der Wiederaufnahme der Arbeit am zweiten Teil, sybillinisch zu Boisserée sagte: «Faust bringt mich dazu, wie ich von Napoleon denke und gedacht habe.»[36] Der sich daran anschließende Satz – «Der Mensch, der Gewalt über sich selbst hat und behauptet, leistet das Schwerste und Größte» – kann auf jenes entgrenzte Wollen bezogen werden, das Goethe in seiner Stanze vor dem «Epimenides» im Jahre 1816 als Ursache für Napoleons Untergang nannte. Die Handlung des Schlusses von «Faust», die Landgewinnung gegen das fruchtlose und zerstörerische Meer, spielt in dem Feld der weltgeschichtlichen Gegenbegriffe von Meer und Erde, das Goethe schon 1807 bei Buchholz imponierte und das die bedeutendste Strophe des Gedichts an die Kaiserin Marie-Luise von 1812 trägt. «Nur Meer und Erde haben hier Gewicht», hatte es da von Napoleons Weltübersicht geheißen: «Ist jenem erst das Ufer abgewonnen,/ Daß sich daran die stolze Woge bricht,/ So tritt durch weisen Schluß, durch Machtgefechte/ Das feste Land in seine Rechte.» Fausts letztes Vorhaben, im vierten Akt des zweiten Teils von ihm selbst formuliert (V. 10229 ff.), ist es, «Das herrische Meer vom Ufer auszuschliessen,/ Der feuchte Breite Gränzen zu verengen/ Und, weit hinein, sie in sich selbst zu drängen.»[37] Wenn in den Stanzen an Marie-Luise 1812 von den «Rechten» des festen Landes die Rede war, so heißt es symmetrisch zu Beginn des fünften Aktes in Faust II aus dem Mund von Philemon (V. 11091 ff.): «Kluger Herren kühne Knechte/ Gruben Gräben, dämmten ein,/ Schmälerten des Meeres Rechte/ Herrn an seiner Statt zu seyn.» Das Ufer sei dem Meer versöhnt, behauptet wenig später Mephisto über das vorangeschrittene Kolonisationswerk (11222).

Grenzenloses Macht- und Besitzstreben machen Faust die Existenz der Idylle von Philemon und Baucis auf der Stranddüne unerträglich:

«Die wenig Bäume, nicht mein eigen,/ Verderben mir den Welt-Besitz.» (11241 f.). Die Formulierung, die Faust für diese ihm unerträgliche Einschränkung seiner Macht wählt, weist kaum missverstehbar auf Napoleon: «Des allgewaltigen Willens Kühr/ Bricht sich an diesem Sande hier.» (11255 f.) Vollends verräterisch aber ist die Druckgestalt, die Eckermann 1833 diesem Vers im Nachlassband der «Ausgabe letzter Hand» gegeben hat: «des Allgewaltigen Willens-Kür».[38] «Der Allgewaltige»: Das war eine der stehenden Bezeichnungen für Napoleon in den Weimarer Staats- und Privatbriefen bis 1814 gewesen. Der schlaffe Kaiser des vierten Akts glaubt, Regieren und Genießen ließen sich verbinden. Faust weiß es besser, und wieder fällt es schwer, hier nicht auch an Napoleon zu denken (10252 ff.):

Ein großer Irrthum! Wer befehlen soll,
Muß im Befehlen Seligkeit empfinden.
Ihm ist die Brust von hohem Willen voll,
Doch was er will, es darfs kein Mensch ergründen.
Was er den Treusten in das Ohr geraunt,
Es ist gethan und alle Welt erstaunt.
So wird er stets der Allerhöchste seyn,
Der Würdigste –, Genießen macht gemein.

Satan wollte in Goethes Nachlassgedicht von 1828 am Jüngsten Tag den Napoleon zur Hölle schleifen, und die Heilige Dreifaltigkeit hindert ihn daran; wer will, kann darin die kürzeste Version des «Faust»-Schlusses wiederfinden. Fausts Unrast und die maßlose Unbegrenztheit seines Strebens passen zu dem halbgottgleichen Schreiten von Schlacht zu Sieg, das Goethe gegenüber Eckermann an dem granitenen und erleuchteten, immer auf gleicher Höhe von Kraft und Genie wirkenden Kaiser so rühmte: «Im Weiterschreiten find' er Qual und Glück,/ Er, unbefriedigt jeden Augenblick!» (11451). Unbefriedigt jeden Augenblick, das war Napoleon zweifellos gewesen, und diese Unrast war, auf die allgemeinste Formel gebracht, der Grund seiner Unfähigkeit, das Empire zu stabilisieren.

Trotzdem ist der zweite Teil des «Faust» ebenso wenig ein Napoleon-Stück wie die «Pandora». Der Versuch, in der Gewinnung von Neuland, das von Restitutionsansprüchen nicht belastet sei, die Eigentumsfragen

Flakon mit Porträtbüste Napoleons

der neubourbonischen Ära nach 1815 zu entdecken, verkleinert die düstere geschichtliche Diagnose des Dramenschlusses zu einem tagespolitischen Kommentar, selbst wenn man der Vision vom freien Volk auf freiem Grund eine Wörtlichkeit abnehmen würde, die keine neuere Interpretation dem faustischen Kolonisierungwerk noch zugestehen mag.[39] So unverkennbar die Hinweise auf Napoleon hier sind: Sie weisen auf einen säkularen Menschentypus als äußersten Ausdruck einer welthistorischen und anthropologischen Tendenz, die sich nicht auf Politisches oder Militärisches, nicht einmal auf den Widerstreit von Land und Meer einschränken lässt. Sogar der Dämon Napoleon ist kleiner als die finstere, ebenso gewaltige wie erbärmliche und erlösungsbedürftige Figur, die der letzte Akt des «Faust» vor den Augen der Nachwelt aufrichtete. Aber zu den Erfahrungen, die in ihr zusammenflossen, zählt er durchaus. Und am Ende muss man sagen: Finsterer hat Napoleon bei Goethe nie ausgesehen als in der flackernden Beleuchtung des «Faust»-Schlusses, der doch auf kleinliches Moralisieren vollständig verzichtet.

Anderthalb Jahre vor Goethes Tod, als dieser noch tief in der Arbeit am «Faust» steckte, erhielt Napoleon einen Ehrenplatz auf dem Stehpult in seinem Arbeitszimmer, wo er sich bis heute behauptet. Im Fenster eines Straßburger Friseurs war Eckermann, der sich auf der Rückreise von Italien befand, im Herbst 1830 ein Flakon aus opalisierendem Glas aufgefallen, dessen Stöpsel die Form einer Napoleonbüste zeigte. Dass dies überhaupt möglich war, ist ein Resultat der Juli-Revolution ein halbes Jahr zuvor. Denn während der Restauration waren in Frankreich Napoleon-Bilder verboten; Julien Sorel, der den Gestürzten glühend verehrende Held von Stendhals Roman «Rot und Schwarz», muss eine Miniatur Napoleons in seiner Matraze verstecken. Nun also durften die Friseure den Kaiser wieder ausstellen, und Eckermann griff zu.

Am 13. Oktober 1830, kurz vor dem Jahrestag der Leipziger Schlacht, war der Flakon in Goethes Händen. Er stellte ihn auf seinem Pult vor einem Spiegel so auf, dass man von der Tür zum Arbeitszimmer aus das Urphänomen der Farbenlehre beobachten kann. «Das Opalglas als trübes Mittel verleiht durchscheinendem weißen Licht eine gelbe Farbe, die sich bei zunehmender Trübe zum Gelbrot und Rot steigert. Vor schwarzem Hintergrund erscheint ein Blauviolett, das sich zu Blau entwickelt.»[40] So stellt der offizielle Führer zum Goethe-Haus die Sache dar. Goethe war entzückt und berichtete Zelter am 3. Februar 1831 von dem neuen Schatz: «Eckermann, der, als wahrhafter Ali, durchdrungen ist, von dem hohen Begriff daß Licht und Dunkel im Trüben die Farben hervorbringen, hat mir eine kleine Büste Napoleons mitgebracht die allein eine Reise um die Welt wert ist. Sie steht der aufgehenden Sonne entgegen: Beim ersten Strahl derselben erklingt sie von allen, die sämtlichen Edelsteine [überbietenden] Glanz und Pracht-Farben. Fahr' ich fort sie gegen die Sonne zu richten so leistet sie solches den ganzen Tag.» Erklingende Pracht-Farben: Das ist womöglich noch schöner als das so beschriebene Phänomen. Wenn aber Eckermann ein Ali ist, der treueste Gefolgsmann von Mohammed, dann ist Goethe der Prophet.

Nachwort

Volk und Knecht und Überwinder,
Sie gestehn zu jeder Zeit:
Höchstes Glück der Erdenkinder
Sei nur die Persönlichkeit.

– für Carl –

«Goethe war, inmitten eines unreal gesinnten Zeitalters, ein überzeugter Realist: er sagte Ja zu allem, was ihm hierin verwandt war – er hatte kein größeres Erlebnis als jenes *ens realissimum*, genannt Napoleon.» So sah es Friedrich Nietzsche am Ende des 19. Jahrhunderts in seiner «Götzen-Dämmerung». Auf dieser Spur blieben viele Denker und Erzähler, die sich dem Zusammentreffen des deutschen Dichters mit dem Kaiser der Franzosen zuwandten. Bei Paul Valéry, der 1932 zum hundertsten Todestag Goethes die Festansprache an der Sorbonne zu halten hatte, wird die Erfurter Begegnung zu einem magischen, ja «faustischen» Moment, in dem ein ganzes Weltreich zu sagen scheint: Verweile doch. Das vollkommene Tätertum trifft auf einen Mann, «das heißt: ein Maß aller Dinge». «Es ist von Wichtigkeit, dass die wunderbaren und weiten Augen des Dichters den kaiserlichen Blick auffangen, und dass der Mann, der über so viele Leben verfügt, und der Mann, der über so viele Geister verfügt, sich kennenlernen – oder sich wiedererkennen.»

Wie immer die Gestalten, die hier aufeinanderstoßen, genannt werden – am allgemeinsten «Macht» und «Geist» –, immer sind es Übermächte, den konkreten Umständen in Zeit und Raum entrückt: «Napoleon war die erste Gestalt, die ihm [Goethe] unmittelbar als mythisch sichtbar wurde und die er anders nicht zu erfassen vermochte.» So Paul Hankamer 1947. Das gilt noch für Hans Blumenbergs subtile Erkundung von Goethes Arbeit am Mythos, die nur eine einzige Zäsur kennt: vor Napoleon und nach Napoleon. Hier findet der Umschwung 1806 durch den Einbruch Napoleons, also «der Wirklichkeit», in die Weimarer ästhetische Provinz statt: In Goethes Selbstwahrnehmung wandere, so Blumenberg, die Rolle des Prometheus an den Kaiser der Franzosen. Im polytheistischen Gedanken einer Balance der Weltkräfte überwinde Goethe seine frühe prometheische Selbstüberforderung und gewinne neue Sicherheit durchs «Standhalten» vor dem Blick des Kaisers.

So hoher Ämter unterwindet sich diese Darstellung nicht. Wenn sie einer Anregung folgt, dann der 1924 von Gustav Stresemann gestellten Frage, ob Goethe nicht mit Blick auf die Karte Europas – hier England, da Russland – gute Gründe gehabt habe, dem Festlandskaiser Napoleon anzuhängen; und ob man nicht das Napoleonische in Goethes Wahrnehmung vom Französischen so trennen müsse wie dieser selbst es mit Fritzisch und Preußisch bei Friedrich dem Großen hielt. Einleuchtend scheinen mir auch Beobachtungen von Peter Hacks: «Die Stärke des Starken zeigt sich in seinem Unvermögen, unbegrenzt sauer zu sein.» Damit war Goethes Verhalten nach 1806 beschrieben. Und: «Napoleon war das Weltelend in seiner fortgeschrittensten und annehmbarsten Gestalt. Indem er, gleich Goethe, als Einzelner und gegen Alle sich behauptete, hatte er eine utopische Seite.» Hier ist allerdings auch Hacks bei der Heroenkonkordanz angelangt: «Es gab, seit Napoleon, eine Person auf der Welt, die Goethe für nicht minder maßgeblich hielt als sich selber; der Titanen waren inzwischen zwei.» Da liegt die Behauptung ganz nahe, der Prometheus der «Pandora» sei Napoleon, Epimetheus aber Goethe selbst; streng beweisbar ist das nicht. Der Historiker wird sich mehr als die Dichter und die Literaturwissenschaftler davor scheuen, ganz genau anzugeben, was in Goethes Kopf vorging.

In Wahrheit war der Anlass meiner Arbeit eher beiläufig. 2006 las ich auf Anregung von Christine Zeile die Memoiren Talleyrands und stieß dort auf eine Darstellung der Erfurter Unterredung, die mir viel lebhafter und witziger vorkam als Goethes eigene Berichtskizze. Also folgte ich einem natürlichen Impuls und wollte wissen, was dran ist. Diese Frage ist schon vor mehr als hundert Jahren durch Bernhard Suphan, Ottokar Lorenz und Ludwig Geiger detailliert erledigt worden: eigentlich gar nichts. Aber ich war schon bald tief genug im Stoff, um festzustellen, dass die konkreten Umstände der Begegnung bisher nur recht oberflächlich dargestellt wurden, obwohl viele wichtige Tatsachen längst bekannt sind. Trotz der anregenden Essays von Andreas Fischer (1898), Edwin Redslob (1944) und Peter Berglar (1968) und zahllosen Hinweisen der germanistischen Forschung gilt kaum glaublicher Weise immer noch: Die nüchternsten Wahrnehmungen zu diesem Thema finden sich in Ludwig Geigers Buch «Alt-Weimar» von 1897 und in Thomas Manns

Roman «Lotte in Weimar» von 1939. Das mag auch daran liegen, dass die Edition des politischen Briefwechsels von Carl August seit den fünfziger Jahren in eine Zeit fiel, die Quellen der Diplomatiegeschichte wenig günstig war. All das ließ den Vorschlag, den mir Detlef Felken, der Cheflektor des Verlags C.H. Beck, im Frühjahr 2007 machte, eine Darstellung von Goethes napoleonischer Erfahrung zum 200. Jahrestag der Erfurter Begegnung am 2. Oktober 1808 zu versuchen, überaus reizvoll erscheinen.

Entstanden ist daraus ein Buch der Erzählung, nicht der Interpretationen. Das lässt sich zwar nicht trennen, bedeutet aber gleichwohl einen deutlichen Unterschied im Schwerpunkt. Wann immer ich im Verlauf der Arbeit über mein Thema mit passionierten Goethe-Lesern sprach, eröffneten sich sogleich unermeßlich weite Sinnhorizonte und die vielfältigsten Bezüge und Parallelen. Ihnen allen zu folgen, hätte geheißen, ein dreimal so umfangreiches und vollkommen unförmiges Buch zu schreiben. Mir kam es eher darauf an, jeder der vielen oft oder weniger oft zitierten Äußerungen Goethes nach Möglichkeit ihre Stelle im zeitlichen Verlauf zu lassen. Die wenigen Ausnahmen sind sorgfältig überlegt und durch wiederholtes Zitieren nach Möglichkeit auch wieder ausgeglichen worden. Nur beim Text der «Unterredung» selbst ließ sich dieses Prinzip begreiflicherweise nicht durchhalten. Neben Goethes Gedanken interessieren mich in gleichem Maße sein Wissensstand und seine persönlichen Erlebnisse; die äußeren Umstände, Plünderungen, Kontributionen und Theateraufführungen müssen einem Historiker genauso viel Aufmerksamkeit wert sein wie Prometheus oder das Dämonische. Denn natürlich sollte einer unerhört scharfsinnigen literaturwissenschaftlichen Forschung hier keine Konkurrenz gemacht werden und auch nicht dem Einfallsreichtum begeisterter Goethe-Freunde. Wenn es mir gelungen ist, den Dichter in einem ungewohnten Kontext zu zeigen, beispielsweise als aufmerksam teilnehmenden Zeitgenossen von Gentz, Talleyrand und Metternich oder als Freund einer österreichischen Kaiserin und eines Bruders von Napoleon, habe ich eines meiner Ziele erreicht.

Am Ende habe ich vielen Helfern, Gönnern und Freunden freudig zu danken. Detlef Felken begleitete die Arbeit mit der ihm eigenen Mischung von zutrauender Begeisterung und wohlerwogener Geduld. Ohne die selbstlose Unterstützung und die Hinweise von Jens Bisky,

Lothar Müller, Johannes Saltzwedel, Gerhard Schuster, Michael Stolleis und Johannes Willms hätte ich viele große und kleine Fragen nicht beantworten können; dass ich Gerhard Schusters Weimarer Handbibliothek erben durfte, hat von Anfang an den rechten Geist in mein Arbeitszimmer gezaubert. Und dass ich im Inferno der Berliner Staatsbibliothek doch einen Schutzengel antraf, wurde ein erlösendes Erlebnis, für das ich Robert Zepf aufrichtig dankbar bin. Bei der Herstellung der Bibliographie leistete Alexander Goller (Tübingen) unschätzbare Hilfe.

Entscheidend aber wurde, dass Luca Giuliani und Wolf Lepenies sich dafür einsetzten, mich kurzfristig und unbürokratisch als Gast ans Berliner Wissenschaftskolleg einzuladen und dass die Redaktion der «Süddeutschen Zeitung», namentlich Kurt Kister und Thomas Steinfeld, dies mehr als nachsichtig, nämlich freundschaftlich wohlwollend zuließen. Dem Wissenschaftskolleg verdanke ich ganz neue Berlin-Erfahrungen: Liebenswürdigkeit und Effizienz, anfeuernde Geselligkeit, aber auch Lärmfreiheit und ausgezeichnete Küche. Was ich der Kompetenz und der Freundlichkeit der Mitarbeiter am Kolleg schulde – stellvertretend seien hier nur Gesine Bottomly und Reinhard Meyer-Kalkus hervorgehoben –, passt gar nicht in ein Nachwort. Wie immer die gestrengen Geister vom Grunewald das Resultat beurteilen: Für mich war es ein wunderbares halbes Jahr. Wie jeder paradiesische Zustand hat der Aufenthalt am Wissenschaftskolleg allerdings einen einzigen Schatten: Alle Unzulänglichkeiten muss man sich selber zuschreiben.

Berlin, am 15. Mai 2008.   G.S.

Anhang

Anmerkungen

Abkürzungen in den Fußnoten:

FA = *Frankfurter Ausgabe.* HA = *Hamburger Ausgabe.* MA = *Münchner Ausgabe.*
WA = *Weimarer Ausgabe.* PB2, PB3 = *Politischer Briefswechsel von Carl August,
Band 2 und Band 3.* Grumach VI = *Goethe. Begegnungen und Gespräche, Band VI.*
Bode II = *Bode, Goethe in vertraulichen Briefen, Band 2.*

Soldaten am Frauenplan

1. Zitate aus «Campagne in Frankreich» nach MA 14, S. 376–84.
2. Grumach VI, S. 39.
3. Tb 14. Oktober 1806, S. 263.
4. Wielands Briefwechsel 17.1, S. 143.
5. Johanna Schopenhauer an den Sohn Arthur am 19. Oktober. In Kebbel, Weimar in der Zeit der Befreiungskriege, S. 20.
6. Kebbel, S. 26.
7. Tümmler, Carl August, S. 159.
8. Bojanowski, Louise, S. 287 f.
9. PB 2, Nr. 500, S. 384.
10. Geiger, Alt-Weimar, S. 115.
11. Die Zeugnisse sind in aller Breite zusammengestellt bei Grumach VI, S. 136 ff. sowie in den Kommentaren der historisch-kritischen Ausgabe der Tagebücher.
12. Grumach VI, S. 148 (Falk, 10. 10. 1806).
13. Goethe-Voigt, Nr. 147 (Bd. 3, S. 130).
14. Grumach VI, S. 142.
15. Riemers Bericht ist am bequemsten zugänglich jetzt in Grumach VI, S. 150–154.
16. Grumach VI, S. 155.
17. Briefwechsel Goethe-Voigt, Bd. 3, Nr. 150, S. 132.
18. WA IV, 19, Nr. 5255-57, S. 204 ff.
19. Goethe-Cotta, Band 1, S. 142.
20. MA 14, S. 173.
21. Erstmals publiziert und kommentiert in «Goethe, Weimar und Jena im Jahre 1806. Nach Goethes Privatacten.» Hrsg. von Richard und Robert Keil, Leipzig 1882. Die neueren Abdrucke in den Amtlichen Schriften usw. zerstören den ursprünglichen Zusammenhang.
22. MA 20,1, S.140–142.

23. Bojanowski, Louise, S. 290.
24. Goethe-Voigt, Bd. 3, Nr. 149, S. 132 mit Kommentar S. 421. Dazu Tümmler, Goethe als Staatsmann, S. 62 und der Kommentar in den Amtlichen Schriften, Bd. 3, S. 339 sowie Steiger, Goethes Leben von Tag zu Tag, Bd. 4, S. 757.
25. PB 2, Nr. 433, S. 333.
26. Z.B. Tagebuch 3.2., 25.2., 27.2., 28.2., 25.5.
27. Grumach VI., S. 18.
28. Grumach VI., S. 21.
29. Grumach VI., S. 26.
30. Grumach VI, S. 12 (31. Januar).
31. Goethe-Carl August, Briefwechsel, Bd. 1, Nr. 345, S. 352.
32. Geiger, Alt-Weimar, S. 110.
33. Goethe, Tagebücher III.2 (1801–1808, Kommentar), S. 881 f.
34. WA IV 19, Nr. 5252, S. 197 f.
35. Abbildung der Meldung in Frühwald, Goethes Hochzeit, S. 46.
36. Grumach VI, S. 166. Dort auch zahlreiche weitere Zeugnisse.
37. Goethe-Voigt Bd. 3. Nr. 151, S. 133.
38. Frühwald, Goethes Hochzeit, S. 54.
39. Briefwechsel Goethe-Carl August. Für die Klärung der eigentumsrechtlichen Situation am Frauenplan, namentlich der Frage nach dem «Braulos», danke ich sehr herzlich Johannes Saltzwedel.
40. MA 9, S. 962 f.
41. Riemer, Mitteilungen, S. 172.
42. 22. April 1822. MA 14, S. 764. Ähnlich in der «Anzeige von Goethe's Sämmtlichen Werken» 1826 (WA I,42,1, S. 113).
43. Französischer Text bei Lettow-Vorbeck, Der Krieg von 1806 und 1807, Bd. 1, S. 453. Deutsche Übersetzung bei Keil, S. 17.

Der Rheinbunddeutsche

1. Schleif, Goethes Diener, S. 159–161.
2. Goethe-Voigt, Nr. 134.
3. Frau Rat Goethe, Gesammelte Briefe (hrsg. von Ludwig Geiger), S. 496 (19. August 1806).
4. Tag- und Jahreshefte, MA 14, S. 176.
5. Grumach VI, S. 4 (8. 1. 1806).
6. Grumach VI, S. 88 (8. 8. 1806).
7. WA IV, 19, S. 116 (22. 3. 1806).
8. Herder, Briefe VIII, S. 105.
9. Schiller, Nationalausgabe, Band 42, S. 355 f.
10. Wielands Briefwechsel, 14.1, S. 189 (Nr. 180).
11. Ebda. S. 58 (Nr. 46).

12. Ebda. S. 336 (Nr. 323).
13. Wieland, Politische Schriften III, S. 357 ff.
14. An Schiller am 2. Mai 1798.
15. MA 9, S. 957.
16. MA 6.2, S. 560 und 564.
17. Reichardt, Vertraute Briefe, Band 1, S. 370. Das eigentliche Porträt Napoleons steht auf den S. 292–303.
18. Schlabrendorf, Anti-Napoleon, S. 130, 137, 187.
19. MA 14, S. 176.
20. Tagebücher 3.2, S. 817 (Kommentar zum 2. 5. 1806).
21. WA IV, 19, S. 128. Zweifel, ob der genannte Brief sich wirklich auf Gentz und seine «Fragmente» bezieht, bleiben m.E. aber trotz WA IV, 19, S. 503 möglich.
22. Gentz, Fragmente, S. 1.
23. Gentz, Fragmente, S. 54–85.
24. MA 14, S. 188 f.
25. Gentz, Staatsschriften und Briefe (Hrsg. von Hans von Eckardt) I, S. 175–212. Die Vermutung des Kommentars der historisch-kritischen Tagebuch-Ausgabe (III, 2. S. 1141 f.), es habe sich um das «Manifest des Österreichischen Hofes» von 1809 (Staatschriften I, S. 215–239) gehandelt, ist chronologisch und sachlich höchst unwahrscheinlich. Auch die «Gedanken» von 1808 enthalten zu Beginn den Entwurf eines «Manifests», Goethes Ausdruck kann sich also sehr wohl auf diese, viel grundsätzlichere, Schrift beziehen. Gentzens Gedanken im Sommer 1808 sind hier jedenfalls zusammenhängend entfaltet – was immer genau Goethe von Frau von Eybenberg vorgelegt bekam.
26. Gentz, Staatschriften I, S. 177.
27. Grumach VI, S. 149.
28. Gentz, Schriften (hrsg. von Gustav Schlesier) Vierther Teil, S. 231 f.
29. Schib, Johannes von Müller, S. 242 ff.
30. Pape, Johannes von Müller, S. 237.
31. Müller, Sämmtliche Werke, 25. Teil, S. 89.
32. Ebda. S. 95 f.
33. Ebda. S. 310. Aus:»Mohammeds Kriegskunst. Vorrede zur Posaune des heiligen Kriegs aus dem Munde Mohammed des Propheten.»
34. Müller, Briefe (hrsg. E. Bonjour), S. 328 f. Der Bericht vom Gespräch mit Napoleon ebda. S. 332–334.
35. Varnhagen, Denkwürdigkeiten, S. 434.
36. Talleyrand, Memoiren, Dt. Ausgabe, Band I, S. 324 f.
37. Kirchner, Napoleons Unterredung mit Johannes von Müller, S. 115 (= Sämmtliche Werke 17, S. 437).
38. MA 9, S. 565 f.
39. Leitzmann, Goethes Beziehungen zu Johannes von Müller, S. 502.
40. MA 9, S. 578.
41. Leitzmann, S. 484 und 507.

42. MA 4, S. 197 f.
43. Müller, Briefe (Bonjour), S. 338.
44. 17. April 1807 (Leitzmann, S. 511).
45. JALZ, Januar 1807, Spalte 121 ff. (= Müller, Sämmtliche Werke, 27. Theil, S. 274 ff.).
46. JALZ, Intelligenzblatt vom 27. Oktober 1806, Spalte 801 ff.
47. PB 2 Nr. 531 (S. 419) Voigt an Müller, dazu JALZ Intelligenzblatt, 3. 1. 1807, Spalten 7/8.
48. PB 2 Nr. 687 (S. 564), 3. September 1807. Die Vorlesung behandelte u.a. die transferendi ad alias civitates ratio.
49. PB 2 Nr. 537 (S. 425). Vgl. auch S. 440 (Nr. 440), wo es bei Voigt heißt, Goethe solle durch einen Brief an Johannes von Müller diesem «noch mehr Impuls» geben.
50. Schib, Müller, S. 268.
51. Ebda. S. 274.
52. Briefwechsel zwischen Gentz und Müller, S. 272.
53. Grumach VI, S. 209–211.
54. MA 14, S. 188 ff.
55. Briefwechsel Goethe-Reinhard, S. 31, 35, 39, 40, 43, 45.
56. Grumach VI, S. 279.
57. Tümmler, Carl August, S. 173. PB 2 Nr. 658 (S. 532).
58. PB 2 Nr. 671 (S. 550).
59. Tümmler, Gevatter Napoleon, S. 59.
60. PB 2 Nr. 739 (S. 611).
61. Zum Dosenvorgang u.a.: PB Nr. 576. Sowie S. 558, 561 und 595.
62. PB 2 S. 562.
63. Schulze, Weimarische Berichte und Briefe, S. 101.
64. Grumach VI, S. 335.
65. Grumach VI, S. 354.
66. Tagebuch, 15., 16., 17. Oktober, 4. November, 1. und 9. Dezember 1807.
67. Goethe an Cotta, 1. November 1807.
68. Offenbar hat «Rom und London» seit Goethe keinen interessierten Leser mehr gefunden – dabei wären mindestens zwei Idealleser im 20. Jahrhundert auf Anhieb zu nennen: der Carl Schmitt der England-Feindschaft und der Weltgeschichte von «Land und Meer»; und der Bonapartist, Goethe-Verehrer und anglophobe Romantik-Kritiker Peter Hacks. Buchholz aber harrt einer umfassenden Wiederentdeckung. Die von der Gewerkschaftsstiftung «Mitbestimmung» geförderte Marburger Dissertation von Rütger Schäfer aus dem Jahre 1972 taugt bestenfalls als bibliographische Vorarbeit. In seinem Sammelband «Revolution und Weltbürgerkrieg» erwähnt der Staatsrechtler Roman Schnur Buchholz, allerdings nur ganz beiläufig, in dem Essay «Land und Meer – Napoleon gegen England» von 1961. Den Hinweis darauf verdanke ich Martin Mosebach.
69. Grumach VI, S. 352.
70. MA 9, S. 235 ff. V. 37 ff., 140 ff., 195 ff.

71. WA IV, 19, S. 257 f.

72. Die folgenden Zitate werden nicht einzeln nachgewiesen, da sie sich unter den Daten in der Quellensammlung von Grumach, bzw. im Tagebuch mühelos auffinden lassen.

73. Grumach VI, S. 524.

74. Fichte, Reden an die deutsche Nation (ed. Lauth), S. 141 und 198–202.

75. Wielands Briefwechsel, Band 17.1, S. 243 f. und S. 374 f.

76. Geiger, Alt-Weimar, S. 123.

«Vous êtes un homme!»

1. Wielands Briefwechsel 17.1, S. 466 f.

2. Goethe-Sartorius, S. 63.

3. Talleyrand, Memoiren I, S. 299 f. und 315.

4. Talleyrand, S. 312.

5. [Arnold], Erfurt, 1. Band, S. 43 f. und S. 50.

6. [Arnold], Erfurt, 2. Band, S. 31.

7. Vandal, S. 415.

8. Goethe-Sartorius, S. 64.

9. Arnold, Erfurt, 2. Band, S. 55.

10. Talleyrand, Memoiren I, S. 313.

11. Bojanowski, Louise, S. 313 und S. 316.

12. Müffling, Aus meinem Leben, S. 24.

13. De Waresquiel, Talleyrand, S. 390.

14. Talleyrand, Memoiren I, S. 308.

15. Vandal, S. 434.

16. Müller, Erinnerungen aus den Kriegszeiten, S. 136.

17. Goethe-Sartorius, S. 67 f., dort im Kommentar ganz irregeleitet mit Johannes von Müller verwechselt.

18. Fleischer, Napoleon, S. 121.

19. Vielfach bezeugt. Siehe List, Napoleon I. und Erfurt, S. 31.

20. Talleyrand, Memoiren I, S. 320.

21. Ebda. S. 302.

22. Müller, Erinnerungen, S. 134.

23. Wielands Briefwechsel, 17.1, S. 468 f.

24. [Arnold], Erfurt, 1. Band, S. 83.

25. Ebda.

26. Müller, Erinnerungen , S. 135.

27. Goethe-Sartorius, S. 65.

28. MA 18.2, S. 122.

29. Humboldt, Gesammelte Schriften (Leitzmann), Band 2, S. 377–382.

30. Grumach VI, S. 549 f. Die Zuordnung zum 3. Oktober («Oedipe») kann nicht stimmen: Wieland kam erst zum «Mahomet» am Abend des

9. Oktober nach Erfurt, um am 10. dem Lever beim Kaiser beizuwohnen.

31. WA IV 20, S. 172 (4. Oktober 1808).
32. Grumach VI, S. 533 (für 30. September).
33. PB 3, S. 93.
34. Müller, Erinnerungen, S. 129.
35. Bojanowski, Louise, S. 314.
36. PB 3, S. 95 f. Dort auf den 27. September datiert. Wahrscheinlich wird aber der 28. sein. Am 27. kann der Herzog unmöglich schon am Vormittag bei Napoleon gewesen sein. Vermutlich haben Müllers Brief und Carl Augusts Befehl, nach Erfurt zu kommen, Goethe gleichzeitig erreicht.
37. Wielands Briefwechsel 17.1., S. 469 f. (14. Oktober 1808).
38. Unterredung mit Napoleon, FA I, Band 17, S. 377 f.
39. MA 14, S. 207.
40. Goethe-Reinhard, S. 77–79.
41. Müller, Unterhaltungen mit Goethe, S. 66 und S. 113.
42. Blumenthal, S. 270.
43. Für die Vermessung des Raumes danke ich der Thüringischen Staatskanzlei; für präzise Angaben zur Körpergröße Johannes Willms (Napoleon) und Gerhard Schuster (Goethe).
44. Grumach VI, S. 540, MA 18.2, S. 122.
45. Suphan, Napoleons Unterhaltungen mit Goethe, S. 20–23. Grumach VI, S. 542.
46. Müller, Erinnerungen, S. 139.
47. Am 15. Oktober schreibt Goethe an Sylvie von Ziegesar: «Nach Paris werde ich dringend eingeladen.» Das aber kann sich auch auf den Besuch von Talma am selben Tag beziehen, wo dieser Goethe nahelegte, in die französische Hauptstadt zu kommen, um dort seinen Ruhm zu genießen. Hat Talma das vielleicht in Napoleons Auftrag gesagt?
48. Correspondance de travail, S. 191 (19. April 1807).
49. Müller, Erinnerungen, S. 138.
50. Eckermann, Gespräche, 2. Januar 1824. Grumach VI, S. 549.
51. Grumach VI, S. 536 und S. 548.
52. Grumach VI, S. 547.
53. Henkel, «Warum habt ihr das gethan?» sowie Prüringer, Der «Fehler» in Goethes «Werther».
54. Eckermann, Gespräche, 7. April 1829 (Henkel, S. 185). Auch an Henkels Version ist natürlich Zweifel angemeldet worden, von Christian Wagenknecht im Goethe-Jahrbuch 2006 (S. 206 f.). Wagenknecht bestreitet, dass Napoleon die zweite Fassung des Werther gelesen habe (die freilich gut zum Ägyptenfeldzug von 1797 passen würde – die Frage ist nicht geklärt) und sucht den «Konstruktionsfehler» in einer Fußnote (in beiden Fassungen enthalten) über den Brief des Ministers, der Werther davon abhielt, seinen Abschied zu nehmen. Diesen Privatbrief *an* Werther, so Wagenknecht, habe der fiktive Herausgeber der Wertherschen Briefe nicht haben können, da

dieser ja seinen eigenen Nachlass vor dem Selbstmord einem Autodafé unterworfen habe.

55. Napoleon Bonaparte, Clisson und Eugénie. Zweisprachige Ausgabe, München 1969.
56. S. 133–136.
57. Grumach VI, S. 544.
58. Grumach VI, S. 114 ff., Gespräch mit Luden 1806.
59. Müller, Vision einer Zeitenwende, S. 52.
60. Müffling, Aus meinem Leben, S. 27.
61. Vandal, S. 444.
62. Bojanowski, Louise, S. 315.
63. Gundolf, Caesar, S. 219.
64. Müller, Erinnerungen, S. 143.
65. Grumach VI, S. 563.
66. Bojanowski, Louise, S. 315.
67. Wielands Briefwechsel, 17.1, S. 467 f.
68. Die Zitate aus der übersichtlichen Zusammenstellung bei Wahl, Wieland und Napoleon, S. 30–34. Vgl. auch Starnes, Wieland, Leben und Werk 3, S. 301 ff. sowie Wieland, Politische Schriften III, S. 605 ff.
69. Grumach VI, S. 554 und S. 558.
70. Grumach VI, S. 561.
71. Talleyrand, Memoiren I, S. 321 f.
72. Wielands Briefwechsel, 17.1, S. 468 f.
73. Wielands Briefwechsel 17.1, S. 473.
74. WA IV, 20, S. 180 f.
75. Ebda. S. 180.
76. Grumach VI, S. 568–570.
77. WA IV 20, S. 193 f.
78. Beschreibung der Feierlichkeiten welche bei Anwesenheit von Ihro Majestäten der Kaiser ALEXANDER und NAPOLEON und mehrerer gekrönter Häupter in Weimar und Jena am 6ten und 7ten October 1808 von Sr. Durchlaucht dem Herzoge CARL AUGUST von Sachsen-Weimar veranstaltet wurde. Weimar 1809 (erschienen 1808).
79. WA IV 20, S. 233 f. (4. 12. 1808).
80. Goethe-August (5. Dezember). Im Kommentar falsch identifiziert.
81. Goethe-Cotta (hrsg. von Dorothea Kuhn), S. 186 f. (16. November und 2. Dezember 1808).
82. Dazu Gustav Seibt, Nachwort zu «Auch ich in der Champagne!», München 2007.
83. Grumach VI, S. 566 f.
84. Grumach VI, S. 552.

1. Bode II, S. 421.
2. Ebda. S. 527.
3. Keudell-Bulling, Goethe als Benutzer der Weimarer Bibliothek, Nr. 531. Noch am 7. September 1811 musste Reinhard Goethe «gegen Ihr Mißtraun in Ihre Kenntnis der französischen Sprache» wappnen, worauf dieser am 26. Oktober replizierte: «Das Französische soll nach Ihrer Aufmunterung lebhafter betrieben werden.»
4. Grumach VI, S. 605.
5. PB 3, Nr. 69 (17. 2. 1809).
6. PB 3, Nr. 67 (9. 2. 1809).
7. PB 3, Nr. 68 (16. 2. 1809).
8. PB 3, Nr. 79 (13. 6. 1809).
9. MA 14, S. 207.
10. Reinhard an Goethe am 16. 2. 1810.
11. Ich danke Albrecht Schöne von Herzen dafür, dass er mir das Manuskript eines herrlichen Vortrags über den Brief an den Hofmarschall Althann zur Einsicht überlassen hat, in dem Goethe sich für die Brillantdose der Kaiserin bedankt.
12. Carl August an Goethe, 13. Juli 1810.
13. Bode II, S. 463.
14. 21. November 1809.
15. Goethe-Reinhard, S. 108 (31. 12. 1809).
16. Zu Riemer am 11. März 1809.
17. Goecke-Ilgen, Das Königreich Westphalen, S. 147 f.
18. Vgl. Goethe-Cotta, Band 1. S. 200 (Nr. 258) mit Kommentar in Band 3.1.
19. Der Vorgang Portalis ist dokumentiert im Briefwechsel Goethe-Cotta, Band 1, S. 217–219 mit Kommentar in Band 3,1, S. 295 f.
20. Sartorius, Ostgothen, S. 1.
21. Goethe-Sartorius, S. 111.
22. Sartorius, Ostgothen, v.a. S. 214 ff.
23. Goethe-Sartorius, S. 117.
24. Dichtung und Wahrheit (hrsg. von Klaus-Detlev Müller), S. 13.
25. Bode II, S. 537.
26. Fambach, Goethe und seine Kritiker, S. 203.
27. Dichtung und Wahrheit, S. 94.
28. Goethe, Gedichte in zeitlicher Folge, S. 952.
29. Dichtung und Wahrheit, S. 121 und S. 174.
30. Dichtung und Wahrheit, S. 306.
31. Dichtung und Wahrheit, S. 586.
32. Dichtung und Wahrheit, S. 700.
33. Dichtung und Wahrheit, S. 284.
34. Dichtung und Wahrheit, S. 536.
35. Kircheisen, Fürstenbriefe an Napoleon, Band 2, S 283–285.

36. PB 3, Nr. 108 (19. März 1812).
37. Text der Relation bei Fischer, Goethe und Napoleon, S. 193–195. In den Politischen Briefwechsel Carl Augusts, in dem alle anderen Berichte Saint-Aignans stehen, wurde dieses hochinteressante Stück seltsamerweise nicht aufgenommen.
38. PB 3, Nr. 112 (S. 153).
39. Zitiert bei Segebrecht, Das Gelegenheitsgedicht, S. 312.
40. Texte nach MA 9, S. 60–66.
41. Bode II, S. 566 und 570.
42. Geiger, Alt-Weimar, S. 193 ff. (11. Juli 1812). Dort auch die folgenden Zitate.
43. Bode II, S. 571.
44. Bode, Goethe 1813, S. 19 f.
45. Müller, Erinnerungen, S. 155 f.
46. Goethe-Carl August II, S. 96 und 359.
47. PB 3, Nr. 122 (29. 12. 1812).
48. Kleßmann, Napoleons Rußlandfeldzug, S. 328.
49. Geiger, Alt-Weimar, S. 196.
50. Texte und Parallelstellen nach MA 11, 1, 2, S. 65 f. und 591–595 sowie dem Kommentar von Birus in FA 1, 3.2, S. 1159–1167. Das Zitat aus dem Tagebuch von S. Boisserée ist vom 8. August 1815.
51. Bode, Goethe 1813, S. 46.
52. PB 3 Nr. 146 (30. April 1813).
53. Bode, Goethe 1813, S. 32.
54. Bode, Goethe 1813, S. 34.
55. Bode, Goethe 1813, S. 59.
56. Gespräche (Biedermann) II, S. 806 f., wohl am 27. Mai 1813.
57. WA III,5, S. 330. Immerhin erwähnt der Kommentar dieser Neuausgabe bei zwei anderen Stellen, nämlich für die Tagebucheinträge vom 29. November 1814 und vom 14. März 1815, eigenhändige Versuche Goethes, Napoleons Handschrift nachzuahmen (Tagebücher V.2, S. 724 und S. 754). Goethe hat also nicht nur Napoleons Stimme imitiert – als er die Skizze seiner Unterredung diktierte –, sondern auch seine Schrift!
58. MA 9, S. 88.
59. MA 14, S. 235.
60. MA 9, S. 263–265.
61. Bode, Goethe 1813, S. 69.
62. Die wichtigsten Zeugnisse zur Ordens-Affäre bei Bode II, S. 592–597. Dazu Bode, Goethe 1813, S. 71 ff.
63. MA 14, S. 236.
64. Goethe-Voigt, S. 66–69.
65. Bode, Goethes Sohn, S. 167–174.
66. Goethe-Voigt, S. 78.
67. Goethes Gespräche (Biedermann-Herwig), Band 2, S. 868.
68. Bode II, S. 596.

69. PB 3, Nr. 223, mit Fußnote S. 240.

70. An F.B. von Bucholtz am 14. 2. 1814.

71. Goethe-Cotta, Band 1, S. 255 (29. Oktober 1813).

72. Goethe und Österreich, Band 1, S. LVIII.

73. JALZ, März 1814, Nr. 45, Spalte 353 ff.

74. Goethe-Carl August II, S. 117 f. (22. April 1815).

75. Bode II, S. 609.

76. MA 9, S. 1182 (zu den Versen 157 ff.). Vgl. WA IV 24, S. 390.

77. Ich beziehe mich hier und im Folgenden auf einen noch unpublizierten Aufsatz von Lothar Müller zu Goethes «Epimenides», für den ich dem Verfasser herzlich danke. Zitate aus Goethes Regie-Entwurf für Iffland, MA 9, S. 1162 ff. Noch vollständiger präsentiert das Material der Kommentar der Hamburger Ausgabe (Band 5, S. 696 ff.).

78. Texte nach MA 9, S. 195.

«Dieses Kompendium der Welt»

1. Napoleonische Jahre II, Nr. 858 (14. oder 15. 3. 1815).

2. An Voigt am 22. 3. 1815 (Napoleonische Jahre II, Nr. 860 mit Kommentar).

3. 3. August 1815 (Napoleonische Jahre II, S. 480 f.).

4. MA 14, S. 245 f.

5. So zu Boisserée am 20. September 1815 (Napoleonische Jahre II, S. 516).

6. MA 14, S. 263.

7. An Zelter 16. 12. 1817. Das Gedicht gegen Kotzebue beginnt mit den Zeilen: «Du hast es lange genug getrieben,/ Niederträchtig vom Hohen geschrieben.»

8. MA 11,1.2, S. 209.

9. Ebda. S. 143.

10. S. 147 f.

11. S. 152.

12. S. 181 und folgender Abschnitt «Gegenwirkung».

13. S. 183 f.

14. S. 244 und 246.

15. Karl Maurer, zitiert bei Blank, Goethe und Manzoni, S. 241.

16. Blank, Goethe und Manzoni, S. 228.

17. MA 18.1, S. 77 f. mit Kommentar S. 509. Enstanden sein dürfte das Gedicht 1828.

18. Gespräche 26. August 1822 (mit Grüner), Februar 1823 (während Goethes Krankheit), 7. Dezember 1823 (mit Soret).

19. Gespräch mit Müller, 24. Juni 1826.

20. Maximen und Reflexionen, Nr. 134 (HA 12, S. 382).

21. Briefe vom 7. 10. 1829 (an Hecker) und 1. 12. 1831 (an Humboldt).

22. Zu Eckermann am 2. Mai 1824.

23. Jochen Klauß, Die Medaillensammlung Goethes, Band 1, Bestandskatalog, Berlin 2000, Nr. 1690–1740.

24. MA 13.2, S. 698.

25. Ebda. S. 180–183 (erschienen erst 1832).

26. Bbda. S. 215–227.

27. MA 18.2, S. 92–94: «Walter Scot [!] Leben Napoleons».

28. Goethe hatte den korsischen Befreiungskämpfer 1769 in Frankfurt erlebt.

29. MA 19, S. 604 ff.

30. Zu Eckermann am 6. Dezember 1829, vgl. auch 2. März 1831.

31. Dichtung und Wahrheit, S. 839 f.

32. 2. März 1831.

33. Am nützlichsten erscheint mir immer noch die alte Abhandlung, die Walter Muschg Goethes Glauben an das Dämonische gewidmet hat (in: W. M., Studien zur tragischen Literaturgeschichte, S. 31–58).

34. Hegel, Philosophie der Geschichte (Stuttgart, Reclam 1982 u. Ö), S. 74–77.

35. Burckhardt, Über das Studium der Geschichte. Kritische Gesamtausgabe, Band 10 (Basel und München 2000), S. 497 ff.

36. 3. August 1815 (Napoleonische Jahre II, S. 484).

37. Zitate aus Faust II nach MA 18.1.

38. Darauf hat Friedrich Dieckmann hingewiesen. Siehe ders., Geglückte Balance, S. 152.

39. Dieckmann, Geglückte Balance, S. 147 ff. Siehe dagegen z.B. Michael Jaeger, Fausts Kolonie, v.a. S. 388 ff.

40. Gisela Maul und Margarete Oppel, Goethes Wohnhaus in Weimar. Stiftung Weimarer Klassik, München 1999, S. 125 f.

Quellen und Literatur

Alt, Carl: Studien zur Entstehungsgeschichte von Goethes Dichtung und Wahrheit, Hildesheim 1976 (zuerst 1898).

Andreas, Willy: Carl August von Weimar und Napoleon, Leipzig 1942.

Andreas, Willy: Goethe und St. Aignan. In: Deutsche Vierteljahrsschrift für Literaturwissenschaft und Geistesgeschichte 37 (1963), S. 249–253.

Andreas, Willy: Das Zeitalter Napoleons und die Erhebung der Völker, Heidelberg 1955.

Andreas, Willy und *Tümmler, Hans (Hrsg.):* Politischer Briefwechsel des Herzogs und Großherzogs Carl August von Weimar. 3 Bände, Göttingen 1954–1973.

Aretin, Karl Otmar von: Das Alte Reich 1648–1806. Band 3: Das Reich und der österreichisch-preußische Dualismus 1745–1806, Stuttgart 1992.

Arnold, Ignaz Ferdinand: Erfurt in seinem höchsten Glanze während der Monate September und Oktober 1808, 2 Bände, Erfurt 1808. ND Erfurt 2008

Arndt, Ernst Moritz: Erinnerungen 1769–1815. Hrsg. von Rolf Weber, Berlin 1985.

Bailleu, Paul: Fürstenbriefe an Napoleon I. In: Historische Zeitschrift 58 (1887), S. 435–464.

Bauer, Joachim/Müller, Gerhard: «Des Maurers Wandeln, es gleicht dem Leben». Tempelmaurerei, Aufklärung und Politik im klassischen Weimar, Rudolstadt 2000.

Beetz, Manfred: Überlebtes Welttheater. Goethes autobiographische Darstellung der Wahl und Krönung Josephs II. in Frankfurt/H. 1764. In: Jörg Jochen Berns und Thomas Rahn (Hrsg.): Zeremoniell als höfische Ästhetik in Spätmittelalter und Früher Neuzeit, Tübingen 1995, S. 572–599.

Berding, Helmut: Napoleonische Herrschafts- und Gesellschaftspolitik im Königreich Westfalen 1807–1813, Göttingen 1973.

Berglar, Peter: Goethe und Napoleon. Die Faszination des Geistes durch die Macht, Darmstadt 1968.

Bernays, Michael: Zur neueren und neuesten Literaturgeschichte, 4 Bände, Leipzig 1895–1903.

Beschreibung der Feierlichkeiten, welche bei Anwesenheit von Ihro Majestäten der Kaiser Alexander und Napoleon und mehrerer gekrönten Häupter in Weimar und Jena am 6ten und 7ten October 1808 von Sr. Durchlaucht dem Herzoge Carl August von Sachsen-Weimar veranstaltet wurden. Nebst einem Überblicke ihrer merkwürdigen Zusammenkunft in Erfurt, Weimar 1809.

Bessenrodt, Otto: Die äußere Politik der thüringischen Staaten von 1806–1815, Mühlhausen ²1925.

Beutler, Ernst: Essays um Goethe, Bremen 1957.

Biedermann, Flodoard von und *Herwig, Wolfgang (Hrsg.):* Goethes Gespräche, 4 in 6 Bänden, München 1998.

Biedrzynski, Effi: Goethes Weimar. Das Lexikon der Personen und Schauplätze, München 1992.

Blank, Hugo: Goethe und Manzoni. Weimar und Mailand, Heidelberg 1988.

Blank, Hugo (Hrsg.): Weimar und Mailand. Briefe und Dokumente, Heidelberg 1992.

Blumenberg, Hans: Arbeit am Mythos, Frankfurt am Main 1986.

Blumenthal, Lieselotte: Zur Textgestaltung von Goethes «Unterredung mit Napoleon». In: Goethe. Neue Folge des Jahrbuchs der Goethe-Gesellschaft 20 (1958), S. 264–276.

Bode, Wilhelm: Wieland vor Napoleon. In: Stunden mit Goethe, Berlin 1908. S. 241–252.

Bode, Wilhelm: Goethe 1813, Berlin 1914.

Bode, Wilhelm: Goethes Sohn, ND Berlin 2002 (zuerst 1918).

Bode, Wilhelm (Hrsg.): Goethe in vertraulichen Briefen seiner Zeitgenossen. Band II, 1794–1816, Berlin und Weimar 1979.

Bonaparte, Napoléon I.: Clisson und Eugénie, zweisprachige Ausgabe, übersetzt und mit einem Nachwort versehen von Herbert Koch, München 1969.

Bonaparte, Napoléon I.: Correspondance de Napoléon. Six cents lettres de travail (1806–1810) présentées et annotées par Maximilien Vox, Paris o.J.

Bonaparte, Napoléon I.: Correspondance générale, bisher 4 Bände, Paris 2004 ff.

Bonaparte, Napoléon I.: Die Memoiren seines Lebens, hrsg. von Friedrich Wencker-Wildenberg, Bd. 11, Wien 1930.

Bojanowski, Eleonore von: Louise, Großherzogin von Sachsen-Weimar und ihre Beziehungen zu den Zeitgenossen. Nach größtenteils unveröffentlichten Briefen und Niederschriften, Stuttgart 1903.

Borchmeyer, Dieter: Goethe, der Zeitbürger, München 1999.

Bourrienne, Louis Antoine Fauvelet de: Memoiren des Staatsministers von Bourrienne über Napoleon, das Directorium, das Consulat, das Kaiserreich und die Restauration, 10 Bände, Leipzig 1829/1830.

Boyle, Nicholas: Geschichtsschreibung und Autobiographik bei Goethe (1810–1817). In: Goethe-Jahrbuch 110 (1993), S. 163–172.

Braun, Paul: Die Franzosen in Weimar. In: Thüringisch-Sächsische Zeitschrift für Geschichte und Kunst 10 (1920), S. 1–42.

[Buchholz, Paul Ferdinand Friedrich:] Rom und London oder über die Beschaffenheit der nächsten Universal-Monarchie, Tübingen 1807.

[Buchholz, Paul Ferdinand Friedrich/Massenbach, Christian Karl August Ludwig:] Gallerie Preussischer Charaktere. Aus der französischen Handschrift übersetzt, Berlin 1808.

[Bülow, Adam Heinrich Dietrich von:] Der Feldzug von 1805 militärisch-politisch betrachtet, 2 Bände, Leipzig 1806.

Bulling, Karl: Die Rezensenten der Jenaischen Allgemeinen Literaturzeitung im ersten/zweiten/dritten Jahrzehnt ihres Bestehens, 3 Bände, Weimar 1962–1965.

Burgdorf, Wolfgang: Ein Weltbild verliert seine Welt. Der Untergang des Alten Reiches und die Generation von 1806. München 2006.

Cartellieri, Alexander: Weimar und Jena in der Zeit der deutschen Not und Erhebung 1806–1813, Jena 1913.

Cassirer, Ernst: Goethe und die geschichtliche Welt, Berlin 1932.

Caulaincourt, Armand Augustin Louis Marquis de: Unter vier Augen mit Napoleon. Denkwürdigkeiten des Generals Caulaincourt, Herzogs von Vicenza, Großstallmeisters des Kaisers, Bielefeld 1937.

Clausewitz, Carl von: Der russische Feldzug von 1812, Wiesbaden 1953.

Crämer, Ulrich: Der politische Charakter des weimarischen Kanzlers Friedrich von Müller und die Glaubwürdigkeit seiner «Erinnerungen» 1806–1813, Jena 1934.

Crämer, Ulrich: Napoleon in Weimar am 23. Juli 1807. In: Jahrbuch der Goethe-Gesellschaft 20 (1934), S. 84–113.

Crämer, Ulrich: Unbekanntes aus Goethes politischer Tätigkeit. In: Euphorion 33 (1932), S. 300–311.

Craig, Gordon A.: Johannes von Müller. The Historian in Search of a Hero. In: American Historical Review 74 (1969), S. 1487–1502.

Conrady, Karl Otto: Goethe. Leben und Werk, München/Zürich 1994.

Damm, Sigrid: Christiane und Goethe, Frankfurt am Main 1998.

Delbrück, Hans: Geschichte der Kriegskunst. Band 4, Die Neuzeit, ND Berlin 2000 (zuerst 1920).

Dieckmann, Friedrich: Geglückte Balance. Auf Goethe blickend, Frankfurt am Main 2008.

Dotzler, Bernhard J. (Hrsg.): Grundlagen der Literaturwissenschaft. Exemplarische Texte, Köln 1999.

Egloffstein, Hermann Freiherr von: Carl August im niederländischen Feldzug 1814, Weimar 1927.

Egloffstein, Hermann Freiherr von: Carl August während des Krieges von 1813, Berlin 1913.

Engelhardt, Wolf von: Goethes Weltansichten. Auch eine Biographie, Weimar 2007.

Erbe, Michael: Revolutionäre, Erschütterung und erneuertes Gleichgewicht. Internationale Beziehungen 1785–1830, Paderborn 2004.

Ereignis Weimar. Katalog zur Ausstellung im Schlossmuseum Weimar. Klassikstiftung, Weimar 2007.

Esdaile, Charles J.: Napoeleon's Wars. An International History 1803–1815, London 2007.

Facius, Friedrich: Napoleon und die Hasenjagd bei Apolda am 7. Oktober 1808. In: Zeitschrift des Vereins für Thüringische Geschichte und Altertumskunde 45 (1943), S. 326–351.

Facius, Friedrich: Zwischen Souveränität und Mediatisierung. Das Existenzproblem der thüringischen Kleinstaaten von 1806 bis 1813. In: Staat und Gesellschaft im Zeitalter Goethes. Festschrift für Hans Tümmler zu seinem 70. Geburtstag, Köln 1977, S. 163–205.

Falk, Johannes: Kriegsbüchlein. Darstellung der Kriegsdrangsale Weimars in dem Zeitraum von 1806–1813 nach den Schlachten von Jena, Lützen und Leipzig, Leipzig 1911.

Fambach, Oscar (Hrsg.): Goethe und seine Kritiker, Berlin 1955.

Fehrenbach, Elisabeth: Vom Ancien Régime zum Wiener Kongress, München ³1993.

Fesser, Gerd/Jonscher, Reinhard (Hrsg.): Umbruch im Schatten Napoleons. Die Schlachten von Jena und Auerstedt und ihre Folgen, Jena 1998.

Fesser, Gerd: 1806. Die Doppelschlacht bei Jena und Auerstedt, Jena 2006.

Fichte, Johann Gottlieb: Reden an die deutsche Nation. Mit einer Einleitung von Reinhard Lauth, Hamburg 1978.

Fink, Gonthier-Louis: Goethe und Napoleon. In: Goethe-Jahrbuch 107 (1990), S. 81–101.

Fischer, Andreas: Goethe und Napoleon. Eine Studie, Frauenfeld ²1900.

Fischer-Dieskau, Dietrich: Goethe als Intendant. Theaterleidenschaften im klassischen Weimar, München 2006.

Flach, Willy: Betrachtungen Goethes über Wissenschaften und Künste in den weimarischen Landen. In: Archivalische Zeitschrift 50/51 (1955), S. 463–484.

Fleischer, Horst (Hrsg.): Napoleon oder das Welttheater kommt nach Thüringen, Rudolstadt 2002.

Floeck, Wilfried (Hrsg.): Formen innerliterarischer Rezeption, Wiesbaden 1987.

Fournier, August: Goethe und Napoleon. Vortrag gehalten im Wiener Goethe-Verein am 21. März 1896. In: Chronik des Wiener Goethe Vereins 6/7 (1896).

Fournier, August: Historische Studien und Skizzen. Zweite Reihe, Wien und Leipzig 1908.

Fournier, August: Napoleon I. 3 Bände, Wien 1922.

Freund, Michael: Napoleon und die Deutschen. Despot oder Held der Freiheit? München 1969.

Frühwald, Wolfgang: Goethes Hochzeit, Frankfurt am Main 2007.

Geerdts, Hans Jürgen: Zu Goethes Festspiel «Pandora». In: Goethe. Neue Folge des Jahrbuchs der Goethe-Gesellschaft 24 (1962), S. 44–57.

Geiger, Ludwig: Aus Alt-Weimar. Mittheilungen von Zeitgenossen nebst Skizzen und Ausführungen, Berlin 1897.

Geiger, Ludwig: Zu Goethe und Napoleon. In: Goethe-Jahrbuch 27 (1906), S. 254–257.

[Gentz, Friedrich von:] Fragmente aus der neusten Geschichte des Politischen Gleichgewichts in Europa, St. Petersburg [Leipzig] 1806.

Gentz, Friedrich von: Staatsschriften und Briefe. 2 Bände, hrsg. von Hans von Eckardt, München 1921.

Gentz, Friedrich von: Schriften. Ein Denkmal, hrsg. von Gustav Schlesier, 5 Bände, Mannheim 1838–1840.

Germar, Bruno von: Napoleon I. und Karl August von Weimar, Ruhla 1909.

Goecken, Rudolf/Ilgen, Theodor: Das Königreich Westphalen: Sieben Jahre französischer Fremdherrschaft im Herzen Deutschlands 1807–1813, Düsseldorf 1888.

Goethe, Johann Wolfgang von: Amtliche Schriften. 4 Bände, hrsg. von Willy Flach, Weimar 1950–1987.

Goethe, Johann Wolfgang von: Briefe. Hamburger Ausgabe. Hrsg. von Karl Robert Mandelkow. 6 Bände, München 1988.

Goethe, Johann Wolfgang von: Gedichte 1800–1832, hrsg. von Karl Eibl, Frankfurt am Main 1998.

Goethe, Johann Wolfgang von: Goethes Briefwechsel mit Georg und Caroline Sartorius (von 1801–1825), hrsg. von Else von Monroy, Weimar 1931.

Goethe, Johann Wolfgang von: Goethes Briefwechsel mit seinem Sohn August, hrsg. von Gerlinde Ulm Sanford, 2 Bände, Weimar 2005.

Goethe, Johann Wolfgang von: Briefwechsel mit Christian Gottlob Voigt. Hrsg. von Hans Tümmler und Wolfgang Huschke. 4 Bände, Weimar 1949–1962.

Goethe, Johann Wolfgang von: Briefwechsel mit Herzog-Großherzog Carl August. 3 Bände, hrsg. von Hans Wahl 1911–1920.

Goethe, Johann Wolfgang von: Briefwechsel mit Cotta. Hrsg. von Dorothea Kuhn, 4 Bände, Stuttgart 1980 –1983

Goethe und Reinhard. Briefwechsel in den Jahren 1807–1832, Frankfurt am Main 1957.

Goethes Ehe in Briefen, hrsg. von Hans Gerhard Gräf, Frankfurt am Main 1956.

Goethe-Willemer. Briefwechsel, hrsg. von Hans-J. Weitz, Frankfurt am Main 1986.

Goethe, Johann Wolfgang von: Goethe's Werke. Dichtung und Wahrheit, hrsg. von Gustav von Loeper, 3 Bände., Berlin 1882–1884.

Goethe, Johann Wolfgang von: Dichtung und Wahrheit. Hrsg. von Klaus-Detlev Müller. Frankfurt am Main 1986.

Goethes Werke. Weimarer Ausgabe. 147 Bände, ND München 1987.

Goethes Werke. Hamburger Ausgabe. Hrsg. von Erich Trunz, 14 Bände, München 1987 u. ö.

Goethe, Johann Wolfgang von: Sämtliche Werke, Briefe, Tagebücher und Gespräche, 40 Bände, Frankfurt am Main 1985 ff. (Frankfurter Ausgabe)

Goethe, Johann Wolfgang von: Sämtliche Werke nach Epochen seines Schaffens. Hrsg. von Herbert G. Göpfert, Norbert Miller und Gerhard Sauder. München 1985 ff. (Münchner Ausgabe).

Goethe, Johann Wolfgang von: Tagebücher. Historisch-kritische Ausgabe. 1801–1808 und 1813–16. Je 2 Bände. Weimar 2004 und 2007.

Goethe, Johann Wolfgang von: Napoleonische Jahre 1805–1811 und 1812–1816. 2 Bände. Briefe, Tagebücher, Gespräche. Hrsg. und kommentiert von Rose Unterberger (Frankfurter Ausgabe II, 6 und 7), Frankfurt am Main 1993 und 1994.

Goethe, Johann Wolfgang von: Auch ich in der Champagne! Hrsg. von Gustav Seibt, München 2007.

Goethes Gedichte in zeitlicher Folge. Hrsg. von Heinz Nicolai, Frankfurt am Main 1982.

Goethe, Johann Wolfgang von: West-östlicher Divan, hrsg. von Hendrik Birus, 2 Bände (FA I, 3. 1–2, Frankfurt am Main 1994.

Frau Rat Goethe. Gesammelte Briefe. Hrsg. von Ludwig Geiger, Leipzig o. J.

Goethe-Gesellschaft (Hrsg.): Goethe-Jahrbuch 107 (1990).

Grappin, Pierre: Goethe und Napoleon. In: Goethe-Jahrbuch 107 (1990), S. 71–80.

Grimm, Herman: Das Leben Goethes. Hrsg. von Reinhard Buchwald. Stuttgart 1939 (zuerst 1876).

Griewank, Karl: Goethe, die französische Revolution und Napoleon. In: Dem Tüchtigen ist diese Welt nicht stumm. Beiträge zum Goethebild, hrsg. vom Rat der Universitätsstadt Jena und der Friedrich-Schiller-Universität, Jena 1948, S. 35–47.

Griewank, Karl: Goethes Unterredung mit Napoleon 1808. In: Dem Tüchtigen ist diese Welt nicht stumm. Beiträge zum Goethebild, hrsg. vom Rat der Universitätsstadt Jena und der Friedrich-Schiller-Universität, Jena 1948, S. 48–60.

Groote, Wolfgang von: Napoleon I. und die Staatenwelt seiner Zeit, Freiburg i.Br. 1969.

Gross, Else R. (Hrsg.): Karl Friedrich Reinhard 1761–1837, Stuttgart 1961.

Grumach, Ernst und *Grumach, Renate* (Hrsg.): Goethe. Begegnungen und Gespräche. Band VI, 1806–1808, herausgegeben von Renate Grumach, Berlin-New York 1999.

Guglia, Eugen: Goethe und Gentz. In: Chronik des Wiener Goethe-Vereins 13 (1899), S. 10–11.

Gundolf, Friedrich: Goethe, Leipzig 1916.

Gundolf, Friedrich: Caesar. Geschichte seines Ruhms, Berlin 1924.

Hacks, Peter: Die Maßgaben der Kunst, Hamburg 1996.

Hagemann, Karen: «Männlicher Muth und Teutsche Ehre». Nation, Militär und Geschlecht zur Zeit der Antinapoleonischen Kriege Preußens, Paderborn 2002.

Hager, Gertrud: Grundform und Eigenart von Goethes Tagebüchern. In: Deutsche Vierteljahrsschrift für Literaturwissenschaft und Geistesgeschichte 25 (1951), S. 351–371.

Hankamer, Paul: Spiel der Mächte, Tübingen und Stuttgart 1947.

Hansen, Volkmar: Alexander I., Franz I., Napoleon – drei Kaiser und Goethe. In: Literatur als Erinnerung. Winfried Woesler zum 65. Geburtstag, hrsg. von Bodo Plachta, Tübingen 2004, S. 153–163.

Hansen, Volkmar (Hrsg.): Der Tonkünstler Johann Friedrich Reichardt und Goethe: «… von der musikalischen Seite unser Freund, von der politischen unser Widersacher…», Düsseldorf 2002.

Hartung, Fritz: Das Großherzogtum Sachsen unter der Regierung Carl Augusts 1775–1828, Weimar 1923.

Hausherr, Hans: Der Minister Goethe und die Äussere Politik Carl Augusts. In: Historische Zeitschrift 169 (1949), S. 299–336.

Hausherr, Hans: Goethes Anteil am politischen Geschehen seiner Zeit. In: Goethe. Viermonatsschrift der Goethe-Gesellschaft 11 (1949), S. 165–186.

Heilemann, Hubert Gottfried: Patient Goethe, Marburg/Lahn 1999.

Henkel, Arthur: ‹Warum habt ihr das gethan?› In: Goethe-Erfahrungen, Stuttgart 1982, S. 181–189.

Henkel, Arthur: Wie Napoleon den «Werther» las. In: Heidelberger Jahrbücher 34 (1990), S. 1–17.

Hermand, Jost: Pro und contra Goethe: dichterische und germanistische Stellungnahmen zu seinen Werken, Oxford 2005.

Herre, Paul: Goethe und Friedrich der Große. In: Jahrbuch der Goethe-Gesellschaft 21 (1935), S. 26–62.

Houben, Heinrich Hubert: Damals in Weimar. Erinnerungen und Briefe von und an Johanna Schopenhauer, Berlin ²1929.

Humboldt, Wilhelm von: Über die gegenwärtige französische tragische Bühne. In: Wilhelm von Humboldts Werke, hrsg. von Albert Leitzmann, Band 2: 1796–1799, Berlin 1904, S. 377–400.

Jaeger, Michael: Fausts Kolonie. Goethes kritische Phänomenologie der Moderne, Würzburg 2005.

Jauß, Hans Robert: Eine doppelte Konjunktur: Goethe und Napoleon, Valéry und Blumenberg. In: Akzente 37 (1990), S. 216–219.

Jenisch, Erich: «Das Klassische nenne ich das Gesunde, und das Romantische das Kranke.» In: Goethe. Neue Folge des Jahrbuchs der Goethe-Gesellschaft 19 (1957), S. 50–79.

Jericke, Alfred: Goethe und sein Haus am Frauenplan, Weimar 1959.

Jerömchen [Satirisches Gedicht], o. O. 1813.

Kaiser, Klaus-Dieter: Erfurt, Napoleon und Preußen 1802 bis 1816, Erfurt 2002.

Kebbel, Harald: Weimar in der Zeit der Befreiungskriege 1806–1814, Weimar 1955.

Keil, Richard/Keil, Robert: Goethe, Weimar und Jena im Jahre 1806. Nach Goethes Privatacten, Leipzig 1882.

Kerz, Friedrich von: Was hat Europa zu fürchten und zu hoffen? Oder Europens politischer Zustand vor und nach dem Frieden von Presburg. Nebst einer prüfenden Uebersicht der letzten gegen Frankreich erzeugten Coalition, Düsseldorf 1806.

Keudell, Elise und Bulling, Karl: Goethe als Benutzer der Weimarer Bibliothek, Leipzig 1982.

Kircheisen, Friedrich Max: König Lustig. Napoleons jüngster Bruder, Berlin 1928.

Kircheisen, Friedrich Max: Fürstenbriefe an Napoleon I. 2 Bände, Stuttgart und Berlin 1929.

Kircheisen, Friedrich Max: Napoléon Ier et les poètes Allemands. In: Revue d'Histoire Diplomatique 46 (1932), S. 487–501.

Kirchner, Werner: Napoleons Unterredung mit Johannes von Müller. In: Jahrbuch der Goethe-Gesellschaft 16 (1930), S. 109–120.

Klauß, Jochen: Goethe als Medaillensammler, Weimar 1994.

Klauß, Jochen (Bearb.): Die Medaillensammlung Goethes, 2 Bände, Berlin 2000.

Kleinschmidt, Arthur: Geschichte des Königreichs Westfalen, Gotha 1893.

Kleßmann, Eckardt (Hrsg.): Deutschland unter Napoleon in Augenzeugenberichten. Düsseldorf 1965.

Kleßmann, Eckart (Hrsg.): Napoleons Russlandfeldzug in Augenzeugenberichten, Berlin 1966.

Koch, Herbert: 1807 oder 1808? In: Jahrbuch Goethe 25 (1963), S. 362–367.

Kommerell, Max: Jugend ohne Goethe, Frankfurt am Main 1931.

Koschwitz, Hansjürgen: Wider das «Journal- und Tageblattsverzeddeln». Goethes Pressesicht und Pressenutzung, Münster 2002.

Koselleck, Reinhart: Goethes unzeitgemäße Geschichte, Heidelberg 1997.

Krippendorff, Ekkehart: Goethe. Politik gegen den Zeitgeist, Frankfurt am Main 1999.

Kronenbitter, Günther: Wort und Macht. Friedrich Gentz als politischer Schriftsteller, Berlin 1994.

Küntzel, Ulrich: Die Finanzen großer Männer, Wien 1966.

Lacour-Gayet, Georges: L'authenticité des Mémoires de Talleyrand d'après d'un document inédit. In: Revue de Paris 4 (1934), S. 921–933.

Lacour-Gayet, Georges: Talleyrand. Préface de F. Furet, Paris 1990.

Lefebvre, Georges: Napoleon, hrsg. von Peter Schöttler, Stuttgart 2003.

Lettow-Vorbeck, Oscar von: Der Krieg von 1806 und 1807, Berlin 1899.

List, Irma (Hrsg.): Napoleon I. und Erfurt. Aus deutschen und französischen Quellen, Erfurt 1969.

Lorenz, Ottokar: Goethes politische Lehrjahre, Berlin 1893.

[Lullin de Châteauvieux, Frédéric:] Handschrift auf unbekannte Art von St. Helena gekommen, Leipzig 1817.

Madelin, Louis: Histoire du Consulat et de l'Empire, 16 Bände, Paris 1937–1954. Darin: Band VII: L'affaire d'Espagne 1807–1809.

Mandelkow, Karl Robert (Hrsg.): Goethe im Urteil seiner Kritiker. Dokumente zur Wirkungsgeschichte Goethes in Deutschland, 4 Bände, München 1975–1984.

Manger, Klaus (Hrsg.): Goethe und die Weltkultur, Heidelberg 2003.

Mann, Golo: Friedrich von Gentz. Geschichte eines europäischen Staatsmanns, Zürich 1947

Martini, Fritz: Wieland, Napoleon und die Illuminaten. In: Un dialogue des nations. Albert Fuchs zum 70. Geburtstag. München-Paris o.J, S. 65–95.

Marwitz, Friedrich August Ludwig von der: Nachrichten aus meinem Leben. Hrsg. von Günter de Bruyn, Berlin 1989.

Meinecke, Friedrich: Die Entstehung des Historismus, 2 Bände, München 1936.

Metternich, Klemens Wenzel Nepomuk Lothar von: Aus Metternich's nachgelassenen Papieren, hrsg. von Richard Clemens von Metternich und Alfons von Klinkowström, Band. 1, Wien 1880.

Meyer, Heinrich: Goethe. Das Leben im Werk. Zürich 1994.

Mommsen, Wilhelm: Die politischen Anschauungen Goethes, Stuttgart 1948.

Montgelas, Maximilian Joseph Graf von: Denkwürdigkeiten des bayerischen Staatsministers Maximilian Grafen von Montgelas, hrsg. von Ludwig Graf von Montgelas, Stuttgart 1887.

Moritz, Horst: Die französische Herrschaft über Erfurt 1806–1814. In: Mitteilungen des Vereins für die Geschichte und Altertumskunde von Erfurt 67, Neue Folge 14 (2006), S. 161–199.

Müchler, Günter: «Wie ein treuer Spiegel». Die Geschichte der Cotta'schen Allgemeinen Zeitung, Darmstadt 1998.

Müffling, Friedrich Carl Ferdinand Freiherr von: Aus meinem Leben, Berlin 1851.

Müffling, Friedrich Carl Ferdinand Freiherr von: Offizier – Kartograph – Politiker: 1775–1851. Lebenserinnerungen und kleinere Schriften, Köln 2003.

Müllensiefen, Paul: Die Französische Revolution und Napoleon in Goethes Weltanschauung. In: Jahrbuch der Goethe-Gesellschaft 16 (1930), S. 73–108.

Müller, Friedrich von: Unterhaltungen mit Goethe, hrsg. von Renate Fischer-Lamberg und Ernst Grumach, Weimar 1959.

Müller, Friedrich von: Erinnerungen aus den Kriegszeiten 1806–1813, Hamburg 1911.

Müller, Gerhard: Das Alte Reich aus der Sicht Johann Wolfgang von Goethes. In: Das Heilige Römische Reich und sein Ende 1806. Zäsur in der deutschen und europäischen Geschichte, hrsg. von Peter C. Hartmann und Florian Schuller, Regensburg 2006, S. 51–65.

Müller, Gerhard: Vision einer Zeitenwende. Die erste Jubiläumsfeier der Schlacht bei Jena am 7. Oktober 1808. In: Jubiläen in Jena, hrsg. von Birgitt Hellmann, Weimar 2005, S. 39–66.

Müller, Gerhard: Vom Regieren zum Gestalten. Goethe und die Universität Jena, Heidelberg 2006.

Müller, Johannes von: Sämmtliche Werke, 40 Bände, hrsg. von Johann Georg Müller, Stuttgart 1831 ff.

Müller, Johannes von: Briefe in Auswahl. Hrsg. von Edgar Bonjour, Basel 1954.

Müller, Klaus-Detlef: Autobiographie und Roman. Studien zur literarischen Autobiographie der Goethezeit, Tübingen 1976.

Müller, Lothar: Abgründige Spiegelungen. Johann Wolfgang und August von Goethe. In: Väter und Söhne. Zwölf literarische Porträts, Reinbek bei Hamburg 1998, S. 40–88.

Münchow-Pohl, Bernd von: Zwischen Reform und Krieg. Untersuchungen zur Bewußtseinslage in Preußen 1809–1812, Göttingen 1987.

Muschg, Walter: Studien zur tragischen Literaturgeschichte, Bern 1965.

Napoléon 1er, Correspondance, Paris 1858 ff.

Naumann, Manfred: Denon 1806 chez Goethe à Weimar. In: Claudon, Francis und Bailly, Bernard, Vivant Denon, Châlon sur Saône 1998, S. 59–71.

Nowak, Holger/Hellmann, Birgit/Queisser, Günther/Fesser, Gerd: Lexikon zur Schlacht bei Jena und Auerstedt 1806. Personen, Ereignisse, Begriffe, Jena 1996.

Orieux, Jean: Talleyrand, Frankfurt am Main, 1972.

Overmann, Alfred: Das Regierungsgebäude von Erfurt. Der Bau, seine Bewohner, seine Geschichte, Erfurt 1912.

Overmann, Alfred: Erfurt in zwölf Jahrhunderten. Eine Stadtgeschichte in Bildern, Erfurt 1929.

Pape, Matthias: Johannes von Müller. Seine geistige und politische Umwelt in Wien und Berlin 1793–1806, Bern 1989.

Patze, Hans/Schlesinger, Walter (Hrsg.): Geschichte Thüringens, Bd. 5/2, Teilbd. 2, Köln 1984.

Peters, Ilse: Das Napoleonbild Goethes in seiner Spätzeit (1815–1832). In: Goethe. Viermonatsschrift der Goethe-Gesellschaft, 1944, S. 140–171.

Planert, Ute: Der Mythos vom Befreiungskrieg 1792–1841. Paderborn 2007.

Presser, Jacques: Napoleon. Das Leben und die Legende. Zürich 1990 (zuerst 1946).

Propper, Maximilian von: Zur Deutung eines Kryptogramms Goethes. Jahrbuch der Goethe-Gesellschaft 92 (1975): S. 220–232.

Prüringer, August: Der «Fehler» in Goethes «Werther». Zur Erledigung einer 120jährigen litteraturgeschichtlichen Rätselfrage. In: Bayreuther Blätter 54 (1931), S. 25–47.

Pütz, Marinus: Goethes «Des Epimenides Erwachen» politisch betrachtet. In: Goethe-Jahrbuch 113 (1996), S. 287–290.

Raabe, August: Das Erlebnis des Dämonischen in Goethes Denken und Schaffen, Berlin 1942.

Racine, Jean: Dramatische Dichtungen und geistliche Gesänge. Französisch und deutsch. 2 Bände hrsg. und übersetzt von Wilhelm Willige, Darmstadt 1956.

Redslob, Edwin: Goethes Begegnung mit Napoleon, Weimar 1944.

Reichardt, Johann Friedrich: Vertraute Briefe aus Paris, 2 Bände, Berlin 1802/1803.

Reiss, Hans: Formgestaltung und Politik. Goethe-Studien, Würzburg 1993.

Reuter, Hans-Heinrich: Goethe im Spiegel seiner Tagebücher. In: Goethe. Neue Folge des Jahrbuchs der Goethe-Gesellschaft 23 (1961), S. 99–140.

Rickes, Joachim: Ossian, Napoleon und der «Fehler» in Goethes «Werther». In: Wirkendes Wort 50 (2000), S. 347–357.

Riemer, Friedrich Wilhelm: Mitteilungen über Goethe. Hrsg. von Arthur Pollmer, Leipzig 1921.

Ritter, Joachim: Hegel und die Französische Revolution, Frankfurt am Main ²1972.

Roethe, Gustav: Goethe. Gesammelte Vorträge und Aufsätze, Berlin 1932.

Rothe, Wolfgang: Der politische Goethe: Dichter und Staatsdiener im deutschen Spätabsolutismus, Göttingen 1998.

Rothe, Wolfgang: Goethe, der Pazifist. Zwischen Kriegsfurcht und Friedenshoffnung, Göttingen 1998.

Sander, Egmont: Erfurter Geschichte in 100 Bildern. Ein heimatgeschichtliches Lesebuch, Erfurt ²1928.

Sartorius, Georg: Versuch über die Regierung der Ostgothen während ihrer Herrschaft in Italien und über die Verhältnisse der Sieger zu den Besiegten im Lande, Hamburg 1811.

Sauder, Gerhard (Hrsg.): Goethe-Gedichte: Zweiunddreißig Interpretationen. Karl Richter zum 60. Geburtstag, München 1996.

Sauer, August (Hrsg.): Goethe und Österreich. Briefe mit Erläuterungen, 2 Bände, 1902/1904.

Schäfer, Rutger: Friedrich Buchholz – ein vergessener Vorläufer der Soziologie, Göppingen 1972.

Schaeffer, Emil: Goethes äußere Erscheinung, Leipzig 1914.

Scheibe, Siegfried: «Nemo contra deum nisi deus ipse». Goethes Motto zum vierten Teil von Dichtung und Wahrheit? In: Goethe. Neue Folge des Jahrbuchs der Goethe-Gesellschaft 26 (1964), S. 320–324.

Scheibe, Siegfried/Seiffert, Hans Werner (Bearb.): Wielands Briefwechsel, hrsg. von der Berlin-Brandenburgischen Akademie der Wissenschaften, Berlin 1963 ff.

Schib, Karl: Johannes von Müller 1752–1809, Thayngen-Schaffhausen 1967.

Schieder, Theodor: Der junge Goethe im Alten Reich. In: Staat und Gesellschaft im Zeitalter Goethes. Festschrift für Hans Tümmler, hrsg. von Peter Berglar, Köln-Wien 1977, S. 131–145.

[Schlabrendorf, Gustav von:] Napoleon Bonaparte und das französische Volk unter seinem Consulate, Hamburg 1804. Nachdruck unter dem Titel: Anti-Napoleon, Frankfurt am Main 1991.

Schlegel, Friedrich: Über die neuere Geschichte. Vorlesungen gehalten zu Wien im Jahre 1810, Wien 1811.

Schleif, Walter: Goethes Diener, Berlin und Weimar 1965.

Schmidt, Alexander: Prestige, Kultur und Außendarstellung. Überlegungen zur Politik Sachsen-Weimar-Eisenachs im Rheinbund (1806–1813). Zeitschrift des Vereins für Thüringische Geschichte 59/60 (2005/06), S. 153–192.

Schmidt, Georg: Goethe: politisches Denken und regional orientierte Praxis im Alten Reich. In: Goethe-Jahrbuch 112 (1995), S. 197–212.

Schnur, Harald: Identität und autobiographische Darstellung in Goethes «Dichtung und Wahrheit». In: Jahrbuch des Freien Deutschen Hochstifts 1990, S. 28–93.

Schnur, Roman: Revolution und Weltbürgerkrieg. Studien zur Ouverture nach 1789, Berlin 1983.

Schopenhauer, Johanna: Ihr glücklichen Augen, Berlin 1978.

Schreckenbach, Hans-Joachim: Goethes Autographensammlung. Katalog, Weimar 1961.

Schrimpf, Hans Joachim: Das Weltbild des späten Goethe, Stuttgart 1956.

Schuchardt, Christian: Goethes Kunstsammlungen, 3 Bände, Jena 1848/1849.

Schuck, Gerhard: Rheinbundpatriotismus und politische Öffentlichkeit zwischen Aufklärung und Frühliberalismus, Stuttgart 1994.

Schüddekopf, Carl/Walzel, Oskar (Hrsg.): Goethe und die Romantik. Briefe mit Erläuterungen, 2 Bände, Weimar 1898/1899.

Schulze, Friedrich (Hrsg.): Weimarische Berichte und Briefe aus den Freiheitskriegen 1806–1815, Leipzig 1913.

Scott, Walter: Leben des Napoleon Buonaparte, Kaiser von Frankreich. In: Walter Scott's sämmtliche Werke, Bände. 11, 12, 17 und 18, Zwickau 1828.

Seemann, Hellmuth Th. (Hrsg.): Anna Amalia, Carl August und das Ereignis Weimar, Göttingen 2007.

Segebrecht, Wulf: Das Gelegenheitsgedicht. Ein Beitrag zur Geschichte und Poetik der deutschen Lyrik, Stuttgart 1977.

Ségur, Paul Philippe Comte de: Geschichte Napoleons und der Großen Armee im Jahre 1812, Mannheim 1835.

Seibt, Gustav: Sein Kaiser. Goethe im Empire. In: Merkur 710 (Juli 2008), S. 565–577.

Seifert, Rita: Goethe und Napoleon. Begegnungen und Gespräche, Weimar 2007.

Seifert, Siegfried (Hrsg.): Goethe-Bibliographie 1950–1990, 3 Bände, München 2000.

Sellin, Volker: Die geraubte Revolution. Der Sturz Napoleons und die Restauration in Europa, Göttingen 2001.

Sengle, Friedrich: Das Genie und sein Fürst. Die Geschichte der Lebensgemeinschaft Goethes mit dem Herzog Carl August von Sachsen-Weimar-Eisenach, Stuttgart 1993.

Sengle, Friedrich: Neues zu Goethe. Essays und Vorträge, Stuttgart 1989.

Sengle, Friedrich: Wieland, Stuttgart 1949.

Sieburg, Friedrich (Hrsg.): Gespräche mit Napoleon, München 1962.

Spies, Hans-Bernd (Hrsg.): Die Erhebung gegen Napoleon 1806–1814/15, Darmstadt 1981.

Spittler, Ludwig Timotheus von: Entwurf der Geschichte der Europäischen Staaten, Berlin 1807.

Srbik, Heinrich Ritter von: Metternich. Band 1, München 1925.

Staiger, Emil: Goethe, Band 2: 1786–1814, Zürich 1956.

Stokar, Willy: Johannes von Müller. Sein Leben und Werk 1752–1809. Zürich 1938.

Starnes, Thomas C.: Christoph Martin Wieland. Leben und Werk aus zeitgenössischen Quellen chronologisch dargestellt, Band 3: «Der Dekan des deutschen Parnasses»: 1800–1813, Sigmaringen 1987.

Strack, Friedrich (Hrsg.): Evolution des Geistes. Jena um 1800, Stuttgart 1994.

Stresemann, Gustav: Goethe und Napoleon, Berlin 1924.

Suphan, Bernhard (Hrsg.): Napoleons Unterhaltungen mit Wieland und Fr. v. Müllers Mémoire darüber für Talleyrand. In: Goethe-Jahrbuch 15 (1894), S. 20–30.

Talleyrand, Charles Maurice Prince de: Mémoires. Publiés avec une préface et des notes par le duc de Broglie. 4 Bände. Paris 1891, ND 1998.

Talleyrand: Memoiren des Fürsten Talleyrand. Deutsche Ausgabe von Adolf Ebeling. Band I (1754–1808), Köln und Leipzig 1891.

Tümmler, Hans: Carl August, Herzog von Weimar und Erfurt. In: Mitteilungen des Vereins für die Geschichte und Altertumskunde von Erfurt 53 (1940), S. 175–200.

Tümmler, Hans: Carl August von Weimar, Goethes Freund, Stuttgart 1978.

Tümmler, Hans: Christian Gottlob Voigts Nekrolog auf seinen Sohn (1813). In: Goethe. Neue Folge des Jahrbuchs der Goethe-Gesellschaft 29 (1967), S. 267–279.

Tümmler, Hans: Das klassische Weimar und das große Zeitgeschehen, Köln 1975. Darin: Goethes ‹Unterredung mit Napoleon› im Rahmen der weimarischen Politik auf dem Erfurter Fürstenkongress von 1808, S. 61–90.

Tümmler, Hans: Goethe als Staatsmann, Göttingen 1976.

Tümmler, Hans: Goethe in Staat und Politik, Köln 1964.

Tümmler, Hans: Historische Miniaturen, Lauf a.d. Pegnitz 1996.

Tümmler, Hans (Hrsg.): Politischer Briefwechsel des Herzogs und Großherzogs Carl August von Weimar, 3 Bände, Stuttgart 1954–1973.

«Über Napoleon»: Auf den Spuren des Kaisers der Franzosen in Gotha, hrsg. von der Stiftung Schloss Friedenstein Gotha, Gotha 2006.

Unseld, Siegfried: Goethe und seine Verleger, Frankfurt am Main 1991.

Urzidil, Johannes: Goethe in Böhmen, Zürich 1965.

Valéry, Paul: Rede zu Ehren Goethes, Jena 1947.

Vandal, Albert: Napoléon et Alexandre Ier: L'alliance russe sous le premier empire, 3 Bände, Paris 1891–1893.

[Varnhagen von Ense, Carl August:] Die Versuche und Hindernisse Karls. Eine deutsche Geschichte aus neuerer Zeit, Berlin 1808.

Varnhagen von Ense, Carl August: Werke, Band 1: Denkwürdigkeiten des eigenen Lebens (1785–1810), Frankfurt am Main 1987.

Victor, Walther: Dasein und Wirken. Goethe 1809, Weimar 1955.

Vierhaus, Rudolf: Goethe und Napoleon. Zum Problem des Verhältnisses von Macht und Geist in der deutschen politischen Kultur. In: Weltpolitik, Europagedanke, Regionalismus. Festschrift für Heinz Gollwitzer, hrsg. von Heinz Dollinger, Horst Gründer, Alwin Hansch, Münster 1982, S. 157–173.

Villien, Bruno: Talma. L'acteur favori de Napoléon I. Paris 2001.

Völker, Werner: Der Sohn. August von Goethe, Frankfurt am Main und Leipzig 1992.

Wagenknecht, Christian: Über eine Fußnote in Goethes «Werther». Jahrbuch der Goethe-Gesellschaft 123 (2006), S. 206 f.

Wahl, Hans: Wieland und Napoleon, Weimar 1933.

Wairy, Constant Louis: Napoléon I. nach den Memoiren seines Kammerdieners Constant, hrsg. von Oskar Marschall von Bieberstein, Leipzig 1904.

Waresquiel, Emmanuel de: Talleyrand. Le prince immobile, Paris 2003.

Walther, Peter (Hrsg.): Goethe und die Mark Brandenburg, Potsdam 2006.

Weichberger, Alexander: Das Goethehaus am Frauenplan. Weimar 1932.

Wendorf, Hermann: Die Ideenwelt des Fürsten Talleyrand. In: Historische Vierteljahrsschrift 28 (1934), S.335–384.

Weniger, Erich: Goethe und die Generale, Leipzig 1943.

Wertheim, Ursula: Von Tasso zu Hafis. Probleme von Lyrik und Prosa des Westöstlichen Divans, Berlin 1965.

Wieland, Christoph Martin: Politische Schriften. 3 Bände, hrsg. von Jan Philipp Reemtsma und Hans und Johanna Radspieler, Nördlingen 1988.

Wieland, Christoph Martin: Wielands Briefwechsel, hrsg. von Siegfried Scheibe und Hans Werner Seiffert, Bände 17–19, Berlin 2001–2007.

Willms, Johannes: Napoleon. Eine Biographie, München 2005.

Wilpert, Gero von: Goethe-Lexikon, Stuttgart 1998.

Wiese, Benno von: Der Mensch in der Dichtung, Düsseldorf 1958.

Wittkowski, Wolfgang (Hrsg.): Goethe im Kontext: Kunst und Humanität, Naturwissenschaft und Politik von der Aufklärung bis zur Restauration. Ein Symposion, Tübingen 1984.

Wuthenow, Ralph-Rainer: Das Bild und der Spiegel. Europäische Literatur im 18. Jahrhundert, München 1984.

Abbildungsverzeichnis und -nachweis

Namenregister

285

287

CHARTE
von dem
HERZOGTHUM
WEIMAR
und dem
Gebiete von Erfurt, nebst
der Herrschaft Blankenhayn,
nach den besten vorhandenen
Hülfsmitteln u. Materialien
bearbeitet u. gezeichnet
von
Friedrich Baldauf
Königl. Preuß. Artillerie Rieuter

WEIMAR,
im Verlage des geograph. Instituts
1811.
Berichtigt im September 1811.